21世纪高职高专规划教材·旅游与酒店管理系列

U0853185

酒店公共关系
（第二版）

主 编 姜 锐 姜 华
副主编 彭 鹏 盛方清
主 审 苏 炜

中国人民大学出版社
·北京·

图书在版编目（CIP）数据

酒店公共关系/姜锐，姜华主编．—2版．—北京：中国人民大学出版社，2017.7
21世纪高职高专规划教材．旅游与酒店管理系列
ISBN 978-7-300-24050-3

Ⅰ.①酒… Ⅱ.①姜… ②姜… Ⅲ.①饭店-公共关系-高等职业教育-教材 Ⅳ.①F719.2

中国版本图书馆CIP数据核字（2017）第020846号

21世纪高职高专规划教材·旅游与酒店管理系列
酒店公共关系（第二版）
主　编　姜　锐　姜　华
副主编　彭　鹏　盛方清
主　审　苏　炜
Jiudian Gonggong Guanxi

出版发行	中国人民大学出版社		
社　　址	北京中关村大街31号	**邮政编码**	100080
电　　话	010－62511242（总编室）		010－62511770（质管部）
	010－82501766（邮购部）		010－62514148（门市部）
	010－62515195（发行公司）		010－62515275（盗版举报）
网　　址	http://www.crup.com.cn		
经　　销	新华书店		
印　　刷	北京溢漾印刷有限公司	**版　　次**	2009年5月第1版
开　　本	787mm×1092mm　1/16		2017年7月第2版
印　　张	15.5	**印　　次**	2024年12月第10次印刷
字　　数	370 000	**定　　价**	35.00元

版权所有　侵权必究　印装差错　负责调换

前　言

自艾维·李在1903年开办第一家宣传顾问事务所、创立公共关系这一新职业以来，公共关系已走过了一百多年的历程。在这一百多年间，公共关系从最初的一种职业发展成为现代组织的经营管理哲学。中国古代哲人孔子早就提出“和为贵”，和谐的生存环境要靠什么来创造呢？答案是：公共关系。公共关系能帮助组织塑造良好的公共形象，协调与各方人员的关系，增强组织和个人的竞争力与影响力。因此，公共关系不仅是一门管理课程，也是一门素质课程，不仅能提高人们的智商，也能提高人们的情商。

在我国，公共关系首先是在旅游行业特别是在宾馆酒店发展起来的，公关部也首先是在宾馆酒店建立起来的，酒店的公关活动是最早向职业化和国际化方向发展的。在现代酒店管理中，如果没有较强的公关意识，就不可能赢得顾客的信赖，不掌握一定的公关知识和技巧的人，也不可能成为一个好的经营者和管理者。为此，本教材在兼顾公共关系作为一个完整学科体系的同时，突出了其作为应用性学科的特点，着力从实际、实用、实践的角度出发，强调了公共关系职业能力的培养与开发。在内容上，本教材力求体现学科的重点知识和最新的研究成果，选用了一批实战性或启发性较强的案例；在体例上也有所创新，前有“哲理格言”“学习目标”，后有“典型案例分析”“思考与练习”和“实训项目”，便于提高学生学习前的兴趣和巩固学习后的效果。同时，本教材深入贯彻党的二十大精神，以习近平总书记关于职业教育工作的重要指示为导向，落实立德树人根本任务，推进习近平新时代中国特色社会主义思想进教材、进课堂、进头脑，全面落实课程思政要求。

本书是集体智慧的结晶，由江苏海事职业技术学院姜锐副教授和南京旅游职业学院姜华副教授共同主编，江苏海事职业技术学院彭鹏和盛方清老师担任副主编。具体编写分工为：彭鹏负责第一章、第二章，盛方清负责第三章、第四章，姜华负责第五章、第八章，姜锐负责第六章、第七章、第九章，最终由姜锐老师统稿、南京旅游职业学院苏炜博士主审。

本书在编写过程中，参考了国内外同行们的有关著作文献，借鉴了锦江国际酒店、南京金陵饭店、北京建国饭店、山东大厦、洲际集团、喜达屋集团、香格里拉酒店、华住集团等知名酒店的网站资料，在此谨向各位专家学者和上述单位表示衷心感谢。

本书是适用于高职高专旅游管理专业相关课程的专业教材，也可作为酒店公关人员及营销人员自学、培训的参考书。

本书的编写出版得到了有关院校领导的大力支持和多位同行的专业意见，也得到了中国人民大学出版社编辑们的指导和关心，在此一并深表感谢。由于时间和编者水平有限，教材中难免存在不足和疏漏之处，敬请有关专家和广大读者不吝赐教，以便进一步修订使之日臻完善！

编者

目　　录

第一章

酒店公共关系概述

哲理格言

发现你自己，你就是你。记住，地球上没有和你一样的人。在这个世界上，你是一种独特的存在。你只能以自己的方式歌唱，你只能以自己的方式绘画。你是你的经验、你的环境、你的遗传所造就的你。不论好坏与否，你只能耕耘自己的小园地；不论好与坏，你只能在生命的乐章中奏出自己的音符。

——［美］卡耐基

学习目标

通过本章的学习，你将：

1. 熟悉酒店公共关系的特点和原则。
2. 掌握酒店公共关系的职能。
3. 掌握酒店公共关系的重要作用。
4. 熟悉酒店公共关系的基本功能。

第一节　酒店公共关系的特点与原则

一位公关人士曾经用一个形象的比喻说明什么是公共关系：公关好比一名年轻人追求伴侣，可以用很多方法。大献殷勤就是一种，但这不算公共关系，而是推销；努力修饰自己的外表，讲究谈吐，这也是吸引别人的方法，不过这也不是公共关系，而是广告；如果这位年轻人经过周密的研究思考，制订个人计划，而且埋头苦干，以成绩来获得他人的称赞，然后通过他人之口将对自己的优良评价传递开去，这就是公共关系了。

"公共关系"一词来源于英文的 Public Relations。

单从中文的词意来说，"公共关系"与"公共关系学"应该是两个含义不同的词，前者指的是一种"抽象状态"，后者指的是一门"研究学科"，但作为这一专门领域的学术名称，这两个词在中文的解释中已具有完全相同的含义，即"公共关系"就是"公共关系学"。

20 世纪 80 年代，当我国学者在引入 Public Relations 这个词时，普遍采用了"公共关系"的中文译法。国际上将 Public Relations 简称为"PR"，我国将"公共关系"简称为"公关"。我们平时所说的"公关经理""公关小姐"等即由此衍生而来。

一、酒店公共关系的特点

酒店是一种营利性的服务行业，同时也是一种具有依托性的行业，酒店公共关系具有其独特的特点。

（一）服务性

酒店是一种服务性行业，其特点决定了酒店公共关系工作的出发点是为酒店创造各具特色的形象服务。服务质量乃酒店的生命，服务质量的高低最终取决于消费者的切身感受。因此，为公众提供更好的服务是酒店公共关系工作的核心内容和塑造良好形象的基础。

（二）营销性

酒店作为第三产业，追求经济效益是其基本目标，要实现这一基本目标，酒店必须要在激烈的市场竞争中立足并赢得市场。公共关系之所以在酒店经营管理中广为应用，其主要原因是公共关系能与市场营销相结合，有利于酒店扩大客源市场，从而促进酒店经济效益的提高。

（三）全员性

每一个员工的言行都直接关系到整个酒店服务的质量，关系到酒店的形象。因此，酒店公共关系必须注重树立"全员公关"的公共关系意识，教育员工自觉遵循公共关系的原则和要求，并牢记：良好的服务会使顾客满意，而质量低劣的服务会使顾客不满，甚至使酒店失去顾客。所以，创造让顾客满意的服务，是酒店公共关系的重要内容，而这是绝对不能背离公关工作的全员性的。

（四）情感性

现代企业已经进入了"情感化"经营的时代，即"情感"作为一种重要的激励机制，已成为管理的一种重要方式。酒店在经营过程中更加突出这一特点，更集中地表现为人与人的直接交往。酒店公共关系作为一种管理职能，在公共关系活动中把"情感"这一重要因素导入其中，使酒店组织更加富有亲和力。

（五）复杂性

酒店公共关系的复杂性主要表现在以下三个方面：

1. 酒店公众的广泛性和复杂性

酒店活动不仅涉及面广，参加人数众多，而且已日趋经常化，这就说明了酒店公关活动不能局限于某一领域或某一时期。酒店客源市场不是单一的，依据国家、民族、地域、政治、经济、文化等不同的角度，可以划分不同的客源市场类型，酒店组织要和各种组织、团体以及不同身份、职业、层次的顾客打交道，所以，酒店组织的公共关系活动绝不能简单从事、一概而论，应当区别不同情况，开展多种形式的宣传活动。

2. 酒店组织的多元性和复杂性

酒店公共关系的主体是各级各类酒店组织，酒店组织具有多种类型，其功能具有多元性。就我国而言，从级别上划分，酒店组织可分为中央的和地方的；从性质上划分，酒店组织可分为行政机构、事业单位、企业单位、社会团体等。这些类型中，有的酒店组织直接为酒店业服务，有的酒店组织则同时为不同的对象服务，具有多种功能。酒店行业同业之间既有竞争，又有合作。开展酒店公共关系活动，分工不同的酒店组织之间应当加强沟通，注重相互协调配合，树立起酒店行业的整体形象，为实现酒店自身和公众的利益创造一种最佳环境。

3. 酒店行业与社会其他行业和部门关系的复杂性

酒店活动是一种包括多种需求的综合性活动。酒店活动的完成，不仅需要酒店组织的经营，而且需要社会其他行业和部门的支持。例如，民航、铁路、商业等行业直接为酒店业提供服务；建筑、电力、石化等行业为满足酒店业的基本需要创造条件；环保、公安、教育、文化等部门则在社会范围内为酒店业创造良好的外部环境。因此，作为酒店公共关系主体的各级各类酒店组织，不仅要加强相互之间的沟通与了解，而且要与社会其他行业和部门加强联系，与上下左右相互沟通，从而促进酒店的发展。

（六）长远性

酒店公共关系所追求的最终目标是塑造酒店的良好形象、营造酒店的和谐环境、促进酒店与社会公众的共同发展，这是酒店组织的一项长远战略，是酒店公共关系不断努力的方向。实现这一目标需要酒店各组织、各部门及相关人员克服种种障碍，同心协力，持之以恒。

二、酒店公共关系的原则

酒店公共关系的原则，是酒店公共关系的工作指南。

（一）珍惜信誉，注重形象

在激烈的市场竞争中，信誉是酒店组织的生命，是酒店组织得以生存和发展的基础。组织的信誉是酒店形象的基础，没有良好的组织信誉，绝对谈不上良好的组织形象。良好的组织形象能赢得公众的信任、支持和信赖，能吸引人才，增强内部员工的凝聚力。塑造良好的组织形象是公共关系所追求的核心目标。因此，珍惜信誉、注重形象是酒店公共关系的最基本原则。

（二）双向沟通，和谐发展

双向沟通是公共关系思想的一个重要内容，它体现了公共关系的本质。公共关系为酒店营造良好的和谐环境主要是通过双向沟通来实现的。通过沟通，酒店组织与公众之间可以取得相互了解和信任；通过沟通，酒店可消除社会公众对自己的误解；通过沟通，可以使酒店组织走出危机，开创新局面；通过沟通，可以使公众对酒店产生好感，从而促进酒店产品和服务的销售。

（三）实事求是，一视同仁

实事求是是公共关系的根本原则，也是酒店公共关系人员工作时应当遵循的基本准则。在酒店公共关系活动中，公共关系技巧的运用是建立在实事求是的基础上的。同时酒店公众是酒店赖以生存的基础。酒店公众有多种类型，作为酒店公共关系人员，必须认真对待每一类公众，在与公众具体的交往过程中，对待所有的公众应一视同仁。

（四）全员公关，服务社会

全员公关是公共关系的基本原则之一，这一原则的重要性在酒店公共关系中得到集中的体现。公共关系工作是由酒店组织内部的公关部及其人员承担的，但公共关系的成功开展却需要酒店组织其他岗位工作的配合，需要渗透到组织的每一项活动中。全员公关是以服务社会公众为中心展开的。因此，只有酒店全体员工树立了正确的公共关系意识，将公共关系思想运用于实践，才能建立起全员公关的坚实基础。

（五）求新、求美、求未来

求新、求美、求未来是对酒店公关工作的一项基本要求，也是酒店公关人员的努力方向。酒店公共关系活动是一个塑造组织形象的活动过程，因此，塑造组织形象必须要有创新意识，创新的同时还要充分考虑公众的审美心理，良好的组织形象无论就其内容还是形式而言，都应该能够给人带来美好的感受，这样才能为人们所欣赏、所接受。此外，组织形象还关系到组织的未来发展。形象塑造是一个持续的工作过程，因此，形象塑造需要放眼未来，考虑长远的利益。

第二节　酒店公共关系的职能与作用

一、酒店公共关系的职能

酒店公共关系的职能是指公共关系对酒店及其各类组织所承担的职责和所发挥的直接作用。公共关系的职能是多方面的，就酒店及其各类组织而言，公共关系的职能可以概括为下列五项职能。

（一）收集信息、分析环境

酒店的生存与发展离不开客观现实的环境。这一环境包括国家相关政策规定的宏观环境，地方政府、管理部门的政策或规定的约定环境，组织之间相互交往的环境，组织内部相互协调配合的环境。客观环境对酒店及其组织的运行发挥着导向、促进和制约的作用。酒店组织的内部公众关系和外部公众关系是组织内部环境与外部环境的核心要素。因此，酒店组织要生存、发展，就要观察、预测、收集影响酒店组织运行的公众情况和社会环境变化的情况。

酒店公共关系工作的基本内容之一就是收集、整理、分析、归纳各方面的相关信息，帮助组织了解不断变化的内部和外部环境，使组织能够针对各种变化作出及时、灵活的反应。

酒店公共关系信息收集的内容可以分为内部环境信息和外部环境信息。

内部环境信息主要包括：决策层、管理层的指导思想、管理水平，员工的基本结构，员工的精神面貌、行为风格、价值观念、工作态度、兴趣爱好和需要，组织的资金实力、技术实力、人才实力和办事效率，股东的投资倾向，资源状况，产品的质量、品种、规格、构成、价格、售前售后服务等。

外部环境信息主要包括：政府的方针、政策、法令的变化，新闻媒介的反应，合作伙伴及竞争对手的历史和现状，旅游消费者的人数变化、比例、需求，市场占有率和市场的分布，旅游地的建设，消费者对酒店产品和服务及组织形象的评价，金融财政市场的信心情况，交通状况，通信设施情况，自然环境状况以及国际政治、经济、军事形势变化等。

公共关系信息收集的方法是多样的，既可以利用观察法、访谈法、问卷法、普查法、抽样调查法、态度测量法、个案研究法、实验法等方法获得第一手资料，也可以通过报纸、电视、广播、书刊、文件、网络等渠道获得第二手相关信息。酒店公关人员主要采取的方法有：社会调查、借助传播媒介调查、直接听取公众反映、举办各种会议和活动、聘请专家预测等。

（二）参谋建议、参与决策

在现代社会中，任何组织面临的情况都是相当复杂的。酒店是竞争激烈的行业，组织的领导者仅凭个人的经验和能力是很难做好本组织决策工作的，这一点在大型旅游企业如旅游酒店集团表现得尤为突出。因此，需要组织各方面的专业人员提供咨询建议，公共关系部和公关人员在其中起着非常重要的作用。公共关系人员经常、广泛、直接地接触和了解各类公众，掌握各种信息，因此，能够为组织决策提供各种信息和咨询，公关部门也因此被誉为酒店组织的“智囊机构”和“参谋部”。

公共关系部门和人员向酒店组织领导层和各管理部门提供的咨询建议主要包括：组织形象的咨询、产品形象的咨询、市场动态的咨询、公众心理的咨询、公众舆论的咨询等。

在很多酒店企业内，公关部门甚至参与组织决策，为组织决策发挥更直接的作用。决策是社会组织选择、决定问题的行动方案和具体目标及实现组织目标的行为。科学的决策必须要经过社会组织对自身条件和外界环境的准确判断，通过比较选择最优的方案，在方案的实施过程中能够作出准确及时的调整，并通过对实施结果作出客观的、公正的评估和及时的反馈，为今后的决策打下基础。公共关系以其独特的视角和专门的工作方法在组织决策过程中发挥重要作用。公共关系参与决策体现在酒店组织决策的每个环节中。

首先，公共关系帮助酒店组织获取决策信息。公共关系人员可以利用与外界的广泛联系，为决策提供外界的第一手准确信息；同时，可以利用与内部各部门和人员沟通的渠道，为决策提供内部各方面的信息，从而确保决策的科学性。

其次，公共关系帮助酒店组织确定决策目标。公共关系人员站在公众和社会的立场上，对各职能部门的决策目标进行综合评价，敦促有关部门或决策部门根据公众需求和社会价值及时修正可能导致不良社会后果的决策目标，使组织决策目标既反映组织发展的要求，也反映社会公众的需要。因此，公共关系本身成为决策目标系统中的重要因素。

再次，公共关系帮助酒店组织拟订决策方案。决策方案包括设计方案和选择方案。在选择方案环节中，考虑公共关系要素，有助于方案的设计能够满足公众要求，有利于组织对总体利益的全方位把握。

最后，公共关系帮助酒店组织实施决策方案。公共关系人员协助组织把决策方案传达到各部门，甚至每一位员工，帮助他们理解每一项方案；此外，公共关系人员还要对决策方案的实施效果进行观察，收集、分析和整理反馈信息，并及时传递给决策部门，以便决策部门作出必要的调整。

（三）协调关系、沟通理解

协调是指在传播沟通的基础上，经过调整达到组织与公众互惠互利的和谐发展。组织的公众关系包括内部关系、外部关系、横向关系、纵向关系等。就组织内部而言，需要协调组织内部一般员工之间的关系、一般员工与管理者之间的关系、组织内部各部门之间的关系；就组织外部而言，需要协调组织与外部公众的各种关系。一方面，公共关系部通过主动地开展相关的工作，使组织与公众之间的关系同步和谐化，以求得团结合作和共同发展。另一方面，组织与公众之间出现不协调甚至发生矛盾时，需要运用公共关系的策略和方法做好了解、沟通、联络、协调等工作，使组织能够顺利、及时地摆脱公关危机。

酒店公共关系的协调主要是通过信息沟通实现的。信息沟通是公共关系最基本的职能之一，具体分为外部信息沟通与内部信息沟通。外部信息沟通主要是指酒店组织同旅游消费者及相关公众之间的信息沟通。内部信息沟通主要是指酒店组织内部员工之间、组织与员工之间、酒店组织各部门之间的信息沟通。在酒店公共关系中，信息沟通不仅要完成“告诉公众什么”的使命，同时还要实现同公众之间的情感沟通，使酒店企业与公众之间通过沟通达到相互理解、相互信任。

（四）传播信息、推广形象

现代酒店业竞争激烈，各家企业经营运转模式差别不大，但在知名度和美誉度上却差异很大。因此，拓宽各类宣传渠道、抓住宣传机会，增强组织的知名度和美誉度是酒店经营的一个关键性问题。公共关系在这方面发挥了不可替代的作用：第一，公共关系注重新闻性宣传工作，即利用新闻传媒及时把组织内部的信息报道出来，并将信息材料以一定的导向性作用于公众，由此构筑酒店组织的整体形象；第二，公共关系注重交际性宣传，即通过演讲、讲座、专题活动等效果比较好的面对面的交谈来推介酒店组织；第三，公共关系注重事件性宣传，即对于一些已经发生的事件，通过因势利导强化宣传效果。

（五）塑造形象、赢得声誉

社会组织存在于社会中，总是要呈现出特有的形象，也就是组织在运行过程中所显示的行为特征和精神面貌。从形象构成的要素来讲，组织形象由外观形象和内在气质两方面构成。

组织的外观形象表现在产品的质量反映的组织形象、组织实体所处的环境、建筑装修的美化程度、内部结构的布局、产品的外观形象、组织的卫生条件和服务设施等方面；组织的内在气质则表现在组织成员的精神面貌、诚信程度、办事效率，以及组织的管理风格等方面。无论是外观形象还是内在气质都需要借助于人和物在组织运行中表现出来，而组织形象最终取决于公众对组织所作出的判断和评价。

塑造良好的组织形象是公共关系的最终目标，也是公共关系战略的核心内容。公共关系要对组织形象进行评估和分析，要为组织进行恰当的形象定位，要为组织实现形象塑造的目标提出战略计划和实施方案。这些工作是公共关系工作的重要组成部分。公共关系通过一套科学、系统的方法，使组织的各种活动协调起来，使组织形象得到更加完美的展现。

案例 1－1

中国“绿色饭店”的先行者

来自美国朗讯公司的李先生入住南京金陵饭店后，发现沐浴的感觉较上周来有了很大的不同，莲蓬头喷出的水量适中、力道均匀，非常舒适。李先生询问了客房服务员后才知道，饭店已对全部客房的沐浴系统进行了升级改造，选用了一种最新的喷淋系统并加装了节水装置。使用这种新型进口节水装置的节水率达到18%，一年可节水近2万立方米，大大降低了对水资源的浪费。李先生感叹道：“这真是一举两得，客人感觉好了，饭店又降低了成本。”李先生所了解到的只是金陵饭店创建“绿色饭店”活动的其中一项内容，这一活动包含两项内容。

一、环保小组倡导“绿色”意识，节能降耗效益显著

从1999年开始，金陵饭店便开展了以“拥抱绿色生命，热爱金陵家园”为主题的系列环保活动，与宾客共同致力于保护自然资源、改善饭店环境，将生态理念融入日常的经营管理中。同年，饭店成立了环保小组，组员来自饭店各个岗位。环保小组通过开展丰富多彩的活动，倡导社会责任感，加强全体员工和宾客的绿色环保意识，培养“绿色”的生活习惯和消费观。

环保小组充分利用金陵饭店网站、店报、橱窗等工具宣传年度主题环保活动，并通过定期举办员工“绿色环保书画摄影作品展”进一步增强员工的环保意识。2006年，环保小组还开展了“拥抱绿色生命”金点子征集活动，员工们积极参与，当年就收到“金点子”近300条。环保小组精心设计的环保卡放在客房最醒目的位置，引导客人节约使用棉织品、日用消耗品。在环保小组的建议下，饭店降低了织物、餐具洗涤剂用量，并开始使用不含磷的洗浴、洗涤用品。

金陵饭店长期以来把节约能源、降低能耗作为首要任务常抓不懈，对不符合绿色环保要求的设备设施坚决进行改造，提高设备运行效率。2005年，仅使用不含氟冰箱、变频空调就节约费用150万元，通过技术革新自制配件、修旧利废而节约设备维修费用20万元。2006年，金陵饭店安装了中央空调节能控制系统和生活水泵变频恒压供水系统，一年节电40万度；客房新风系统开始采用热回收设备，一年节电11.4万度。

二、绿色食品引领美食风尚

自1983年开业以来，金陵饭店就一直大力推广绿色食品。推出的绿色食品均选用国家专门等级评定机构认证的无公害农产品、绿色农产品和有机农产品，这些产品均出自良好的生态环境。

如深受宾客喜爱的“葱爆牛柳”采用的牛肉来自山东郓城，“宫保鸡丁”所采用的鸡肉来自山东沂南，而被广为称道的“东坡肉”“金陵排骨”等菜品所采用的猪肉来自苏州著名品牌产品“苏太猪”。连最常见的大米使用的都是来自淮北地区的有机大米，这种大米完全采用自然农耕法栽培，种植的土壤三年都没有撒过一点化学农药，用这种大米煮出的米饭晶莹剔透、香润软糯，一直得到客人的赞赏。“金陵盐水鸭”则严格选用4斤左右、生长在无污染环境中的麻鸭的鸭胚精制而成，这款招牌菜招待过无数政要名流，广受好评。除此之外，芋头来自江苏靖江，玉米来自江苏宜兴，鱼虾选自洪泽湖，羊肉则来自无污染的内蒙古大草原。

每年中秋，金陵月饼都会在南京市场引起不小的轰动，绿色、健康的月饼馅料是客人选择金陵月饼的重要理由。每年金陵饭店都将原生态的健康原料入馅，尤其是2005年根据厦门南普陀寺著名的“素饼”改良的金陵酥皮月饼一上市就受到客人的欢迎，销售量年年攀升。2006年的金陵月饼销售量更是突破了12万盒。

金陵饭店还根据不同的节气、节日适时推出不同的“厨师长特选”，要求餐饮服务人员和厨师学会做客人的“营养师”。前台的服务人员在为客人点餐的时候都会根据客人的需求，为客人建议合理、健康的菜肴搭配，减少浪费。

二、酒店公共关系的重要作用

酒店公共关系的作用是指公共关系对酒店及酒店环境所发挥的效用和效能，这种作用是多元化、多层次的。

（一）增加酒店营销实效

增加酒店营销实效是指公共关系为酒店起到了营销产品、推广形象的作用。酒店企业可以通过有效的公共关系活动，让公众了解企业、支持企业。通过传播引导，在潜在客人心目中树立本企业的良好形象，促使这部分人转变为酒店企业的行动公众。

酒店的特点决定了很难将酒店公关活动和酒店产品营销活动区分开来。在工作中，酒店的公共关系和市场营销活动越来越多地被整合在一起，共同为酒店以及酒店企业的营销工作发挥更大的效力。公共关系主要从以下几个方面为市场营销提供帮助：

第一，公共关系拓宽了酒店企业与公众之间的交流渠道。

第二，公共关系的形象塑造为市场营销的顺利展开铺平了道路。

第三，公共关系更多地采用与消费者公众进行情感交流的手段，其方式和内容更容易被消费者所接受，从而赢得公众的好感。

第四，公共关系以公众的利益为核心，提倡与公众之间的双向沟通，最终赢得公众的信赖与合作。

（二）提高酒店服务水平

公共关系在提高酒店服务水平方面可以发挥特殊的作用，主要体现在公共关系工作为酒店服务的精益求精、尽善尽美提供了动力支持和监督机制。公共关系能促进酒店服务水平的提高，因此，公关工作的一项基本内容就是开展对全体员工的公关培训，这样才能使酒店员工在各自的工作岗位上树立形象意识和服务意识。

同时，公共关系对酒店服务质量的提高也发挥着重要的作用，如开展酒店知识讲座、酒店消费指导、酒店售后服务等，虽然这些服务不同于直接面对客人的酒店服务，但是这一系列工作可以满足酒店消费者在消费前和消费后的需要，从而丰富了酒店组织服务的内容，扩展了其服务的对象。

公共关系在酒店服务的一些重要环节也发挥着关键作用。在酒店企业，虽然一般不安排公关人员直接参与日常的营业性接待服务工作，但有两项工作常常由公共关系部参与或负责。其中一项是当服务中某一环节出现问题引起客人投诉时，需要公共关系部协助有关部门进行调解处理；另一项是当有重要客人来访或入住酒店时，公共关系部就要承担起组织和安排全部接待活动的重要责任。

（三）提供酒店教育引导

酒店公共关系向公众所提供的酒店教育引导，是通过酒店组织的内外部宣传活动实现的，如演讲比赛、知识竞赛、酒店图片展览、酒店知识讲座、酒店消费指导等。通过这些教育宣传活动，一方面，可以让公众更多地了解酒店组织所推出的酒店产品与服务项目，并对这些项目引起高度注意；另一方面，现代酒店知识（包括休闲、健康、健身、现代技术应用等知识）的普及有益于酒店的健康发展和社会文明的进步。

（四）增进社会整体效益

酒店涉及社会的多个行业，涉及的公众也是多方面的。酒店公共关系的开展也是在为整个社会的发展作出贡献。与一般传统发展战略不同，现代社会整体效益的目标是在满足人们基本生活的需要的基础上，关注人的精神需求，注重实现人和社会的全面发展。酒店开展公关活动的同时，也为相关行业和企业提供了很多沟通联络、共同发展的机会，带动了全社会的发展，营造了社会文明繁荣的氛围。

案例 1-2

“青岛大虾”事件

“青岛大虾”事件发生在2015年“十一黄金周”期间，该事件的大致情况是：2015年10月4日，肖先生在青岛市乐陵路92号的“善德活海鲜烧烤家常菜”吃饭时遇到宰客事件，引发网友热议。在吃饭前，肖先生曾详细询问过菜价，向老板确认过大虾38元究竟是一份还是一只，肖先生称当时老板说的是38元一份。但吃完饭后，老板却称大虾价格为38元一只，一盘虾要价1 500余元。双方因价格问题发生争执，肖先生报警之后，经过警察协调，肖先生最终支付了1 300多元。

事件发生之后，青岛市的相关部门并没有及时采取措施，而是毫无作为，任由事态扩大，导致消极影响持续发酵。有关部门甚至强调，当前正值“十一”长假，等到节后再进行处理。事件发生36个小时之后，青岛市相关部门才在微博上公开回应此事，宣布对涉事饭店罚款9万元，并责令改正。但是，“青岛大虾”事件已经在网络上传得沸沸扬扬，青岛市有关部门遇到问题之后的相互推诿，更是为广大网友所嘲讽。由于青岛市相关部门没有及时地采取有效的危机公关措施，导致事件影响不断扩大，在社会上引起较大反响，尤其是青岛市有关部门不作为的态度已经伤了很多网友的心，之后的处理也并不能让人满意。对于青岛市的旅游形象，甚至城市形象产生了极大的负面影响。38元一只的“青岛大虾”更是让耗资几亿元打造出来的“好客山东”品牌毁于一旦，“好客山东”的形象仿佛一夜之间成为“宰客山东”。

从“青岛大虾”事件我们可以清楚地认识到，一个看似不起眼的公共关系事件，如果处理得不好，就能轻易毁掉一座城市苦心经营的良好形象。因此，大到一座城市、一个国家，小到一家企业、一家酒店，都需要正视公共关系的作用和意义。从“青岛大虾”事件中反映出来的公关问题，也值得我们进一步思考和探讨。

第三节 酒店公共关系的基本功能

公共关系是一门“内求团结、外求发展”的现代经营管理科学。它贯穿于酒店工作的各个环节，渗透于经营管理的各个方面。酒店公共关系能够起到收集信息、咨询决策、传播沟通、社会交往、救急善后等作用，分别发挥着情报功能、参谋功能、宣传功能、交际功能、协调功能和服务功能。

一、情报功能

信息即情报，可通俗地解释为消息。在经济发达的现代社会，信息是战略资源，是酒店提高竞争力和占领市场的前提条件。收集信息是酒店公共关系的重要职能。酒店必须通过有效的手段，在全国采集有关酒店的信息，经过分析、处理后，选择有价值的信息，作为调整和完善酒店经营决策的依据，确保酒店目标的准确性与科学性，保证酒店在强手如林的竞争环境中立于不败之地。

（一）收集信息的内容

酒店公共关系收集信息的重点是组织形象，即酒店形象。所谓酒店形象，是指社会公众对酒店组织的总体评价，是酒店组织的表现与特征在社会公众心目中的反映。简而言之，酒店形象是社会公众对酒店的印象。酒店形象的构成要素主要有以下几个方面。

1. 硬件形象

硬件形象是指酒店的设施水平、装饰工艺、建筑艺术、布局安排等给公众留下的感性印象，这种感性形象往往成为公众对酒店规格、档次进行评判的依据。

硬件形象是酒店外部的总体特征和风格，既可以让人“一见钟情”，也可以使人“望而却步”。它极易给公众造成第一印象，是组织形象特色的直观反映。如北京的明苑宾馆，外观是典型的明代装潢，黄砖红墙琉璃瓦、水榭楼阁和亭台，一副皇家气派。它鲜明的硬件形象特色，与长城、十三陵交相辉映，形成了中华民族传统文化的氛围，深刻地影响着游客的心境与情绪。

酒店外观形象设计要多层次、多风格，具有独特性，同时要考虑客源的特点、客源国的风俗人情，以及对颜色、装潢、数字、图案等方面的禁忌。在规划布局时，要努力使酒店外观形象既适应国际游客的品位，又符合我国人民的审美情趣，还要具有“仅我这一家”的独特风格，给公众留下鲜明、生动、独特的直观印象。

2. 软件形象

软件形象是指酒店内在的总体特征和风格，一般包含以下内容：

（1）服务质量。服务质量是酒店工作的中心，经营酒店就是推销服务。酒店销售的商品，是有形的设备和无形的服务感受。有形的设备是指酒店独特而优美的硬件形象；无形的服务感受，则是顾客对无微不至、真诚亲切、周到细致的服务的一种心理体验。

（2）管理水平。酒店管理水平的优劣表现在：决策方向是否正确，是否符合市场发展的规律；目标是否合理，是否符合酒店的实际情况；决策方案有无创新，是否满足了员工的理想和需要；选才、用人标准如何，是否切合现代酒店管理对人员素质的要求；管理者是否具有科学态度、创新精神、开拓意识和民主作风；酒店机构是否健全、设置是否合理、人员安排是否恰当；酒店经营是否灵活、市场预测是否准确、公关活动是否新颖；等等。

（3）酒店信誉。评价酒店信誉有两个标准，即知名度与美誉度。知名度是酒店被公众知晓的程度，它是评价酒店“名气”大小的标准；美誉度是酒店获得公众赞许的程度，是评价酒店“名声”优劣的尺度。知名度和美誉度构成酒店的信誉。良好的信誉是一项无法估量的无形资产，它不仅是酒店员工自信心、自豪感、凝聚力的源泉，而且是吸引人才的法宝。它在公众心目中树立起了一座形象的堡垒，构成公众的特殊心理定式，对新的竞争者具有强大的威慑力量。

（4）酒店精神和文化。酒店精神和文化客观上显示了员工们的精神风貌，表现了酒店组织的凝聚力、向心力，是组织实力强弱、组织形象优劣的最好体现。

此外，收集信息的内容还包括市场信息、竞争者信息和政治环境信息。

酒店是旅游业的三大支柱（旅行社、旅游交通、旅游酒店）之一，与旅游市场盛衰紧密相连，酒店的经营决策必须在了解自己的公众、了解客源市场和动态的基础上进行。收集市场信息，要善于摸清消费者的各种心理，了解由于心理变化而产生的消费动机；预测客观环境变化可能造成的消费趋势，并将这些有价值的市场信息及时反馈给决策层，为酒店根据市场动态调整经营方向提供科学的依据。

另外，竞争者情况、投资者动态、合作者意向、时尚和潮流，都是公共关系人员应详细了解并掌握的信息，这些信息经过去粗取精、去伪存真地筛选，可以成为酒店预测市场趋向和修正经营方针的依据。

政治环境信息的采集一般包含两个方面：一方面是了解党和国家的方针、政策、立法信息，由此可以预计其对酒店工作产生的影响，并根据国家的大政方针，制定酒店组织的长期目标和近期措施；另一方面，由于酒店是涉外企业，因此，还要了解国际政局动态，尤其是对象国、客源国的经济政策、对华方针，以及法律的变动情况，以便使决策者及时掌握由于政治形势变化所导致的国际市场的变化情况，并及时确定相应的对策。

（二）收集信息的作用

公共关系人员通过对酒店信息的采集，实现对酒店环境的监视和预测，这对酒店能否知己知彼、有的放矢地面向市场，具有十分重要的情报作用。

1. 通过对酒店形象的监测，找到不足

通过公众对硬件形象的评价，可以了解酒店外观形象的优劣。公众对软件形象的评价，一般表现为对菜肴酒水和服务质量的评价、对酒店文化和精神风貌的评价、对酒店勇于承担社会责任的评价、对酒店在传播媒介上出现的频率和褒奖程度的评价、对酒店总经理管理水平和业务能力的评价等。通过这些评价，公共关系人员可以了解公众的要求与希望，完成对酒店形象的监测，帮助酒店顺应强烈的公众导向，塑造优良的组织形象。

2. 通过对外部环境的监测，找到目标

公共关系人员通过对市场信息、竞争者信息和政治环境信息的采集，可以有效地对酒店外部环境进行监测，成为酒店外部环境的预测员。他们从公共关系的角度出发，自觉地站在社会利益和公众利益的立场上，对酒店经营决策、管理水平、发展方向作出冷静、客观的评议，有助于酒店目标的完善。这种评议可使酒店目标既符合外部环境的需要，又符合酒店的利益，进而使酒店利益与社会利益保持平衡，从而获得公众的信任、好感与合作。

（三）收集信息的方法

1. 实际参与法

实际参与法，是指公共关系人员亲临现场收集信息，参加消费者座谈会、国际（国内）旅游展销会、公众代表恳谈会等，直接收集公众对服务质量、酒店信誉等关系酒店形

象的信息。这种方法的好处是可以不受信息传递过程中多种因素的干扰，直接了解公众对酒店的评价与看法，以及事情发展的来龙去脉，把第一线的真实信息提供给酒店领导，成为酒店经营决策的依据。但是采用这种方法所收集信息数量的多少、是否具有代表性，取决于公共关系人员的经验、阅历、知识水平和语言艺术。

2. 调查专访法

调查专访法，是指公关人员对某一类或某一个被访问者进行有目的的访谈，调查了解公共关系状态的一种方法。调查专访法一般采用面谈方式，这样有利于感情交流，具有人情味，使被访问者心理上容易接受，从而乐于合作。调查专访也可采用电话访谈的方式，这样速度快、范围广，如果语气、语言处理得当，可以获得虽闻其声、犹见其人的好效果；还可就某一问题召开恳谈会，只要公关人员具有较高的谈话艺术，具有吸引公众的组织、宣传鼓动能力，同样可以取得传播面广、传播速度快、增进情感交流的效果。

3. 问卷征询法

问卷征询法，是指通过请公众回答与公共关系研究课题有关的问题，广泛了解民意和社会舆论的一种方法。采用这一方法，既可以询问公众对酒店服务质量的意见，也可以询问公众对酒店的要求与建议，还可以根据某一服务项目，对需要层次不同、经济状况不等、宗教信仰有差异的人进行询问。如果酒店公共关系人员从公众的切身利益出发，采取生动活泼的询问方式，就会得到公众的合作，从而达到收集信息的目的。

4. 资料摘录法

资料摘录法，是指从报纸、杂志、档案和各种报告中收集所需信息资料的一种方法。例如，广州中国大酒店公关部就设专人负责收集有关该酒店的一切新闻报道、图片、资料，并按日期剪贴成册，成为该酒店形象评价的重要参考资料。这种方法一是要注意信息的真实与准确；二是要注意时机，如果错过良机，再有价值的信息也会变得毫无意义。

二、参谋功能

市场变幻莫测、错综复杂，酒店每做一项重大的战略性的决策，仅靠决策者个人的知识水平是远远不够的。酒店要保证经营决策的正确性，就需要了解大量信息，进行多方面、多角度、多层次的论证。

（一）咨询决策的内容

1. 酒店外部公众对酒店形象的评价

酒店外部公众对酒店形象的评价，一般反映在两个方面，即酒店知名度与美誉度。公关人员须经常了解公众对酒店知晓的深度与广度，对酒店服务项目、经营特点知晓的深度与广度，对酒店决策人认识的深度与广度等信息，并客观、准确、及时地将这方面的信息反馈给决策层。

美誉度，是指社会公众对酒店内在精神和外显事物留下美好印象的程度。它是通过独特的硬件形象和良好的酒店信誉来塑造的。优秀的酒店形象能成为促进酒店发展的重要因素。因此，提高美誉度是酒店企业竞争制胜的法宝，也是强化经营管理、拓宽国内外市场的重要手段。

2. 酒店内部公众对经营决策的评价

酒店的经营决策正确与否，是保证酒店经营活动健康发展的重要条件。它既要符合酒店组织的自身利益，又要考虑社会利益，力求二者的和谐发展。

内部公众是与酒店发生联系最密切而又最接近的公众，是实施酒店决策的基础和力量。因此，内部公众对酒店发展方向和决策目标的评价是极有价值的。公共关系人员要经过认真分析与评议，及时通报决策层，以便作出调整与改进，保证酒店的经营活动既得到员工的支持，又符合社会的发展要求。

3. 公众心理的监测与评价

公共关系工作的对象是公众，公关人员要分析和研究公众的心理活动，把握公众的态度和意向。公众的种类很多，各类公众的心理变化都要有专人进行专门的分析和研究。因为社会环境的不断改变，会导致公众心理的变化，这些变化会直接或间接地影响酒店的各项经营活动。公共关系工作应准确地了解公众的心理动态，分析预测这些动态可能产生的社会倾向，并迅速及时地反馈给决策层，为酒店及时调整经营方针起重要的参谋作用。

（二）咨询决策的作用

酒店公关部根据各种信息为酒店提供咨询服务，实际上也是一个帮助酒店组织实现科学决策的过程。

科学决策的第一步是收集信息。信息是决策的依据，帮助酒店组织收集和整理信息，开拓信息渠道，从而获取全面、系统、真实、客观的第一手资料。

科学决策的第二步是分析研究。经过细心分析整理后的信息，能帮助决策者准确地判断酒店内外部环境和企业自身的实际能力，并根据公众需求和社会利益，确定既反映酒店发展，又兼顾社会环境的科学、完善的组织目标。

科学决策的第三步是咨询评议。酒店在公共关系部的帮助下，经过各类公众认真咨询评议、专家们的多方论证而拟定的决策方案，必定强调了优化标准、效能标准和价值标准，这时的决策方案应该是科学、完善的。此外，还应制定相应的灵活应变措施，以防社会环境的变化。

科学决策的第四步是评估决策方案。它可以帮助酒店组织督查实施方案的步骤及要求，对实施的效果进行观察、分析、评议，并发现新问题、找出新差距，随时反馈给酒店决策层，可使酒店经营决策更加完善，还可为新的决策行为提供新的信息。

（三）咨询决策的方法

1. 编写酒店内外信息动态专刊

公关部应派专人整理反馈回来的各种信息，将其分门别类，汇集成册。

（1）外部信息，如国内外政治动态、我国在国际事务中的立场、党的方针政策、经济发展状况、科技发展状况、市场动态、客源走向及竞争对手的信息等。

（2）内部信息，如员工思想状况、人员流动状况、管理状况、服务质量状况、财务状况、设施设备变更、现存问题及造成问题的缘由等。

2. 定期举行信息反馈会

公关人员在了解和掌握大量有价值信息的基础上，应及时举行信息反馈会议，请决策层领导和中层管理人员参加。在信息反馈会议上，可将整理过的信息分别进行陈述，同时还可依据运用计算机等手段获得的准确数据，对酒店形象、酒店发展或酒店重大决策作出正确的评价。

3. 运用视听材料

为了给决策者留下深刻印象，提供的材料必须形象生动。公共关系人员可以运用幻灯、录像、图像、录音等视听手段，将采集来的材料直观生动地展示出来，使决策者同时感受视觉、听觉效果。这种具有独创性的咨询方式有声有色，比枯燥的数据和简单的文字更具说服力。

4. 论证会与论辩会

科学讲求严密，反对主观臆断。一项重大的经营决策，需要进行多方论证才能保证其科学性、完善性。因此，根据决策目标，我们可以开展两方面的论证工作，一方面是请有关专家就其决策方案进行可行性论证；另一方面是请内外公众中的代表参加评议，经过集思广益、群策群力，也能相对保证经营决策的科学性。

三、宣传功能

酒店组织如果不与外界沟通，不宣传自己，那么形象再好也只能是默默无闻，酒香也怕巷子深了。因此，酒店需要知名度，需要不断地向外界宣传组织政策、阐明组织宗旨、解释组织行为，与公众保持信息、情感、态度、行为四个层次的密切交流。

公共关系专家认为：企业的成功在于优良的行为、优质的产品、上乘的服务与诚实、客观的报道相结合。作为酒店组织喉舌的公关部，对外宣传是其一项极其重要的职责。

（一）传播沟通的内容

酒店组织在不同的发展时期，会面对不同的问题与环境。公共关系宣传的重点，应针对酒店的不同发展时期，采取不同内容的传播与沟通。

1. 酒店初建时期的宣传重点

酒店初建时期，在公众心目中没有任何形象，犹如一张白纸，可画最新最美的图画。这一时期公共关系宣传的重点应从以下两个方面入手：

（1）根据酒店自身的特点，努力设计酒店组织富有创意、新颖、独特的形象。例如，武汉大观园酒店，在开业之初就广纳贤言，致力于独特企业形象的设计。酒店以金陵十二钗为主线，以贾宝玉、林黛玉两人的爱情故事为轴心，在开业庆典上，由外到内，从服务小姐至服务项目，均贯穿着《红楼梦》的故事情节，并组织了一场热热闹闹的红楼歌舞。新颖、独特、具有民族特点和古典文化氛围的企业形象，立即吸引了公众，使酒店成为消费者踊跃前往的好去处。

（2）传播方式宜用建设型或进攻型，即制造新闻，先声夺人、出奇制胜地进行强有力的宣传，努力造成“轰动效应”，主动、积极地向公众“亮相”，给公众留下深刻、强烈的“第一印象”。“第一印象”是人们的某种“心理定式”，它是人们心理活动的准备状态，即对事物有某种固定的看法乃至偏见。良好的心理定式一旦形成，公众就会对酒店产生好感和信心，客观上使酒店具有吸引力，而吸引力正是酒店争夺市场、招揽人才、树立形象、提高声誉的重要前提。

2. 酒店处于危机时期的宣传重点

酒店不可避免地会遇到危机。危机一般有以下几种：一是由于自身服务质量或菜肴、酒水的出品不好，造成顾客投诉，致使不利于酒店的舆论沸沸扬扬；二是由于公众误解、他人陷害、伪劣商品对酒店声誉造成的危害；三是由于国际、国内的环境变化，以及偶发事件导致的客源流失等。酒店遇到危机会出现的情况是知名度、美誉度受挫，客源不足，门庭冷落，经营状况不佳。

酒店处于困境之中时，公共关系人员应沉着冷静，与酒店领导一道，权衡利弊得失，抓紧时机，采取灵活多样的宣传沟通方式，向社会公众介绍酒店组织处理危机的措施。若是内部原因，就应提高自身素质，运用诚实可信的宣传策略，争取公众的谅解，恢复酒店信誉；若是外部原因，就应抓住一切可宣传的契机，澄清事实、纠正谬误，重塑酒店形象。

3. 酒店顺利发展时期的宣传重点

这一时期，酒店的形象已经树立，并被公众所接受，酒店有了稳定的客源市场，知名度与美誉度呈上升趋势，形势一派大好。此时酒店领导与公关人员如放松警惕、自我陶醉、故步自封，就会很容易在激烈的市场角逐中被竞争对手挤出市场。因此，持之以恒、锲而不舍地保持和维护酒店的形象与声誉，是这个时期公共关系宣传的重点。

宣传工作须注意巩固已有的成就，适时推出新招，为酒店形象增光添彩，不断扩大酒店组织对社会的影响。这一时期酒店公共关系的传播方式较创建时期的公共关系宣传频率可相对减弱，而应着意在维护和扩大酒店的影响方面做文章，时刻不忘拉紧与公众联系的纽带，适时公开亮相，达到稳定客源市场、维护酒店形象的目的。

（二）传播沟通的作用

公共关系的传播沟通作用表现在两个方面：一方面是把外部公众的信息向酒店内部输入，为酒店塑造形象、调整与改善经营方针提供依据；另一方面是有效地把酒店信息向外输出，向公众传播酒店的形象，提高酒店的知名度。

向社会公众介绍酒店组织，传播服务信息，宣传酒店行为，达到树立酒店良好形象、扩大酒店影响的效果，就是公共关系宣传的重要作用。“桃李不言，下自成蹊”“好酒不怕巷子深”的传统观念，是不能适应现代化商品社会的。公共关系人员是酒店的喉舌与耳目，要为酒店组织赢得公众的信赖、争取社会的合作与支持而进行不懈宣传。

（三）传播沟通的方式

传播沟通的主要方式是借助各种新闻媒介（即报纸、杂志、电视、电台和电影）的力量进行传播。从公共关系的角度分析，这是大众传播。此外还有群体传播、人际传播、组织传播，以及非语言传播等。所谓非语言传播，是指借助表情、色彩、姿态、眼神、服饰等形象语言进行信息交流。

四、交际功能

国外有关专家曾形象地指出：优秀的企业公关工作＝正确的公关意识＋科学的公关活动。这就是说，公共关系人员只有具备了正确的公共关系意识，通过有计划而持久的努力，才能使组织机构的各项经营活动形成良性循环。公共关系工作的目的，就是与公众保持良好关系，使酒店处于一种“天时、地利、人和”的环境之中。为达到这一目的，很重要的一个方面，就是要求公共关系人员通过广泛的社会交往，为酒店广结善缘，成功地编织各式各样的“关系网”，为酒店的组织目标服务。

（一）社会交往的作用

社会交往具有如下作用：

（1）广泛的社会交往，有利于信息的传递，而信息在交流中是可以增值的。不同角度的信息相互印证，逐步趋向准确与完善，成为有价值的信息。有价值的信息是酒店的宝贵资产。

（2）广泛的社会交往，能协调酒店与合作者的行为，协调各种各样的关系，得到社会公众的理解、信任与支持，提高酒店对社会的适应能力。

（3）广泛的社会交往，能促进酒店与相关公众之间的情感交流，增进友谊，获得朋友。在与各类公众真诚合作的基础上，通过相互交往，可以达到增进了解的目的。公共关系人员应努力使双方既是生意场中的合作伙伴，又是可以信赖的挚友。

（4）广泛的社会交往，有利于在互相切磋、互相学习、互相影响中使酒店组织经营管理的各项目标和措施逐渐趋于完善；有利于酒店组织捕获实现目标的机会。机会越多，酒店成功的希望也就越大。

（二）社会交往的原则

公共关系人员在进行社会交往时，应遵循以下原则。

1. 良好的品德修养

品德，是指个人的道德面貌，它是依据一定的道德行为规范，在行动时表现出来的稳固倾向和特征。道德是一种意识形态，它是人类社会千百年来在共同生活中形成的，对社会成员起约束和团结作用的准则。品德是社会道德在个人身上的体现。高尚的品德既是中国优秀传统道德观念的结晶，又是人类精神文明在个人素质方面的集中体现。因此，良好的品德修养是公共关系人员塑造美好的交际形象，为酒店、为自己赢得真挚友情的基础。

2. 谦虚谨慎和自尊自信的品质

谦虚谨慎是中华民族的传统美德，也是寻觅知己、获得朋友的必由之路。常言道：自知者明，自信者强。充满自信的人敢于面对挑战而自强不息。自信不但可以塑造自身生机勃勃的形象，也可以使交往对象对你充满钦佩。自尊是人格的体现，保持人格尊严，不丧失立场，会使别人真正看得起你，看得起你所效力的酒店。那种趋炎附势、缺乏人格或妄自尊大、盛气凌人的人，都是遭人鄙视的，也就不容易有优秀的人愿意与之交朋友。

3. 热情真诚的态度

公共关系工作充满想象力与创造力，没有热情的性格、没有全身心的投入，是不能胜任这种需付出大量心智和体力的艰辛工作的。与人交往，凭借热情才能沟通感情、结交朋友、拓展工作渠道。当然，在让对方感觉到你的真诚与恳切时，绝不能丧失立场，拿原则做交易。

4. 端庄大方的形象

公共关系人员在对外交往中应注重个人的外在形象。因为他们代表的不仅是个人的形象，更重要的是酒店组织的形象。

外在形象包含秀美的仪容、端庄的仪表、大方的仪态、礼貌的举止和得体的谈吐，这些外在美的和谐与统一，就形成了高雅的风度和充满吸引力的个性色彩。完美的外在形象可以使人充满自信，自然、从容地与人交往，也可以给交往对象留下清新、深刻、愉快的印象，有助于在社交活动中打开局面。

（三）社会交往的方法

公共关系人员是为酒店创造“人和”环境的“外交大臣”。他们进行社会交往，一般是按如下层次逐步推进的：首先是向交往对象传播他们感兴趣的信息，并通过各种形式的活动来联络感情，结交朋友；其次是通过酒店组织实施的行动和公关人员的努力，来影响交往对象，使他们转变观点、改变态度、形成合作，最终成为“海内存知己，天涯若比邻”的朋友。

公共关系人员采用的交往方式多种多样，如组织参观、举办庆典、郊游野餐、进行专访，以及召开联欢会、恳谈会、信息交流会、工作午餐会等。公共关系人员在进行交往时，应注意以下几点。

1. 注重交往频率与沟通渠道

交往频率是交往中相互联系、接触与交流的次数；沟通渠道即联络感情、增进了解的途径。一般来讲，交往的次数越频繁，建立友谊的成功率就越高。因此，重要的交往对象，交往的频率要高；沟通渠道应具有人情味，赠送恰当的礼物、进行必要的宴请是不能忽略的。

对于那些暂时不是酒店重要合作伙伴的交往对象，也不要因此而冷落、忽视了他们，适时地道一声祝福、重大节日的简短问候，都会使对方深深感动，从而拉紧友谊的纽带。

2. 把握交往过程中的尺度

在交往过程中，由于双方在兴趣、爱好、态度、价值观等方面一致，或因为彼此欣赏而产生好感是很正常的。热情的态度是自己为对方所接受的基础，也是个人人格魅力的前提。但热情过度，失去分寸，则容易遭人误解，导致不必要的麻烦；不合适的矜持，会使“酒逢知己千杯少”的成功交往氛围变为“话不投机半句多”，从而丧失合作的机会。

3. 设计富有新意、创意的活动

震撼人心的悲壮、热烈诚挚的欢乐和意料之外的惊喜，都具有感染力。感染力能使对方留下深刻印象，终生难忘。与朋友交往，如果能经常变换交往方式，以崭新的姿态出现在朋友面前，是维系友谊、升华情感的重要方式。

案例 1-3

金陵饭店岁末交响乐磅礴呈现

2015 年 12 月 24 日，金陵饭店昆仑厅成了欢乐的海洋，一曲脍炙人口的《今夜无人入眠》唱毕后，现场爆发出雷鸣般的掌声，久久不能停息，观众们不断高喊着要求返场。在接连两次的返场中，来自意大利罗马皇家爱乐乐团的艺术家们为观众奉献了《茉莉花》交响乐选段，现场观众在惊喜之余，纷纷跟着曲调吟唱起来；当乐团三位主唱献上意大利经典歌剧选段时，全场掌声和欢呼声雷动，将当晚演出现场的气氛又一次推向高潮，也宣告了 2015 年金陵饭店“金陵圣诞，岁末交响”平安夜交响音乐会获得了圆满成功。

曾在 2014 年就将平安夜晚宴与交响音乐会完美“联姻”的金陵饭店，在 2015 年再度祭出大手笔，首度联袂意大利罗马皇家爱乐乐团，在昆仑厅设下平安夜交响音乐盛宴。拥有近 120 年历史的意大利罗马皇家爱乐乐团是托斯卡纳音乐风格的杰出代表乐团，曾在 30 多个国家举办过多场国际巡演，两任意大利总统斯卡尔法罗、纳波利塔诺均是乐团的忠实“粉丝”，教皇本笃十六世曾三次邀请乐团为罗马教廷演出，意大利著名歌唱家、世界第四大男高音安德烈·波切利更是将该乐团作为自己的伴奏乐团。作为具有世界顶尖演奏水准的交响乐队，意大利罗马皇家爱乐乐团率领强大的演奏阵容来到金陵演出，乐团首席指挥家米开朗基罗·迦罗帝拥有数十年国际演出经历，是世界著名的音乐家指挥大师，意大利总统纳波利塔诺曾授予他意大利最高荣誉奖——银牌勋章。如此前所未有的强大演出阵容震撼人心，开创了金陵饭店圣诞晚宴的新高度。

当晚演出现场，金陵饭店 1 300 平方米的昆仑厅装扮华丽，高达 9 米的天花板上，艺术灯光如繁星点点，五彩斑斓的射灯将演出舞台装点得分外迷人；桌上除了彩灯和蜡烛灯外，还摆放了精致诱人的金陵美食；演奏现场配备有巨幅 LED 屏幕，在音乐会现场放映出与乐曲匹配的画面，伴随着美妙的旋律给听众带来视觉上的震撼体验；服务员们身着意大利国旗主色调红、白、绿三色的腰带，将四百多位到场嘉宾引至座位的同时，数十名可爱的金陵饭店圣诞小天使们吟唱着圣诞颂歌，带来圣诞节特有的温馨气氛和美好祝福。本场音乐会的曲目经过精挑细选，堪称曲曲经典：女高音歌唱家佛罗比亚格拉吉奥以甜美的嗓音演绎了一曲象征甜蜜爱情的《我的双唇》，饱满的热情令人神往；脍炙人口的《饮酒歌》轻快明亮、充满活力，男女主唱手持酒杯频频向现场嘉宾致敬，现场气氛为之沸腾；曲调朗朗上口的《康康舞曲》情绪热烈，节奏奔放，台下观众们纷纷跟随节拍鼓掌；而当两位男高音歌唱家盖达罗博达尼奥、维恩所德拉蒙德唱响歌剧《图兰朵》中最经典的选段《今夜无人入眠》时，雄浑的唱腔和激昂的旋律令全场观众为之震撼，演出现场的气氛被调动至最高潮。返场环节，乐团演出人员纷纷戴上节日气息浓郁的圣诞帽，首席指挥家迦罗帝先生更邀请台下一位小朋友走上舞台，拿起指挥棒当起了“小小指挥家”。当演出圆满结束，乐团全体成员在掌声与鲜花中离开昆仑厅时，当晚最动人的一幕出现了：金陵饭店唱诗班的圣诞天使们等候在门前，向这些远道而来的艺术家们吟唱圣诞颂歌。这一幅洋溢着欢乐与温馨的动人画面令乐团全体人员又惊又喜，他们向圣诞天使们送去鲜花并合影留念，在欢声笑语中尽情享受着来自异国他乡的圣诞温情。

一场精彩的交响音乐会，一定要配上相得益彰的美酒佳肴才更显完美。2015 年的平安夜音乐会，金陵饭店餐饮团队在昆仑厅设下了美轮美奂的平安夜晚宴，圣诞火鸡、金陵盐水鸭、意大利烤金枪鱼、金陵一品盅、酱烤雪花牛……中西合璧的各色经典金陵名肴及私房菜令晚宴熠熠生辉，完美展示了金陵饭店三十余年深厚的美食底蕴。除了昆仑厅之外，金陵饭店太平洋西餐厅、金海湾自助餐厅在当晚也准备了丰富的圣诞大餐：太平洋西餐厅意大利大厨塞拉菲诺为宾客们量身定做了平安夜意式盛宴，圣诞火鸡、牛扒、奶酪、圣诞布丁等平安夜佳肴令人沉醉，金海湾自助餐厅提供现场制作的煎三文鱼、煎金枪鱼、现烤美国火鸡、火腿等圣诞晚宴必备佳肴，为客人们奉上一场中西合璧的璀璨盛宴；金陵圣诞礼篮、圣诞姜饼屋、金陵饭店猴年吉祥物，也令金陵圣诞更加光芒四射。

唯一不变的就是变，金陵圣诞一贯以“求新求变”为最大特色。2015 年圣诞季，金陵饭店首次联合同程旅行网、大众点评网、淘宝网、微信微商城等网络平台推出圣诞晚宴门票网络售卖服务，令购票更加方便快捷；在晚宴现场的互动抽奖环节，众多合作伙伴为宾客们提供了丰富的奖品，iPhone 手机、南京往返国内外各大城市的机票、德国 Rimowa 旅行箱、三星高档手机、意大利定制西装、亚太商务楼健身俱乐部半年会籍、多家金陵连锁酒店提供的免费房券……丰厚的奖品极大地活跃了晚宴现场的气氛。

如梦幻般精彩的平安夜晚宴获得了众多宾客的由衷喜爱与交口称赞。客人陆先生说：“自从参加了去年金陵饭店圣诞晚宴，我就一直在关注今年的金陵圣诞。今天昆仑厅的这场交响音乐会果然没有令我失望，乐团水准高，视听效果震撼，意大利歌剧的魅力实在是无与伦比！”客人谢小姐说：“早就听说今年金陵饭店请来了意大利顶级交响乐团，我特地给孩子也买了一张票，让她接受一次高雅艺术的熏陶。这次晚宴，我们全家不仅欣赏了优美的旋律，还享用了金陵美食，更抽中了幸运大奖，真是难忘的一夜！”本次参演的罗马皇家爱乐乐团全体成员也对金陵饭店作出了极高的评价，首席指挥家迦罗帝先生说：“这次来到金陵饭店，我深深感受到南京观众对艺术的喜爱和热情，饭店为演出所做的准备工作细致而周到，专业的素质令我印象深刻。最让我惊喜的是金陵饭店的圣诞唱诗班，没想到我们在异国他乡也能感受到美妙的圣诞节气氛。

百年历史的世界级乐团，华丽梦幻的平安夜盛宴，“强强联合”打造出 2015 年金陵圣诞“王者归来”的风范，凸显了金陵饭店高雅的气质与不凡的创意，更为金陵圣诞的光辉乐章书写出华美的新篇章！

资料来源：http://wmdw.jswmw.com/home/content/? 2097－3019537.html.

4. 注重交往过程中的感情培养

“人是情感的复杂体”，社会正是由于人与人之间各种各样的情感组合而显得五彩缤纷。人若缺乏爱，没有友谊，就会身居闹市而犹如置身沙漠，感到分外寂寞。所以人是需要友爱来滋润的。在公关交往中，虽然有许多是利益上的朋友、生意上的伙伴，但如不注重感情培养，生意伴侣就会变得冷漠无情，一次合作之后，彼此就没有继续握手的欲望了。

在交往过程中，应着意培养感情。一次合作，就为酒店争取一个真诚的朋友。交往对象获得成功时，及时祝贺，一份欢乐两人分享；交往对象遇到挫折时，给帮助、表关切、增温暖，细微之处见深情。着意塑造起来的感情因素，将会为酒店赢得信任与好感，也会为今后的合作奠定良好的基础。

五、协调功能

酒店组织既是一个按上下统属关系建立起来的有序的整体，又是一个不断与外部环境发生物质、精神、信息关系的开放系统。市场的完善和大众传播技术的不断发展，使酒店必须面对各种关系。保持酒店与内外环境的平衡与和谐，是酒店组织取得成功的关键，因此，协调就显得十分重要。

协调酒店员工与领导的关系，保持同心协力，是实现酒店目标的基础；协调酒店内部各部门之间的关系，是实现酒店目标的保证；协调酒店组织与外部公众的关系，避免和减少不必要的冲突，是实现酒店总体目标的条件。

（一）协调工作的范围

1. 协调领导与员工的关系

酒店领导是企业的决策人，他把握酒店的发展，且一般都具有丰富的经验、科学的态度和决断的魄力。但酒店领导是管理者，而员工是被管理者，客观上双方是矛盾统一体，产生隔阂是不可避免的。如果经过市场调查的决策，员工不理解、不支持，甚至其行动与此背道而驰，则后果不堪设想，即便是再科学的行动决策也是无效的。因此，协调领导与员工的关系是酒店得以顺利发展的关键。公共关系人员应随时沟通信息，成为领导与员工之间的沟通桥梁，使其步调一致，实现共同目标。

2. 协调酒店内部管理层之间的关系

要达到有效的管理，就需要酒店内部各部门之间做到密切配合。因此，协调好酒店内部各个管理环节之间的关系非常重要。酒店各个部门面对的公众及工作特点、运作规律等都各不相同，沟通不够往往会引发这样或那样的矛盾，如果不及时化解，优质的服务可能会因某一环节的失误而功亏一篑，甚至造成极其严重的后果，使酒店形象受到影响。

3. 协调酒店与外部环境的关系

现代社会是社会化的大生产，酒店必须面对错综复杂的外部环境。因此，协调酒店与外部环境的关系，公共关系人员起到统帅作用。酒店公共关系的重要工作，就是运用丰富多彩的组织手段和传播技巧，为酒店搭建起连接社会各界朋友的桥梁。协调酒店与外部环境的关系主要包括以下内容：一是协调酒店与政府部门的关系；二是协调酒店与竞争者的关系；三是协调酒店与顾客的关系。

（二）解决纠纷的途径

酒店公共关系人员应是协商合作的能手、领导的良好参谋、员工的知心朋友、酒店内外关系的润滑剂。解决纠纷的途径主要包括以下几方面：

（1）加强信息沟通。公共关系人员要随时了解员工的想法和要求，及时反馈给决策层。此外，要经常向员工介绍酒店的方针政策，使他们看到酒店目标与自身利益的关系，并随时将工作进程和成绩告知员工，以鼓舞士气，使他们自觉维护酒店利益，做好本职工作。

（2）健全规章制度，明确工作关系，加强自律意识，强调执行纪律，奖优惩劣，并通过岗位责任制和监督系统，强化职责权限，防止矛盾的产生。

（3）运用疏导手段，帮助矛盾双方承认认识差异、知识差异、利益差异等，并从长远利益出发，求大同、存小异，不拘泥于具体细节，以求达成共识。

（4）建立信访、自查制度。通过信访了解员工情绪动态和意见倾向，预测矛盾冲突、及时敲响警钟，并采取有效措施制止矛盾；通过自查，了解自身服务质量、经营管理、公众关系等方面的问题，及时补救，防止矛盾与纠纷。

（5）当矛盾冲突已经形成时，可采用协商的方法，通过谈判、协商，合理解决分歧与争端，消除矛盾双方的误解。

（6）除协商法之外，经常使用的还有调解法和冷处理法。调解法，即请有关领导出面，公平处理纠纷，使矛盾双方按处理意见约束自己的行为；冷处理法，即发生激烈冲突时，回避矛盾，时间一长，双方均已疲惫，再采用大事化小、小事化了的方法解决矛盾。

六、服务功能

公众、环境是组织目标实现的决定性因素。酒店公共关系所开展的协调公众关系、优化环境等一系列工作，其根本目的是帮助酒店实现组织目标。它的一切活动都是为酒店组织的利益服务的，具有很强的从属性与服务性。

（一）服务功能分析

在酒店企业经营管理中，各个职能部门都在服务工作的某一环节上发挥着重要作用。

而公共关系部门的工作内容，具有十分明显的服务性质，却也存在区别于其他职能部门的重要特征：

（1）酒店公共关系的业务不像其他职能部门只负责酒店服务接待工作中的一个环节，而是既离不开酒店各个工作部门，居于各部门工作之上，又渗透于整个酒店经营管理过程的各个环节之中。

（2）酒店公共关系的工作方法，是通过信息性、传播性、协调性、支持性、辅助性的服务，使组织内部的运转更加顺畅，使组织外部的环境更加和谐美好。

（3）酒店公共关系部门的负责人直接对总经理负责，在内可与各职能部门对话，了解工作进程；对外可代表酒店与各种关系的公众保持接触与联系，并可以参加酒店的高级决策会议，为重大经营决策提供咨询。

（4）酒店其他职能部门所涉及的公众是有限的，而公共关系工作则要面对酒店内外的所有公众。在酒店内部，它负责上传下达，是员工的知心朋友、领导的好参谋；在酒店外部，公共关系部门要为酒店多交朋友，是酒店对外排除干扰、减少障碍的润滑剂。

（二）服务功能要点

在酒店组织内，公共关系工作并不直接参与人、财、物等资源的管理，也不直接为客人的食、宿、娱、购提供服务，更不直接制作菜肴或者推销产品，而是运用各种传播沟通手段，将酒店信息有效输出，扩大影响，为提高服务质量提供参考依据；提供客源动态信息，为酒店调整经营方针提出建设性意见；处理投诉，维护酒店的良好形象；横向交流，使酒店各个职能部门配合融洽；协调关系，使酒店内部每个环节处于优质服务的最佳状态；等等。

（1）对酒店外部提供社会服务。公共关系工作作为一种现代经营管理手段，不仅在组织内部具有独特的协调、服务功能，在组织外部，又是酒店组织的社会性、公众性和服务性的集中体现。公共关系活动是获取信誉的最好手段，服务就是一种最好的公关行为。社会公众从酒店的服务行为中去实际感受酒店对社会的爱心与责任感，由此产生对酒店的尊重与好感，使酒店形象深入人心。

（2）公共关系部门应协助酒店领导树立酒店精神与酒店文化，这可以激发员工强烈的责任感，并使其产生归属感、自豪感。优秀的酒店企业都拥有自己的价值观念、办店宗旨、工作方式和行动目标，有代表酒店精神的店歌、店服、店训和店庆。

（3）公共关系部门应经常性地培养和教育员工，除了要树立公共关系意识之外，还要进行培训，使员工具有一定的公共关系本领。这些本领包括交际能力、语言表达能力、思维能力、组织能力、宣传能力、招徕能力、营销技巧等。公关业务技能培训是不可缺少的，与此同时，还应注意培养员工广泛的兴趣爱好，使员工自身充满魅力，在与工作对象交往时很容易找到“共同语言区域”，进行信息和情感交流。

公共关系部门还应教育员工不断开拓思想、创新观念，敢于积极探索，不断发展智力，丰富想象力；教育员工与人友善相处，能够接受各种各样与自己性格不同、风格不同的人，从而迅速搞好公众关系。现代科学早已证明，每个人都蕴藏着巨大的潜在能力，大多数人在平常只发挥了其中的10%。如果酒店员工能充分挖掘自身的潜能，熟练掌握公共关系的技能、技巧，这无疑是一股强大的能量，能够为酒店作出更大的贡献。

典型案例分析

广州大厦“多方位公关品牌战略”

广州大厦是一家公务酒店，该酒店针对自己的特点，围绕整体的品牌战略，将公共关系渗透到企业的系统管理之中，多方位地开展公关活动。

一、形象公关，拓展品牌的外部环境

作为广州市政府接待基地的广州大厦审时度势，率先亮出“公务酒店”的品牌形象，在经营上实现了前所未有的突破。广州大厦在盘活无形资产的同时，相继在《人民日报》《接待与交际》等媒体上刊登系列报道，与全国同类型接待基地分享经验，共同开拓公务酒店的市场，为进一步建立健全销售网络奠定基础。树品牌形象，建外部关系网，融品牌建设于成功经验的分享之中，并通过外部公共关系网的建立，塑造品牌形象。

广州大厦总结长期承担接待任务的经验，创造出一整套适合公务活动的服务模式，为公务活动营造最佳的环境和气氛，把大厦的“舞台”变成公务活动的“舞台”，让公务客人乐于到大厦来组织各类活动，并主动向其他企事业单位推荐大厦。广州大厦以自身的努力和突出表现，赢得了公众的支持和帮助。

二、服务公关，增强品牌的竞争力

作为公务酒店，广州大厦凭借自己丰富的经验为客户的活动策划、组织工作出谋划策，从细微之处为会议或活动组织者着想，最大限度地使在大厦举办的会议和活动尽善尽美；同时，只要条件允许，大厦公关部的工作人员乃至总经理必定会亲自迎接客人，他们不但在现场指挥，做好协调工作，而且还面对面地与客人沟通、交流，听取客人的意见和建议，收到了良好的公关效果。

广州大厦重视每一位踏进大厦的客人，把质量作为重点工作常抓不懈，不断向员工灌输质量意识和服务意识，逐步形成安全、优质、快捷的服务规范。广州大厦还重视对顾客的售后跟踪服务，利用合适机会向客人送上关怀，送上问候，哪怕仅仅是一张卡片，真正做到了“把尊重送到每个客人心里”。广州大厦在服务中传播品牌，在品牌传播中为营销服务，从而树立了口碑。

三、特色公关，提升品牌的含金量

广州大厦想客人之所想，以方便客人为目标，改造或增加服务设施、服务项目。大厦针对女性客人的心理，采用不同的色彩设计了以春、夏、秋、冬四季为主题的女宾房，满足了女性客人对美的追求；大厦还根据新一代公务员的年龄、层次、工作方式等方面的变化和需要，提供上网、手提电脑以及公务咨询等系列服务，为公务员在大厦营造了临时的办公室气氛，方便了公务所需。

四、全员公关，奠定品牌腾飞的基础

广州大厦充分认识到全员公关是奠定品牌腾飞的基础。为此，大厦一方面注重营造“人和”的内部环境，通过采取科学的方法，加强部门之间的沟通交流、配合协调，共创企业佳绩；另一方面，开展对全体员工的公关教育和培训，增强全体员工的公关意识，自觉树立起“大厦形象从我做起”的公关风气，使全体员工明白：企业的形象、信誉和品牌是相统一的，其无形资产比有形的资金更为珍贵。通过全体人员的共同努力，广州大厦形成人人讲公关、人人搞公关、人人塑形象的局面，并使之蔚然成风。

问题： 1. 广州大厦多方位公关策略的关键何在？是如何落实的？

2. 你觉得多方位公关策略的推广需要酒店自身具备哪些条件？

思考与练习

1. 酒店公共关系具有哪些职能？它们分别发挥着什么样的作用？
2. 什么是酒店的硬件形象？软件形象包含哪些内容？
3. 什么是知名度？什么是美誉度？
4. 简述酒店不同时期传播沟通的重点所在。
5. 社会交往应遵循什么样的原则？采取怎样的方法？
6. 现代酒店为什么要树立全员公关意识？
7. 酒店公共关系的基本原则有哪些？请结合实际谈谈自己的感受。
8. 请收集公共关系案例，以实例或个人的亲身感受说明公共关系的重要性及作用。

实训项目

假如你以某酒店公关人员的身份为本酒店联系当地报社报道本酒店的婚宴产品，你将做哪些准备工作？将和对方如何打交道？你希望报社报道的内容和形式是怎样的？

第二章 酒店公共关系的构成要素

哲理格言

没有情感，道德就会变成枯燥无味的空话。

——［苏联］苏霍姆林斯基

学习目标

通过本章的学习，你将：

1. 掌握酒店公共关系的主体、客体及中介。
2. 熟悉酒店组织、公众、传播的含义。
3. 了解酒店组织与环境的关系。
4. 熟悉公众的基本特征以及公众分类的内容。
5. 掌握传播的构成要素、传播的分类及传播效果。

酒店的公共关系活动，是由作为主体的酒店组织、作为客体的内外公众和作为中介的传播构成的，三者相辅相成，是不可分割的整体。

酒店组织是公共关系的主导性操作机构；内外公众是公共关系的对象；传播是连接酒店与公众的桥梁。在公关主体的策划下，有目的、有计划，积极主动地改善酒店组织的内、外关系，能为酒店创造一种“人和”的良好公共关系状态，以利于酒店组织健康地生存与发展。

第一节　酒店公共关系的主体

一、酒店组织的基本特征

酒店组织是公共关系的主体。酒店是自主经营、自负盈亏的服务性企业，就自身来说，酒店组织具有以下四个特征。

（一）经济性

酒店是旅游企业，也是经济组织，是以从事经济活动获取经济效益为目的的营利性机构。它不同于政府组织、社团组织、学术组织等非经济性组织，酒店只有获取了利润，才可能维持其自身的支出，进而扩大经营范围，发展再生产。因此，经济性是酒店区别于其他非营利性机构的主要特征。

（二）竞争性

商品经济是以消费需求为导向，以企业为主体，以市场为核心，以满足他人需要为目的的交换经济。商品经济的主要特征是竞争，优胜劣汰是竞争发展的普遍规律。酒店是经济性的营利组织，理所当然地处在商品经济的前沿阵地，竞争的成败与酒店的生存发展密切相关。因此，任何一家酒店都具有竞争的动力和生存的压力。

（三）自主性

随着改革的深入、社会的发展，酒店已逐步走向市场，成为相对独立的经济实体。酒店是自主经营、自负盈亏的社会主义商品生产者和经营者，具有独立的法人地位。它们拥有人、财、物、产、供、销等的自主权，独立核算、自负盈亏，具有自己的经济利益，当然它们也对酒店经济活动负完全的法律责任和经济责任。

（四）服务性

酒店与其他企业的显著区别在于其服务性。酒店是以提供服务设施、出售服务劳动而营利的企业。虽说酒店也生产实物形态的产品，如烹调出来的美味食品等，但这些产品都是要通过服务来进行销售的。因此，酒店是通过出售客房、餐饮及综合性的服务设施，以及员工们的服务态度，服务技能、技巧，在公众中形成独特的服务感受，塑造优良的服务形象，从而获得经济效益和社会效益的企业。

二、酒店组织与外部环境

社会是由一个个组织“细胞”组成的，酒店是社会的一种细胞，不可避免地要与社会环境发生千丝万缕的联系。酒店所面临的社会环境一般包括：政治环境、经济环境、科学文化环境、国际环境和法律环境等。这些环境的变化差异，都会对酒店组织产生深远的影响。

政治环境，是指党和国家的大政方针、政策、规划、政局、政治形势等对酒店组织产生的影响，形成酒店组织外部的政治大气候。

经济环境，主要是指国家的生产力发展水平、企业宏观管理体制的变更，以及经济发展趋势对酒店组织产生的深远影响。

科学文化环境，主要是指科学技术的发展，高科技产业化的进程大大提高了劳动效率，加速了生产力的发展，而社会风尚、道德观念、文化教育、价值取向、消费心理等，又是对酒店经济效益产生影响的文化因素。人们空闲时间的增加和文化品位的提高，为扩大旅游内需提供了条件，形成了酒店组织的外部环境。

国际环境，是指国际政治经济形势、国际格局、国际市场变化，以及国际关系等对酒店组织产生的影响。

上述这些环境因素，都对酒店的经营行为产生了不同程度的制约和影响，而酒店公共关系部门是酒店组织与社会环境的调节器，在酒店与社会公众中起润滑剂的作用。要知道如何使酒店组织与社会环境保持平衡，公共关系调节器与润滑剂的作用如何发挥，就必须透彻地了解酒店组织与外部环境的关系。我们可以作以下分析：

（1）社会的需要，是酒店经营的主体目标；社会的利益，则是酒店组织应当承担的责任。一家酒店的经营活动，只有与社会的发展、商品经济的变化，以及社会公众利益保持协调一致，才可能健康地生存与发展，才可能具有良好的知名度与美誉度。因此，外部环境是酒店组织必须依赖的条件和必须适应的土壤。

（2）由于构成酒店外部环境的政治、经济、军事、科学文化，以及法律环境的客观条件不同，它们对酒店组织的影响也有大小之别，即层次性。如经济环境对旅游业就起着决定作用。因为旅游需要消费，且费用较高，人们的旅游消费心理及经济承受能力决定着旅游业的兴衰，这是不言而喻的。

（3）酒店组织的外部环境不是一成不变的，随着社会的发展，政治、经济、文化和法律都会发生相应的变化，因此它是一个动态的、变化的过程，时而局部影响整体，时而整体改变局部。因此，我们应根据其特点对变化中的环境进行分析预测，以确保实现酒店的组织目标，使酒店在适应环境的变化中，求得生存与发展。

（4）酒店组织虽然要受社会环境的影响和制约，但在充分了解环境和掌握环境发展动态的基础上，酒店组织也可以对现存的社会环境有所影响、有所改造、有所超越。不过，这种影响、改造和超越是有限的，需要经过较长时间才能形成。

三、酒店组织的目标与公共关系目标

任何一个企业都有自身的目标。一个社会组织，没有自身的奋斗目标是不可能的，酒店组织就是一个追求一定目标的社会技术系统。酒店总目标一般以酒店发展规划和年度计划的形式出现，它反映了一定时期国家、社会、内外公众等各方面对酒店的总体要求。酒店总目标包含两个方面的内容：一部分被称为“硬指标”，包括酒店产品质量、营业额、市场占有率、成本降低率等；另一部分被称为“软指标”，包括酒店的知名度、美誉度及形象等。

酒店的公共关系目标，即组织总目标中的“软指标”，是通过积极、主动的公共关系工作，改善酒店组织的对内、对外关系，创造一种良好的公共关系状态，进而建立起酒店组织的良好形象，以促成酒店总体目标的实现。

理顺酒店组织目标和公共关系目标的关系，应明确以下几项原则：

（1）酒店组织的总体目标决定着酒店组织的公共关系目标。总体目标中的“软指标”是公共关系的工作方向，并构成公共关系工作目标。

（2）酒店的公共关系目标从属于酒店的总体目标，是为酒店的总体目标服务的。游离于酒店总体目标之外的所谓公共关系目标，既不符合酒店公共关系工作的原则，也没有实际的意义。

（3）酒店组织的公共关系目标既要服从于酒店组织的总体目标，又要有自身的特点。所谓自身的特点，是强调实施公共关系目标的措施和方法，应具有强烈的公关意识，公共关系活动也应具有连续性、科学性和感召力。

第二节 酒店公共关系的客体

什么是酒店公共关系的客体？——公众，它是酒店公共关系工作的对象。

在公共关系学中，公众是一个重要概念，它不同于我们通常所说的“人民大众”和“群众”。酒店公共关系的公众，是指与酒店组织发生联系并相互作用的组织和个人的总和。不同的公关主体有不同的公众，不同时期的公关主体也有不同的公众。而群众和人民大众却具有相对的稳定性和独立性。应该说，公众包含于人民大众之中，是与某一公关主体发生联系和相互作用的群体和个人。没有公众，酒店公共关系就失去了工作的前提条件，当然也就没有了实际的意义。

一、公众的基本特征

与酒店组织发生联系并相互作用的组织与个人，必须与酒店有着某种实际的或潜在的利益关系和影响力。因此，酒店公共关系的公众一般具有以下四个基本特征。

（一）广泛性

酒店在与各种各样的组织和个人发生联系的过程中，形成了各种各样的社会关系，这些社会关系即酒店公共关系的公众。它的范围非常广泛：顾客公众群中，有科学家、艺术家、商人、工人、教育工作者等；在客源输送机构公众群中，有各类旅行社、各有关接待部门等；在社区公众群中，有左邻右舍、兄弟单位、协作伙伴等；在媒介公众群中，有报纸、杂志、广播、电视等新闻单位；在政府公众群中，有上级主管部门、政府各职能机构等；还有内部公众，如员工、股东，而且员工和股东中的成分也不是单一的。因此，广泛性是酒店公共关系公众的第一个特征。

（二）同质性

同质性，即酒店公共关系的公众都因共同性质的问题和涉及的共同利益而与酒店保持着某种联系，成为酒店公共关系某一时期的工作对象。例如，某酒店由于菜肴质量问题，导致当日在酒店进餐的消费者食物中毒，这些原本互不联系的人，面临一个共同的问题，即同质性的利益关系。他们共同关心的是对此恶性事件的处理，以及对个人利益的维护。于是，这些同一事故的受害者就形成了酒店在某一时期的特定公众，而通常所说的群众和大众都不具备这种特征。

（三）动态性

社会环境是一个动态的、可变的网络系统。处于这一变化环境中的公众的价值观念、消费行为、思维方式也在变化着，因此，公众具有动态性特征。如随着社会的发展、人们经济能力的提高，消费的需求正在由温饱型向小康型转变，购买商品也发生了从追求“价廉物美”到讲究“名牌”“品牌”的变化。正是由于这种动态性，酒店公共关系工作必须围绕公众的需求而采取相应的对策，寻找有利于组织发展的公关之路。

（四）可导性

公众的动机和态度具有可导性。酒店公共关系工作借助各种公关方式和手段，通过不懈努力来改变组织机构的形象，逐渐影响和改变公众的态度，力图创造较高的公众信誉度，防止不利于酒店组织的行为出现。如果没有公众的可导性，公共关系工作就失去了存在的意义。

二、酒店公众的分类

公共关系工作如没有目标公众，就会无的放矢，不仅公共关系计划无从制订，而且必然影响公共关系工作的实际效果。因此，公众的划分是开展公共关系工作的前提和基础。

如何划分酒店公共关系的公众呢？从不同的角度出发，可以进行不同的划分：从传播学的角度，可以把公众分为顺意公众、逆意公众、中间公众；从酒店组织对公众的影响程度，可以把公众分为非公众、潜在公众、知晓公众和行动公众；根据公众对酒店组织的重要程度，可以把公众分为首要公众和边缘公众；等等。为了使酒店公共关系人员明确酒店的基本公众（即目标公众）在哪里，还是从酒店自身所处的内部环境和外部环境来划分较为妥当。

酒店组织的内部公众，一般包括员工和合资酒店中的股东，他们与酒店组织有最直接、最密切的利益关系，与酒店同呼吸共命运，是酒店公共关系的重要目标公众。

酒店组织的外部公众，主要是指与酒店有着较紧密联系和较重要利益关系的社会群体。它们应该是：主要顾客群、客源输送机构、社区、媒介、政府、旅游教育界、酒店物资设备供应商、金融界和竞争对手等。他们也是酒店公共关系的重要目标公众。在现代社会里，能否正确处理好与这些外部公众的关系，是衡量一个组织机构素质的重要标准之一，也是酒店能否取得成功的重要条件。

三、酒店公共关系的内部公众

（一）员工

1. 员工的重要作用

员工是与酒店组织发生紧密联系且最接近的公众，他们是企业赖以存活的细胞，与酒店的目标和利益关系最为密切。酒店的一切方针、政策、计划、措施，必须得到他们的理解和支持，才可能有“人心齐、泰山移”的效果。“内求团结”是酒店内部公共关系的宗旨。员工是酒店内部公共关系的重要对象，而健康良好的员工关系，是酒店“外求发展”的基本保障和塑造酒店形象的基石。

一位日本专家曾说过这样一段话：“一群人在一起工作，其效果并不像数学公式 1＋1＝2 那样简单。两人协力的结果，可能 3 倍甚至 5 倍于一个人的力量，相反，如果互相不协力，效果可能是 0。”员工队伍由性格各异的个人所组成，他们所处的位置不同，看问题的角度和观点也不尽相同。有人严谨，有人奔放；有人外向活泼，有人内向稳重。即使是同一个人，也存在不断交替的不平衡状态。如何内求团结，把每一个员工纳入酒店组织的整体，充分激发每个人的潜在能力，创造和谐、协作的酒店气氛，培养认同感、归属感，形成向心力和凝聚力，这是酒店内部公关的重要任务。

员工关系是酒店内部的组织成员关系，做好组织成员的公共关系工作，实质上是加强酒店的管理工作。要使酒店的管理工作既能充分调动员工的积极性，又能保持个人心情舒畅，就必须在管理思想和管理方法上有所研究。从 19 世纪末至 20 世纪，管理理论有了很大的发展，既具有科学性，又有艺术性。特别是管理心理学的理论和方法，是酒店领导和公共关系人员应当了解并掌握的思想武器。它对实施管理、提高管理成效具有重要作用。

2. 做好员工公共关系工作的内容

满足员工的物质需要，是调动员工积极性、维持劳动热情的基本保证。酒店必须通过工资、奖金、福利、保险等手段，满足员工衣、食、住、行、安全等基本的物质需要。公共关系部应通过内部的信息交流，随时了解员工的各种物质需求，并及时反馈到决策层，对员工正当合理的物质需求，力求迅速、主动地予以解决，竭力消除员工的误会，变消极情绪为工作热情。

满足员工的精神需求，是挖掘员工潜能、调动员工工作积极性的重要手段。希望获得尊重和实现自我价值，是每个人正常的心理需求。因此，精神激励尤为重要，它是物质激励的补充。

相关链接

酒店“激励十法”

1. 目标激励法——使员工看到酒店目标及自身利益。
2. 反馈激励法——及时将工作进展和成绩反馈给员工，获得员工的理解与支持。
3. 强化激励法——表扬与奖励（正强化）；批评与惩罚（负强化）。
4. 智力激励法——智力投资，培训人才。
5. 情趣激励法——开展丰富多彩的活动，培养员工的兴趣爱好。
6. 榜样激励法——典型示范、操作表演，以榜样的力量说服人。
7. 参与激励法——让员工参与大事商讨。
8. 责任激励法——健全经济责任制，明确各自的职责。
9. 理想激励法——理想信念教育，培养进取精神。
10. 奖金激励法——进行必要的物质刺激。

随着一个人的发展成熟，社交、尊重、自我实现等高级需求，相对于生理需要而言变得重要起来。人们对精神的需求往往超过对物质的需求，有时为了某种目标的实现，甚至可以自觉调节对低级需要的渴求，从而发挥巨大的能量，积极主动地促使事业走向成功。

承认员工的个人价值，切实保障员工的主人翁地位，是使员工自觉地将个人利益与酒店利益合为一体的有效方法。人有两种欲望，既希望自己是优秀组织中的一员，又希望自己鹤立鸡群、出类拔萃，有卓越的个人价值体现。因此，只有尊重员工的个人价值，激发他们的主人翁精神，才能将个体价值与团体价值辩证地、有机地结合起来，促使员工把个人价值与酒店的团体价值有效融合。

案例 2-1

感谢一路有你——万豪员工感谢周

“如果我照顾好我的员工，他们就会照顾好顾客，然后顾客就会再次光临。”这句话被奉为万豪集团的座右铭。万豪集团在多年发展的积淀中，充分认识到员工作为最主要的内部公众所具有的地位和作用，从而形成了“感恩员工”的企业理念。正是这种一贯传承的优待员工的企业理念，每年五月万豪集团旗下全球各大酒店都特设员工感谢周，以此感谢万豪员工们平日的辛勤付出。

2015 年 5 月 20 日，杭州 JW 万豪酒店组织员工在京杭大运河边捡拾烟头并宣传环保理念，唤起市民朋友们对于身边的这条杭城母亲河的清洁和保护意识，还运河一片清澈，还社区一个绿色未来。同时，酒店还为员工们安排了其他丰富多彩的活动，从第一天酒店高层亲自奉上的爱心早餐到之后的插花课、烘焙课、电影鉴赏等，还有中餐厅行政总厨精心准备的每日菜单和日间工作茶歇，让员工们真切地感受到了来自酒店的温暖。

万豪集团一直坚信员工才是酒店成功的关键。上海绿地万豪酒店也秉承这一理念，在员工感谢周里举办了许多富有特色的活动：有"报纸传送带"、纸杯叠叠乐、涂鸦拼图游戏等趣味活动，举办了激动人心的万豪运动会，同时还开展了消防知识宣传讲座和现场演练，加强员工的消防安全意识。

加强信息沟通，就是既要了解员工的思想动态，又要让员工知晓酒店的经营决策，并及时反馈每一阶段的成就，增强员工的自信心、自豪感。及时的信息沟通，不仅避免了由于信息阻隔而造成的猜疑、对抗、发泄等不良行为，还可以使员工了解酒店目标和自身利益，自觉地与酒店荣辱与共，成为酒店经营活动中的一支生力军。

建立企业文化、树立企业精神，是培养员工认同感、归属感的重要途径。健康的酒店组织气氛、独到的价值观念，是衡量酒店素质的重要标准。酒店精神与文化，可对塑造员工的个性、满足员工的心理需求、训练员工的敬业精神、激发员工的自豪感和责任心，起到无可比拟的、潜移默化的作用。

（二）股东

1. 股东的概念

股东即投资者，股东关系即酒店与投资者的关系。

股东关系在资本主义国家的企业中是一种常见的关系，尤其是在第二次世界大战后发展迅速。战后资本主义国家经济大幅度增长，许多企业急需筹集资金发展生产，而广大中产阶级的经济能力已从消费转向投资，也在寻找金钱生息的机会。于是随着市场的发展，进行投资，握有企业股权，就不再是少数富人的特权。资本主义社会出现了一支由中产阶级组成的阵营强大的股东队伍。有些大众公司，其股权为大众所占有，其利润为大众所分享，由于自身利益与企业利益密切相关，因此大大提高了人们的劳动与创造热情。

随着我国经济体制改革的不断深入，许多酒店为了求得发展，纷纷进行了一些尝试。有的酒店与外商合资，成了合资酒店，中方股东与外方股东各占一部分股权，实行股份制；有的酒店除了向银行贷款外，也向社会广泛吸收资金，以弥补自有资金的不足，社会上一些集体与个人，投资入股就成为股东；还有一些小型酒店，在小范围内自筹资金，联合起来，于是形成股份式的合作企业；有的酒店为调动员工的工作积极性，动员全体员工入股，实行全员入股的联营制。在经济逐渐繁荣的现代中国社会，尽管股份制还处在初级的摸索阶段，形式不一，发展程度也不一致，相应的法规还不够完善，但显而易见，股份制是市场经济大发展的客观要求和必然产物，具有强大的生命力，已成为今后酒店发展的重要途径之一。

股东关系涉及酒店的"财源"，与酒店的生存与发展休戚相关。因此，改善与维持良好的股东关系是酒店公共关系部门的一项重要职责。

2. 股东的特点

股东的显著特点，是普遍存在一种“主人意识”和“特权意识”。他们认为自己是酒店的“老板”，有权知道酒店的发展动向和经营成果，对有关酒店的各种信息十分注意，尤其对酒店的重大人事变更和经营状况特别关注。

酒店股东一般拥有以下权利：

（1）有权投票选举股份制酒店的董事会，并由董事会确认经营管理人员。

（2）股票标志着持有者对酒店的所有权。股份的占有量决定着股东对酒店资产拥有所有权的大小。

（3）有买卖或转让股票的自由。

（4）有权获得与酒店经营状况相关的股息和红利。

（5）酒店解散时，有分配剩余财产的权利。

3. 做好股东公共关系工作的内容

一方面，应当尊重股东的特权，有的放矢地开展公关工作。从股东购入股票之日起，直到他售出股票为止，酒店都应把他们当成自家人。酒店有什么新消息，应以最快的速度传达给每一位股东，使他们优先获悉酒店新动态，从心理上满足股东的“特权意识”。具体办法有：

（1）每年定期召开股东大会，提供图文并茂、数据准确的年度经营报告，并由酒店总经理向董事会和股东们汇报酒店的经营情况，以及下一阶段的经营方针和发展计划，争取得到股东们的理解与支持。

（2）编制股东公共关系刊物，使股东们随时了解酒店的资金运转状况和经营情况，掌握人事变更的缘由。

（3）举办股东座谈会，征询对酒店经营管理的意见与建议，增加透明度。让股东们参与酒店大政方针的决策，充分调动股东们的“主人翁”责任感。

（4）随时通过信函和各类股东保持联系，不断向股东们传达酒店信息，增加酒店与股东间的凝聚力。

（5）适当组织一些联谊活动，邀请股东们参加，交流思想，联络感情，使酒店与股东们之间形成一种情感纽带。通过卓有成效的公共关系工作，稳定已有的股东队伍，吸引新的投资者，扩大酒店的财源。

另一方面，酒店应该视股东为最知己的内部公众，同心同德地塑造酒店的优良形象。股东关系虽说是一种金融关系，但从公共关系的角度来说，不应将股东关系仅仅当作财务关系来对待，而应将他们视作最知己的内部公众、最可靠的顾客群。例如，一家酒店如有100个股东，每位股东又有10个亲朋好友，那么这家酒店就拥有了1 000个潜在的顾客，酒店也就可能在这些人心目中树立美好的形象。由此可见，优良的股东关系，不仅关系到酒店的财源稳定，而且可以利用股东们广泛的社会关系，扩大酒店的知名度与美誉度，开辟新的市场，获得难以估价的社会效益。

四、酒店公共关系的外部公众

（一）顾客

酒店必须拥有自己的客源市场，才可能实现自己的产品价值；失去了顾客，酒店就失去了服务的对象，也意味着酒店赖以生存的基础发生了动摇。没有顾客就没有酒店，顾客对于酒店来说，具有极其重要的意义。做好顾客公共关系工作的内容包括以下三个方面。

1. 树立正确的经营思想

做好顾客公共关系工作的前提，是帮助酒店树立“顾客第一”的经营思想。所谓“顾客第一”，是指酒店的一切经营行为，都必须以顾客的利益和要求为导向，把顾客放在首位，竭尽全力地满足他们的需求。所有成功的现代企业都实践了这一思想，这是经营思想成熟的表现，也是社会生产发展的必然结果。

追求利润是在商品经济的竞争环境中任何一家酒店的基本动因。如何获得利润，实现酒店的利润目标？最根本的因素是酒店的服务质量。酒店形象得到了公众的认可与青睐，公众信赖酒店，需要酒店，酒店才有可能通过满足社会需求来获取利润。良好的社会效益必然导致良好的经济效益。因此，做好顾客公共关系的前提条件，是把顾客放在第一位。正如美国企业公共关系专家加瑞特所说：“无论大小企业，都必须永远按照下述信念来计划自己的方向，这个信念就是：企业要为消费者所有，为消费者所治，为消费者所享。”

2. 摸清顾客的消费心理

被誉为日本经营之神的松下幸之助坚定地认为：“强烈的顾客导向，是企业成功的关键。”酒店公共关系部门只有了解顾客的各种消费需求，准确地把握顾客消费的脉搏和动向，才能使酒店的经营服务得到社会的认可。

顾客的需求可分为生理需求和心理需求。生理需求是维持生命和延续种族的一种自然属性。消费者需要有吃饭、休息、娱乐的地方，于是就有了酒店。需求增加，酒店客源就趋于充足。从这个角度来讲，顾客的需求促进了酒店的发展。心理需求则是高层次的精神追求，酒店服务必须创设优雅的环境和优美的服务形象，才能满足顾客的心理需要，使他们得到心理的享受。现代人的消费需求是个十分复杂的社会现象，一般呈现以下特征：

（1）多样性。顾客由于性别不同，以及年龄层次、文化水平、经济能力、欣赏角度、传统观念和个人爱好等方面的差异，其消费需求自然呈现多样性特征。

（2）无限性。随着社会的发展，人们的思想观念、消费观念也在不断地发生变化。一种需求得到满足后，又会产生新的需求。欲望是永无止境的，这就决定了顾客的需求呈无限性特征。

（3）内潜性。内潜性包含两方面的内容。一方面是由于经济能力或其他因素的制约，消费动机呈潜伏状。一旦构成消费行为的条件成熟，加上合适的消费引导，内心驱使与外部环境接轨，很容易马上形成消费行为。另一方面是指顾客休息、玩乐、游览、购物，只是消费动机表面化的现象，而导致消费动机产生的真正因素，是顾客个体内在的心理状态。

（4）发展性。由于受顾客收入水平的限制，他们的消费需求会呈现由低级到高级、由价廉到质优的发展过程。消费者的需求随社会的进步和经济收入的提高而逐步改变，因此呈现发展性特征。

（5）从众性。由于受某一典型顾客的“示范作用”和相关公众的影响，消费者会产生一种从众心理，在消费行为的实现中，彼此相约，采取同一步调的行动。

（6）时代性。顾客往往受时尚、社会风气、新潮观点的影响，追逐时代的潮流，力图紧跟时代的步伐，使消费需求呈现时代性。

公共关系人员要熟悉消费心理学常识，善于根据顾客的性别、年龄、职业、文化教养、经济能力等特征，来把握各类顾客的特殊需求，并将信息及时反馈给决策层。决策层可在大量准确信息的基础上，快速调整经营方针，有的放矢地开展针对性服务。

3. 塑造最佳的服务形象

对酒店而言，其中心工作就是服务。正如美国饭店旅馆大王、商业饭店之父斯塔特勒所说："酒店从根本上只销售一样东西，这就是服务。"要稳定开拓客源市场，只有塑造最佳的服务形象，让顾客身心得到充分的调整和休息，精神得到最好的享受，才可能产生深刻、良好的心理体验，达到争取客源、扩大影响的目的。因此，优质、完善的服务，是建立良好顾客公共关系的基础。

案例 2-2

一卡在手，轻松享受登顶礼遇

商务人士汪先生持有金陵贵宾会员卡，并因为消费金额的不断累积而依次升级为"金卡""铂金卡"会员。对于客人，尤其是商务散客来说，加入"金陵贵宾计划"就可以得到更为优质、个性化的服务，增加酒店对他们的认知，享受酒店为他们量身定制的产品。金陵贵宾会员可在参与计划的金陵连锁酒店享受诸多特别优惠和优待，还可在消费的同时获得奖励积分，更可使用积分兑换缤纷奖品。作为金陵贵宾会员，无论曾处什么级别，汪先生都真切地感受到了金陵酒店通过"金陵贵宾计划"优惠行动想表达的对客人的关心、感激之情。

一卡在手，首先感到的是方便，如私人登记入住和快速退房服务，尤其是在酒店旺季客房紧俏的日子里，因为汪先生是"贵宾会员"，他的预订就能有保证，而退房又可以推迟到下午，他可以在享受安谧的午睡之后，能像离开自己的家一样从容地退房。

汪先生也享受到许多看得见的尊贵礼遇："一打开入住的房间，就看到了鲜花、果盘和精致的巧克力，即刻感受到酒店热诚欢迎我的气氛和关怀的心思。"汪先生的一些生活习惯与嗜好，也被酒店记入"个人专有档案"。在他下榻酒店的日子里，汪先生说："我经常会受到特别的关照，这种近乎被呵护的感觉让我十分感动，对于像我们这样长期出门在外的商务人士，谁都会在意这种'宾至如归'的感觉，有了这种感觉，我就只选择'金陵'。"

"金陵贵宾计划"中那些积分奖励和优惠折扣也非常实惠和实在，完全体现出金陵酒店细腻敦厚的服务品质和风格。兑换的奖品往往是热门的、很受商务人士欢迎的物品，如移动硬盘、手机，当然还有"金陵"特制的礼品，这使会员们用其馈赠亲友也显得非常得体而又有文化品位。

随着金陵连锁酒店在中国许多城市先后开业，像汪先生这样的金陵贵宾会员们一卡通行，可以在更多的酒店享受到金陵一脉相承的关怀礼遇、优惠奖励与优质服务。

（二）客源输送机构

客源是酒店的生命线，而组织客源是各类旅行社的主要工作。一般来讲，旅客的主要目的是旅游观光、探亲访友、寻幽探险。他们进入游览地，住店不是主要目的。因此，酒店为了保证稳定的客源，很大程度上要依靠国内外各类旅行社和对口接待部门等客源输送机构。但客源输送机构在选择酒店时却十分灵活，选择余地很大。若酒店设备落后、服务质量不高、形象不佳，旅行社就可能会到另一家酒店去订房；若餐厅膳食不好，旅行社也可以选择到别的餐厅就餐。由此可见，酒店与客源输送机构的关系十分重要。公共关系部应采取积极主动的姿态，来维持和改善与客源输送机构的关系。

1. 客源输送机构公关的基础

（1）良好的信誉和形象，是获取客源输送机构信任的基础。高美誉度的企业形象，是酒店的无形财富。它虽然不能直接创造经济效益，但这些社会效益却可以间接地转化为经济效益。以客源机构为例，任何一家客源输送机构，都希望与信誉高的酒店打交道，都期望借助酒店的信誉来提高旅行社的信誉。

（2）优良的服务，是获得客源输送机构好感的重要因素。高水平的服务，能使游客获得身心俱佳的享受。游客对酒店服务质量的评价越高，客源输送机构对酒店的好感就越深，与酒店合作的欲望就越强。

（3）灵活的价格，是吸引客源输送机构的重要手段。旅游旺季与旅游淡季的价格，可相对调整，给客源输送机构一个上下浮动的范围，酒店可以盈利，客源输送机构也可以接受。双方真诚合作，平等互惠，以达到维持与改善关系的目的。

（4）酒店的知名度，也是吸引客源输送机构的不可忽视的因素。没有名气的酒店，就像没有经过传播媒介报道过的人和事一样，处于无人知晓、无人问津的境况。客源输送机构只会与有名气的酒店合作，以此来提高自身的知名度。

2. 做好客源输送机构公共关系工作的内容

经常传播酒店信息，是搞好与客源输送机构公共关系的首要途径。持续不断地主动向旅行社等客源输送机构介绍酒店的情况，提供材料，宣传独特的经营项目和特殊的服务类别，竭力让客源输送机构对酒店的特点、服务水平、管理能力有一个全面的印象，从而作出有利于酒店的选择。

经常联络感情，是搞好与客源输送机构公共关系的另一途径。时常邀请客源输送机构的代表参加联欢会、晚会、各类庆典活动，与他们同欢、同乐，交流思想，加深友谊；还可利用酒店淡季，以免费或优惠价格邀请各类客源输送机构参加酒店举办的宴会，以达到广交朋友、联络感情、增进合作的目的。

此外，应按客源输送机构的特点划分类别，每类客源输送机构的关系都应有专人负责，注意与各级、各类旅行社保持长期密切的联络，经常沟通信息，及时获得客源，避免因信息不畅、联系不紧密而带来客源流失，给酒店造成不必要的经济损失。

真诚合作、互惠互利，是与客源输送机构合作时应遵循的原则，对待各类旅行社和各级接待部门，酒店应一视同仁。合作中须本着真诚相待、友好团结的精神，把合作过程看作增进友谊、交流感情的过程。一旦双方留下了美好印象，就能为下次合作打下坚实的基础。

（三）社区

从社会学的角度来解释，社区即聚集在某一地域中的社会群体、社会组织所形成的一种生活上互相关联的社会实体。简言之，社区是人们共同活动的一定区域。公共关系学中的社区关系，实际上是一种乡里关系。酒店与前后左右要善结良缘，讲究睦邻之道，为酒店发展创造一种良好的区域环境。

1. 酒店与社区的公共关系

酒店与社区是一种相互依存、相辅相成的关系。

酒店的生产经营活动，依赖于社区的各项服务，如交通管理、水电供应、治安保卫、防火等；酒店的员工及家属的日常生活依赖于社区的商贸、教育等企事业单位；酒店的许多员工，尤其是旅游旺季请来的临时工、季节工，多半来自社区内的居民，酒店既可以节省从外地招工所需要的食宿投资，又可以消化社区待业人员，加深酒店与社区的睦邻关系。

酒店在依靠社区的同时，也为社区做了多方面的贡献和帮助。首先，上缴税金、利润和各项征收款，维持了社区财政的收支平衡，这不仅是酒店对国家、对社区的义务，也表明了酒店在社区所显露的实力；酒店积极资助社会福利事业，为社区承担了一部分社会责任和社会义务，除了造福于社区公众之外，也提高了酒店在社区公众中的地位和威信；酒店优美的外观形象，美化了社区环境，给社区居民一种美的享受。如江苏各市的大酒店，门户开放，供社区居民自由出入，成为社区居民游览、休息、消遣的好去处；酒店不断地扩大经营，为社区提供了充足的就业机会，减少了社区的待业人员，客观上也减少了犯罪的根源，促进了社区居民的安居乐业和社区的安定团结；高知名度、高美誉度的酒店，在名扬四海之时，也为所在社区赢得了社会声誉，成为社区吸引投资、开拓发展的一种资源和财富。

综上所述，保持酒店与社区的睦邻关系，既是社区繁荣安定的基础，也是为酒店公共关系创造良好外部环境的需要。

2. 做好社区公共关系工作的内容

社区关系不同于酒店的其他外部关系，它既是一种以地域关系为纽带而形成的较为稳定的关系，又属于多层次、多种类的分散型社会公众关系。

(1) 酒店要搞好社区关系，就必须抓住社会利益这个根本，满足社区对酒店的基本要求——安全、卫生、规范经营的外部形象；尊重社区民俗及宗教习惯；酒店行为符合社区公认的道德标准；遵守国家法规、法令，维持社区安定团结；对社区公众平等相待、谦虚友善等。

(2) 积极参与社区的社会公益事业，妥善处理好各种集资、捐赠、赞助，尤其对教育、医疗、体育、卫生、社区福利事业应持热心态度，采取不同形式的支持方式，以获得社区公众的信任与好感，从而在社区公众中树立起良好的形象。

(3) 当社区遇到危急情况时，如火灾、车祸、传染病、暴力事件等灾难性事件，酒店应挺身而出，迅速配合社区采取各种应急措施，在“烈火”中见真金，在“患难”中见真情。

(4) 不断传播酒店信息，抓住各种特殊事件，如开业庆典、周年纪念、重要节日等，扩大酒店的影响。还应有目的、有计划、有组织地策划一些富有创意的公共关系活动，提高酒店的知名度，巩固酒店在社区公众心目中的地位。

(5) 利用酒店自身的优势，兴办“附属”企业，解决社区居民的就业问题，帮助社区居民改善生活，增加福利，并通过“附属”企业开展职工培训，提高和加强社区就业人员的文化素质和文明程度，促进社区的精神文明建设。

(6) 不断美化环境，使酒店成为社区居民游玩、休息之所，成为社区居民心中的一块绿洲。还可以适当地组织社区居民参观酒店，让他们了解酒店，理解酒店的经营目标，支持酒店的经营措施并通过他们向外界传播信息，不断扩大酒店的影响，使酒店形象扎根于社区公众的心中。

（四）媒介

媒介关系，是指酒店与新闻传播机构，如报纸、杂志、广播、电视等大众传播媒介的相互关系。它是酒店外部最重要的关系之一。

国外常常把在大众传播媒介中工作的记者们称为“无冕之王”，其寓意是说他们具有国王一样的权力和影响力。西方部分学者甚至认为大众传播媒介威力无比，像枪弹一样所向披靡，具有操纵和改变社会公众观念和行为的力量。因此，他们把新闻媒介看成西方社会继立法、司法和行政三大权力之后的“第四权力”，成为维持国家生活的第四支柱，其主要原因就是因为媒介的本质是制造舆论。它可以通过有效的传播，使一个人或一个企业成为妇孺皆知的名流或名企业，一时间誉满全球；也可通过其传播的威力，使某个人或某家企业的声誉一败涂地、臭名远扬。这就是舆论的巨大力量。在信息高度发达的现代社会，酒店绝不能轻视舆论的作用，酒店公关部要特别重视与新闻媒介的关系，加强与他们的联系，建立起融洽友好的关系。

1. 酒店与媒介关系分析

从主体与客体的角度来分析，传播媒介可谓具有双重性。一方面，传播媒介是酒店公共关系的对象，是酒店必须争取的重要公众。这是因为媒介所从事的传播工作，是影响和引导民意的主要力量，其权威性是显而易见的。另一方面，媒介又是酒店开展公共关系活动的重要工具。酒店一切信息的传导与回收，都要依赖于传播媒介，都要借助于传播媒介的力量。此时，传播媒介又成了公共关系的操作者。因此，从这个意义上讲，媒介既是酒店公共关系的主体，又是酒店公共关系的客体。媒介这种具有特殊意义的双重性，是它区别于其他公众的显著特征。

从公共关系人员与新闻界人士的工作性质来分析，他们之间有许多相似、相近之处。其中最主要的有两点：一是都充当中介人的角色。公共关系人员是酒店组织与社会公众之间的中介；新闻工作者是政府与社会公众之间的中介。二是他们的工作都具有“耳目”与“喉舌”的特征。公共关系人员是酒店组织的“耳目”与“喉舌”；而新闻工作者则是政府的耳目与喉舌。他们二者工作的对象，都是社会公众，都必须通过宣传去劝说和影响公众。但他们工作所属的范畴是不同的，新闻工作者从工作内容到工作效果都属于宣传的范畴；而公共关系人员则从工作目标至工作方法都属于经营管理的范畴。

2. 做好媒介公共关系工作的内容

“加强联系、密切合作、以诚相待、一视同仁”，这十六个字是酒店维持良好媒介关系的主要途径。

酒店公共关系人员要积极主动地保持与新闻界的联系，不是把公关工作做在事后，而是做在事前，及时提供有价值的信息材料，主动邀请有关记者来酒店采访、检查促进工作，时时注意保持与新闻界的密切合作，寻找一些双方都感兴趣的话题，为新闻工作者创造良好的工作环境。对有利和不利于酒店的报道都要以正确、认真、友善的态度对待。

要尊重新闻工作者的工作特点，提供真实可信的材料，切忌弄虚作假，报喜不报忧。更忌提出一些不符合实际情况的要求，强迫记者按酒店的意图来写稿和采访。绝不能以利益为诱饵，搞金钱贿赂。

要了解各类新闻媒介的特点和特殊的公众群，要摸清各类新闻媒介的报道特色、编辑方针、编辑风格、发行时间和渠道、发行地区和数量，甚至要掌握各位记者和编辑的偏好、思想倾向和写作特点，这样才能充分利用各类传播媒介为酒店作有效的宣传。

建立专门信息库，随时汇集有关酒店的信息，及时、客观、准确地向新闻界输送，绝不可临渴而掘井。

设立专门联络员，与新闻界保持密切联系，经常组织一些参观、访谈、游览、联欢之类的活动。为了沟通感情，加深友谊，很有必要建立良好的“个人关系”。

适时召开记者招待会、新闻发布会，向新闻界提供有关酒店的重要信息。与前述方法相比，新闻发布会、记者招待会的场面隆重，影响面较大，是其他方法难以代替的。

（五）政府

政府是酒店的权力公众，它是代表国家对社会方方面面进行统一管理的权力性机构。任何企业都必须在政府的宏观管理下进行生产经营活动。酒店是自主经营、自负盈亏的企业，与各级各类政府的职能机构有着不可分割的关系。因此，协调和改善与政府的关系，对酒店的生存与发展至关重要，是酒店外部公共关系的重要任务。

1. 酒店与政府关系的演变

从新中国成立起到20世纪70年代末，我国处于高度集中的计划经济时期，酒店企业与政府是一种依附关系，也是一种“婆媳关系”。政府对酒店采取的是计划性、指令性领导。酒店企业没有相对独立的经济地位，缺乏自身的活力和竞争力，在经济活动中采用统支、统收的“大锅饭”管理体制，所谓“盈利上交，差额补贴”，就是那一时期的真实写照。上级命令成为经济工作中的准则，无疑养成了“饭来张口、衣来伸手”的体制惰性，无法获取经济效益。

20世纪70年代末至90年代初，政府改革了对酒店企业无所不包的管理体制，实行宏观管理、政企分开，对企业放权。对酒店的微观经营活动，政府实行开放政策，由酒店企业自行处理。我国进入了社会主义条件下有计划的商品经济时期。

20世纪90年代初至今，随着改革开放的大踏步前进和经济体制改革的逐步深入，酒店企业已成为相对独立的生产者和经营者。政府职能也逐步走向引导市场，开始采用控制贷款利率、工商税收、财政补贴、工资基金、原材料供应等经济杠杆和经济手段，间接管理和调节酒店企业的经营行为。但是，无论怎样发展变化，酒店与政府的关系都十分重要，其主要原因是：

（1）政府是国有酒店企业的所有者，有权对酒店进行管理和督查，有权委派和任免酒店企业的主要领导人。

（2）政府决定酒店企业的发展方向。因为酒店的一切发展目标，必须与社会经济发展战略相一致，只有符合社会经济的发展，酒店才可能得到政府财政、税收、信贷等方面的支持。

（3）政府的各级各类职能部门对酒店企业进行有关治安、纳税、商标注册、合同管理、卫生防疫检查、物价、环境保护与监测等方面的管理，政府有关的政策、方针、法律、法令及各种规章制度，都规范着酒店企业的行为。

（4）政府是一个大的协调机构和信息库。它通过有效的手段，协调酒店与其他社会组织在经营中所发生的冲突与摩擦。政府还是酒店企业获取重要财政经济信息的重要渠道。酒店在政府的帮助下，可以寻找合适的合作伙伴，加速酒店企业的发展。

因此，政府与酒店之间是一种行政领导、指导协调、检查监督、扶持与服务的关系。酒店的兴旺发达离不开政府的支持，把政府关系放在酒店公共关系的首要地位，是勿庸置疑的。

2. 做好政府公共关系工作的内容

（1）执行国家的方针、政策，遵守法律与法规，自觉接受政府的指导和管理。违法乱纪，不仅会损害国家利益和企业利益，败坏企业形象，还要受到有关法律的制裁，失去政府的支持。只有认真了解与酒店有关的法律条例、政策规定，并自觉严格执行，才能得到政府的赞赏和好评。

（2）严格管理、勇于创新、努力提高经济效益，为社会、为国家作出较大贡献，是获得政府理解和支持的最根本、最有效的途径。那些能获取良好社会效益和巨大经济效益的酒店企业，政府一定会给予财政、税收等各方面的有力支持，以促进酒店企业的不断发展。

（3）承担社会责任，树立优良的酒店形象。令人钦佩的酒店信誉和令人瞩目的知名度与美誉度，也是酒店获得政府信任、争取支持的有效途径。

（4）设置专人负责保持与政府的联系与沟通。与政界人士打交道要讲究艺术，在积极配合政府职能部门管理、监督工作的同时，酒店应主动争取支持和指导，与相关人员交朋友，建立正常的私人友谊，便于沟通政府与酒店的信息，提高工作效率。

（六）国际公众

国际公众是指与涉外组织的跨国活动相关的外国公民。华侨虽非外国人，但却因为与国外公众有密切联系，所以也可列入国际公众的范畴。

1. 国际公众分析

酒店的国际公众，一般包含旅游者、外国驻华使节、外国驻华专业人员和来华投资的外商，其中主要的国际公众是旅游者。

旅游者来华的主要目的是观光游览。他们虽然来自五湖四海、肤色各异，但一般都有固定的职业、一定的社会关系、一定的思想倾向和性格特征。从传播学的角度讲，他们是积极受众。按公共关系的观点来说，他们既是送上门的顾客，又是酒店公共关系的行动公众。他们已经历了对酒店的知晓和感兴趣阶段，进入了尝试阶段，进而采取具体行动付诸实践，与酒店组织有密切的利益关系。如果他们对中国之行十分满意，就可能会影响到他们所在社交圈中的其他人，成为酒店的义务宣传员。相反，如果他们对中国之行充满了失望与遗憾，也可能成为反面宣传员影响他人，直接危及酒店组织的利益。因此，采取积极主动的方针，开展一些激动人心、富有民族特色的公共关系活动，是旅游酒店涉外公共关系的重要任务。

另外，在我国工作的外国专业人员，均为所属组织的稳定成员，他们既是与涉外组织跨国活动相关的国际公众，又是酒店涉外公关对象的重要组成部分。外商来华的主要目的是寻求投资项目和合作伙伴，对一些相关组织来说，无疑是积极受众。至于外国驻华机构，也是大型旅游酒店涉外公关的重要对象，他们是最稳定又具有权威的涉外权力公众。在他们之中，对中国了解程度颇深的行家里手比比皆是，并具有自己的独到观点与看法。

与他们打交道时要谨慎、细致，应注意数据的准确性、推理的合理性，并把握政策的原则性和灵活性。与他们建立良好关系，酒店组织将会受益匪浅。

2. 开展涉外公关的原则

（1）政策指导的原则。涉外公共关系在制订计划与实施时，必须体现和服从我国的大政方针，以及其他各种长期和短期的政策措施、法规法令。

（2）优化形象的原则。涉外公关的主要目的是树立酒店的良好形象，扩大宣传，增强影响，争取国外公众的信任、好感与支持，为酒店的组织目标服务。

（3）增进效益的原则。酒店的涉外公共关系活动，主要是为适应相关业务工作而开展的对外活动。开拓市场、争取客源，要体现服务性、灵活性、生动性、创新性，为酒店组织增进效益创造条件。

（4）针对对象的原则。涉外公共关系所涉及的公众，其所在的国家、地区不同，历史发展、文化背景也不同。因此，在传播信息时，要有针对性，要尽量符合外国公众的语言、文化和风俗习惯，对不同国度的公众，解决问题要采取不同的措施，尤其要注意不可触犯外国公众所在国人民特有的风俗习惯、宗教信仰等方面的禁忌，以避免引起反感，影响公共关系工作的效果。

3. 开展涉外公关的方法

（1）开展富有特色的公关活动。要把酒店的经营特色、技术力量、独到的经营观念和独特的外观形象，通过各种渠道和传播手段，生动、风趣地介绍给国际公众，争取给他们留下深刻印象。要采取富有创意的传播手段，使酒店的知名度、美誉度得到提高，为今后的合作铺平道路。

案例 2-3

洲际酒店集团优悦会推出全球“赏·夜”促销活动

全球最大的国际酒店集团洲际酒店集团推出全球“赏·夜”促销活动，为优悦会会员提供优悦会奖励积分，奖励飞行里程或在集团旗下的任一酒店享受免费住宿的选择，其中包括洲际酒店及度假村、皇冠假日酒店及度假村、英迪格酒店、假日酒店、假日度假村、假日酒店俱乐部、智选假日酒店、Staybridge Suites、Candlewood Suites 和 EVEN 酒店。

“我们致力于为忠诚客户创造富有价值的相关旅行体验。此次促销活动也给我们的会员提供了一个更好的享受洲际酒店集团旗下各大酒店品牌的机会。”洲际酒店集团全球忠诚消费者营销副总裁 Bruce Lahood 表示：“我们很高兴可以通过奖励积分、奖励飞行里程和免费住宿等对会员来说最重要的奖励服务来回馈我们的会员。”

“赏·夜”促销活动期间，会员一旦注册，便会收到个性化的邀请函，奖励也从会员入住酒店那天起开始累计。洲际酒店集团优悦会是世界上第一个也是最大的酒店忠诚项目，且拥有行业领先的优势，其中包括奖励住宿无日期限制和精英会员的快速通道等专享优惠。

洲际酒店集团旗下拥有一系列酒店品牌，从屡获殊荣的洲际酒店度假村到城市中心的假日酒店，共计 4 700 多家酒店。洲际酒店集团的规模和多样性可以随时随地满足客人休闲度假、商务出差、家庭聚会等多种需求。

（2）进行市场监测和预测。涉外公关活动需要监测所在对象国的政治、经济、市场变化、社会舆论和公众的需求变化等，在监测的基础上进行分析、预测，为酒店组织的总体目标提供咨询依据。

（3）收集信息，扩大宣传。随时收集、汇总各种信息情报，编纂和印刷酒店专刊；制作和发行酒店宣传材料，不断扩大宣传效果。

第三节　酒店公共关系中介

酒店的公共关系工作是通过各种传播媒介与社会公众保持信息沟通的，传播是酒店与社会公众保持信息沟通的中介要素。在公共关系学中，传播是个相当重要的概念。它是连接公关主体和与之相关客体的纽带，起着相当重要的作用。

传播是人们使用语言符号或非语言符号进行信息交流与沟通的一种社会行为。传播学认为，对于人类来说，传播是一种自然的、必要的、无所不在的活动。人与人之间通过传播进行思想、信息、观念的传递和分享，人的一切生产和社会活动都离不开传播。酒店公共关系人员必须重视传播的中介作用，了解传播的基本构成要素、特征及传播效果，从而在进行传播活动时，增强其灵活性和针对性，减少干扰因素，提高传播效率。

一、传播的构成要素

传播由四个基本要素构成：传播者、信息、信道和受传者。传播是一个信息流动的过程，首先由传播者对信息进行编码（即把要表达的意思变成讯息），然后经过信道传导给受传者，受传者接收讯息后进行解码，对内容有所理解后作出反馈。

（1）传播者。传播者（或称传者、发信者）是将传递内容符号化或形象化，并负责传递出去的某人或某组织机构。

（2）信息。信息即被传播者传递出去的内容。

（3）信道。信道即传播的渠道、传播所采用的媒介，或者是传播所选择的途径。

（4）受传者。受传者也称为受者，是接收讯息并作出相应反馈的个人或集体。

二、传播的基本特征

一般意义上的传播具有以下四种特征：

（1）传播是一种社会现象，是自人类产生以来就广泛存在的。例如与人聊天、通信、打电话、发表演说、交际、交流、沟通是传播；做一个表情、摆一种姿势、丢一个眼神、穿某种服装也是一种传播。总之，人的一切生产和社会活动都离不开传播。

（2）传播活动发生在人与人之间。传播者将信息编码，受传者要对信息进行解码，才能达到传播效果，而且传播者与受传者必须有共同的经验，才能彼此沟通，达到对信息分享的目的。

（3）传播是一个信息流动的过程。这个过程的起点是传播者，终点是受传者，信道是传播的途径。在信息流动的过程中，因为表达者口齿不清，或环境喧闹、字迹模糊，都可能会使传播内容发生失真、受到干扰，或者因为受传者或传播者自身对信息内容持有误解或偏见而使信息传播的准确性受到影响。

(4) 传播必须借助形象或声音等载体进行。例如，形象，即文字、数字、音符和各种图形；声音，即口语、音乐和其他人为的声响；还有表示各种意义的光亮和颜色等。

案例 2－4

RSS Feeds：了解刚刚发布的喜达屋特别优惠

什么是 RSS? RSS (Real Simple Syndication) 表示简易信息聚合。它是一种工具，可以使互联网用户在他们的网络浏览器中获得网页上可用的最新信息。

为什么要订阅 RSS? 喜达屋特别优惠现在可通过 RSS Feeds 访问。RSS Feeds 将在喜达屋的特别优惠可在线访问时立即将其传递到 RSS 订户终端。这意味着用户可以立即获得最新的可用优惠信息。用户可以查看最新优惠并立即进行预订，并及时了解全球各地所有喜达屋酒店及度假酒店的最新优惠、专享优惠和套餐。

什么是 RSS Feeds? RSS Feeds 好比实时的活动浏览器书签或收藏夹。通过订阅喜达屋特别优惠 RSS Feeds，用户不必“注册”以接收电子邮件或允许弹出窗口，只需允许浏览器在喜达屋向站点添加新的特别优惠时进行更新即可。

它们的工作原理是什么? RSS 使用一种被称为 XML 的技术在用户的浏览器中设置一个书签，并在喜达屋每次向站点添加新优惠时对其进行刷新。这样，用户的书签就将更新并加载新的特别优惠。如果用户使用 Mozilla Firefox 作为浏览器，则用户已经启用了接收 RSS Feeds 的功能。如果用户使用的是其他浏览器，则可以下载一个 RSS 阅读器。为了使 RSS Feeds 能够正常运行，用户需要安装一个兼容的阅读器，如 Sage 或 Google Reader。安装阅读器后，只需单击 RSS 按钮，将链接复制并粘贴到阅读器中，就可以定时更新 RSS Feeds 了。

三、传播的类型及效果分析

对于传播的分类，公共关系专家和传播界的学者们众说纷纭，莫衷一是。有的人从传播上划分，有的人从传播信息的流向属性上划分，还有的人从传播的范围和内容上划分。从酒店公共关系的角度，可把传播划分为三种，即人际传播、酒店自控传播和大众传播。

(一) 人际传播

人际传播是指发生在个体与个体之间的传播行为，是最常见、最广泛的一种传播方式。人际传播表现为一个人发出信息，另一个人接收信息。由于这种传播方式大多是面对面进行的，直接而具体，受传者有机会立即反馈，并上升到“情感”层次。

人际传播的显著优点是人与人之间的交流易于情感化，而且能够立即得到受传者对信息的反馈，使传播者窥见传播效果的优劣，并根据反馈的内容，及时修正传播的内容，进一步解释与澄清，获得受传者的支持、理解与合作。人际传播范围较小，影响面不大，这是它的一个弊端。常见的人际传播方式有电话联络、书信往来、会见、交谈等。

(二) 酒店自控传播

酒店自控传播是公共关系组织传播的一种形式。它通过酒店会议、酒店活动、酒店刊物和酒店电子传播媒介，进行“内求团结、外求发展”的组织教育，使酒店员工的特殊问题得到酒店组织自身的特殊解决，从而取得树雄心、鼓士气、增强酒店组织向心力和凝聚力的效果。其沟通的方式有两种：一种是下行与上行的垂直传播，如经理与员工之间的工作角色沟通；另一种是平行的横向传播，如酒店领导与领导之间、员工与员工之间，以及领导与员工之间的感情沟通等。

（三）大众传播

大众传播是指职业传播者通过大众传播媒介（如报纸、杂志、广播、电影、电视等），向为数众多的社会公众提供信息的传播过程。

大众传播的显著特点是传播的速度很快，传播的范围非常广泛。它可在短时间内迅速把酒店信息传播到城市、农村，乃至世界的四面八方，从而产生巨大的影响力。显而易见，它是提高知名度的有效手段之一。

大众传播的另一个显著特点是，它往往给被传播的人与事赋予一种特殊的意义，即通过大众传播媒体介绍和宣传的人就成了“名人”，酒店企业就成了“名酒店”“名企业”，尤其是被放在电视播放的黄金时间、报纸刊登的头版头条宣传报道的，都更能显示某人或事在社会生活中的重要地位，易于在社会公众心理上产生重大影响。这种特殊的作用，公共关系人员应了解并掌握。

酒店公共关系机构与人员应十分熟悉上述三种传播的特点，综合各种传播之长，视具体情况进行有机结合，最大限度地争取获得良好的传播效果。

案例 2－5

布丁酒店的App传播

在国内的快捷连锁酒店中，布丁酒店以“时尚、新概念”的定位吸引了诸多“85后”和“90后”，这两个群体也是使用互联网最广泛的群体。布丁酒店是国内第一家免费高速WiFi全覆盖的经济连锁酒店，也是第一家与淘宝旅行社合作、第一家使用NFC技术自助Check-in、第一家与微信合作提供微信订房功能、第一家在百度地图上上线集团直销、第一家上线支付宝钱包公众账号服务的酒店。

布丁酒店在最新的App版本中推出了“夜销酒店”功能，即每晚18:00到次日6:00，消费者可以在布丁酒店手机客户端以超低价格预订酒店房间。布丁酒店通过大量用户调研发现，在移动互联网平台上，预订的人群以爱生活、爱旅游、爱美食、爱交朋友的年轻人为主，他们习惯于入住当天预订，而这部分客人约占布丁酒店整个移动互联网平台用户的58%。于是，布丁酒店把“夜销酒店”这一功能作为重点设计到手机客户端里面，意在为习惯通过手机等移动客户端订房的用户带来最好的用户体验。

布丁酒店的渠道推广基本上是无孔不入的，在整个酒店里，从大堂到电梯、走廊，直到进入房间，甚至在马桶上都可以看到二维码，便于客人进行扫描。

对以OTO商业模式来运营的酒店行业来说，必须建立起一个良好的线下渠道。布丁酒店市场部兼国际事务部高级总监章蔚指出：“整体操作下来我们发觉，单纯把二维码铺到线下，其实吸引过来的用户数量还是很有限的，更重要的是线下工作人员的引导，他们只要用一两句话向用户做解释以后，用户就会更乐意扫码和激活，因此，渠道方面的推广是非常重要的。”

资料来源：http://money.163.com/14/1206/00/ACO8MLCJ00253B0H.html.

典型案例分析

LOVE 服务带来深厚情谊

——记山东大厦接待常住客美籍华人龙玉贺先生

山东大厦的常住客美籍华人龙玉贺先生在大厦住了一个多月后要回家了，大厦领导和他熟悉的很多员工为他送行。龙先生回到美国后一直通过电邮联系酒店，还经常打来越洋电话问候，相约 2008 年 10 月份再来大厦住一个月。9 月 26 日我们再次接到龙先生的越洋电话，他 10 月 1 日就来中国，2 日便会到山东大厦。为了将 LOVE 服务很好地融入此次接待中，前厅部首先安排各岗位员工对龙先生进行资料收集和整理，并查看以往的客史资料，寻找对其实施 LOVE 服务的新切入点。

从接到龙先生的订房电话后，我们便开始悉心准备，查看其客史资料，了解到客人喜欢 1714 这个房间，同时对尘土和花粉过敏，便提前预留房间，通知房务中心在客人入住的前一天为其彻底清理房间、清洗地毯；龙先生抵店后，由他熟悉的礼宾员和行政楼层员工迎接，为客人办理入住，送客人进房间并告诉他我们已按其喜好准备好房间，询问客人对房间是否满意。结果，龙先生很是高兴。为彰显我们对他的重视，考虑到龙先生是军人出身，他所有的名片上都有他最喜欢的军装照片，我们别出心裁地把他名片上的军装照制作成了水晶吊坠。之后，我们还选择了把我们和龙先生在一起吃饭、游玩时的合影做成相册，在开夜床时把它摆在房间内，龙先生看到后非常感动。

在龙先生住店期间，我们考虑到他此次是一个人来中国学习乐器，为了不让一个 72 岁的老人家在大厦感到寂寞，大家都会在闲暇之余主动约他去自己家吃水饺、手擀面；主动做他的向导，带他去特色店、乐器店等。大家把 LOVE 真正融入对龙先生的服务工作过程中去，有时他不经意的一句话，我们都会牢牢记下。如前厅的小郑在得知龙先生手机内存卡满了，想再买新的内存卡后，主动陪龙先生去买新内存卡；前厅的小姜得知龙先生要买一个叫“巴乌”的乐器没有买到时，便主动上网查找并联系购买；前厅的小刘得知龙先生要请朋友吃豪客来牛排，知道豪客来餐餐客人爆满还要排队，便主动提出下班后去帮龙先生订位子；我们还了解到龙先生的生肖是“鼠”，特意为龙先生选购了一些精美的手工编织的小老鼠送给他……用龙先生自己的话说就是：“我在大厦的每一天都是在感动中度过的，惊喜连连，谢谢你们的爱心服务。”

通过大家的 LOVE 服务，龙先生对大厦的服务非常满意，他原本只打算入住 20 天，后来又办理了两天的续住，之后又续住了三天。龙先生对我们讲：“我这次来山东原定只学习 20 天的乐器，你们山东大厦这么悉心地接待我、照顾我，让我感动，我和大厦现在已超越了朋友间的友情，而是亲人般的亲情。在大厦入住的这段日子将会是我一段美好的记忆！”直到现在，我们还在和龙先生互通电邮，并相约龙先生偕夫人再来大厦做客。

资料来源：http：//www. sdhotel. com. cn.

问题：1. 请结合所学理论，分析此案例中出现的各种公共关系的构成要素？

2. 你认为山东大厦的员工是如何把顾客变成亲人的？

思考与练习

1. 什么是公共关系的主体？酒店公共关系主体具有哪些特征？
2. 什么是公众？酒店的公众有哪些群体？
3. 搞好员工关系的途径是什么？
4. 你认为“员工第一”还是“顾客第一”？为什么？
5. 为什么说顾客关系是酒店生存与发展的前提条件？搞好顾客关系的主要方法是什么？
6. 简析我国酒店组织与政府关系的发展演变过程。
7. 酒店的国际公众主要是指哪部分人？这些公众具有什么特点？
8. 什么是传播？传播的基本特征是什么？
9. 请谈谈你心目中的酒店公共关系的构成要素。

实训项目

1. 根据自己的身份和经历，列出你曾经是哪些组织、哪些类别的公众？
2. 请开动脑筋，为你所熟悉的酒店列出一份不少于10人的名流公众名单。

第三章 酒店公共关系的机构人员

哲理格言

自信心对于事业简直是一种奇迹，有了它，你的才干便可以取之不尽、用之不竭。一个没有自信心的人，无论他有多大才能，也不会抓住一个机会。

——［法］卢梭

学习目标

通过本章的学习，你将：

1. 了解酒店公关机构的设置原则。
2. 熟悉公关部在酒店中的角色地位、设置模式和工作内容。
3. 掌握酒店公关人员的基本素质、道德要求和公关意识的培养。
4. 熟悉酒店公关经理的基本素质和培训途径。

第一节　酒店公关机构的设置

管理学经典理论告诉我们：一个组织要想实现自己的管理目标，关键在于建立起能够保证目标实现的组织机构；组织机构的设置是目标实现的组织保证。因此，没有组织作保证，酒店的公关职能也很难正常开展，也很难与内外环境建立起和谐、互动、互助的关系，在社会公众中树立起良好的企业形象。

现代酒店要想在市场竞争中实现自己的经营目标（包括公关工作的目标），就必须建立专门的公关工作机构。因此，现代酒店公关机构的设置是酒店“内求和谐，外求发展”的必然要求，是酒店建立科学、合理、有效的组织机构的必然结果。

一、酒店公关机构设置的原则

从酒店与外部环境的关系来看，酒店不是孤立存在的经济实体，它要立足于现实的经济环境中，就得与社会各方面打交道，建立起良好的关系。比如酒店不仅要同客源单位和有关组织建立紧密的经济关系，还要同政府、社区、媒体等发生广泛的非经济关系。特别是在现代开放的社会条件下，酒店必须对外塑造良好的形象，获取社会公众的认可和好感，才能健康持续发展。因此，在现代酒店经营管理中，为适应外部环境的要求，需要建立一个专门从事公关活动的机构来全面协调和处理酒店对外公关事务。

公关机构的建立，对于完善酒店的组织机构以及在激烈的市场竞争中更好地完成酒店的经营和发展目标都具有重要意义。酒店公关机构承担着提高酒店知名度、提升酒店美誉度、参与酒店经营管理决策及执行等方面的重要职责。可以说，公关机构是酒店的“耳目”和“喉舌”，在酒店中扮演着双重角色：既是酒店的管理职能部门，又是酒店的决策参谋部门。

从酒店与内部环境的关系来看，酒店要生存和发展，就必须依靠全体员工的团队合作，这是酒店具备竞争能力的基本保证。要做到这一点，酒店就必须开展相应的工作来协调和处理部门与部门之间、部门与决策层之间以及员工之间、员工与部门之间、员工与领导之间的关系。这些都属于酒店公关机构的内部工作范畴。

酒店设置公关机构，开展公关工作，可以对酒店内部各种关系起到协调作用，对加强组织规范化管理、提高整个酒店工作效率都具有重要意义。这是酒店搞好内部管理的一项重要内容，也是处理好酒店内部公共关系，使酒店部门之间、员工之间、上下级之间消除隔阂，避免内耗，增强企业凝聚力的重要条件。

酒店的公关机构通常被称为公关部。根据内外部环境的要求，酒店公关部的设置应遵循专业性、职能性、服务性、协调性和灵活性五项原则（见图3－1）。

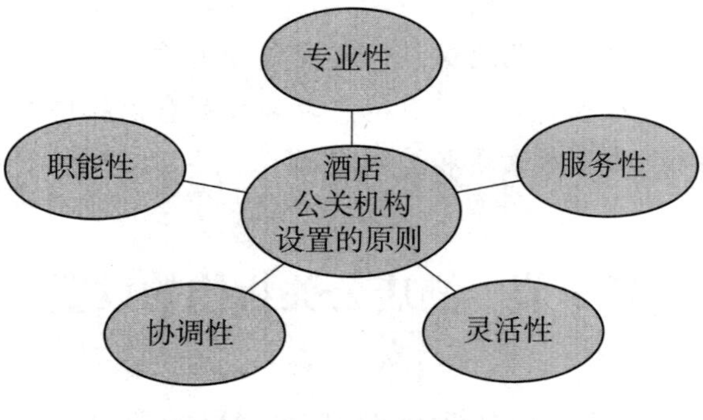

图 3－1　酒店公关机构设置的五项原则

（一）专业性

酒店公关部是贯彻酒店整体公关思想，实现酒店公关目标的专业性机构。因此，必须从组织、制度、工作内容、工作方式方面保证其专业化性质。首先，酒店公关人员必须由受过专业训练的适当人员来担任，一个由专职公关人员组建的团队是酒店公关机构有效运转的基础。其次，酒店公关部一定要从事与实现酒店公关目标有关的活动或事务，不能把公关部当作“办公室”“会务组”或者“总务处”等其他机构，如果不能保证公关部的专业性质，就会导致公关部徒有虚名，工作流于形式，漫无目的。

（二）职能性

由于公关部是酒店的“参谋部”“智囊团”，因此酒店要使公关部具有一定的权力职能。公关部管理人员应有直接向酒店决策层汇报情况、提出建议和参与决策的权力。在权限范围内或授权情况下，酒店公关人员可以作为酒店领导的发言人，代表酒店对外发布消息、协调关系或者处理问题。

（三）服务性

从根本上来说，酒店公关部的主要工作是为实现酒店的公关目标、为酒店创造良好的经济效益和社会效益服务的。因此，公关部门既不是酒店领导部门，也不是直接的业务经营部门，而是具有服务性质的高层次、专业性的职能部门。所以，在组建酒店公关机构时，在指导思想上必须明确公关部的服务性质。

（四）协调性

酒店的公关工作是一项整体性工作，实现公关目标要靠酒店各个部门的相互配合、共同努力，公关部则在其中起重要的协调、组织和沟通作用。因此，公关部必须与酒店各部门保持密切、良好的工作关系。依靠各部门的互相配合来实现酒店的公关目标。在组建公关部时，应注意选择熟悉酒店各部门业务和情况的人员，任命得到各部门认可、考虑问题周到、善于沟通的负责人。

（五）灵活性

目前，我国酒店业存在规模大小、星级高低、地区差异和所有制性质不同等诸多个体差异。同时，近十几年来，由于境外酒店集团的大批涌入，国内酒店集团也纷纷组建，使得酒店业的经营模式发生了新的变化。所有这一切都对酒店工作提出了与以往不同的要求。因此，公关机构的设置一定要与本酒店的实际情况相适应，使酒店的公关工作更灵活、更实用、更有效。

二、公关部在现代酒店中的角色

酒店公共关系的理论和实践都表明，公关部不是酒店命令执行系统中的一个传导环节，而是一个单独的信息沟通和协调各种内外公关的职能部门，其作用是酒店其他职能部门所无法取代的。一般来讲，公关部在酒店内“扮演”的角色有以下几个。

（一）交流大使

一家酒店要想获得社会的认同和信任，取得公众的支持与合作，需要不断地向外界宣传自己的政策，解释引人注目的行为，增强经营管理的透明度。随着酒店与外界交往日益密切，对外联络和应酬交际的任务会日益繁重，酒店与外部的各种摩擦和纠纷也会随之增多，需要进行协调处理。公关部作为酒店的对外机构，必然要担负起这些工作，从而使公关部成为酒店的宣传交流大使。

（二）决策参谋

由于公关工作关系到酒店的信誉和形象，关系到酒店与公众的沟通，关系到酒店总体目标的实现。因此，酒店公关部要站在酒店目标实现和社会公众需要相一致的基点上，协助酒店决策者分析和权衡各种决策方案的利弊得失，预测酒店行为将产生的社会影响及后果，督促和提醒决策者及时修正会导致不良结果的酒店政策和行为，协助酒店决策层进行更合理和理性的决策。这使得公关部成为酒店的决策参谋。

（三）情报人员

酒店要适应复杂多变的社会关系，灵活地应对各种偶发情况，以求在激烈的竞争中站稳脚跟，就必须有专门的机构充当酒店的“耳目”，负责了解社会环境的变动，收集市场信息，调查民意，预测外界政治、经济、时尚潮流和各种关系对象的变化。公关部的职能之一就是收集多方面的信息，将经过分析评价的各种情报提供给酒店的决策层和其他职能部门参考或者借鉴。这使得公关部成为酒店决策的情报人员。

总之，酒店公关机构的工作具有酒店其他部门所不能替代的重要作用，因此，酒店设置公关机构是非常必要的。

相关链接

公关部——酒店的“五心”

1. 公众联系中心：承担酒店接待内外公众，与内外公众沟通和协调的任务。
2. 信息发布中心：是酒店的“喉舌”，负责酒店对外信息的发布和接收反馈意见。
3. 环境监测中心：集中观察和监视对酒店有影响的社会及市场环境变化。
4. 趋势预测中心：分析和预测与本酒店经营管理有关的各种发展趋势。
5. 资料储存中心：收集、储存和处理同酒店密切相关的各种信息资料。

三、酒店公关部的设置模式

（一）一般模式型

酒店由于经营范围广、公关活动多、工作量大、公关活动的要求高，因此在酒店中，公关机构内部应有明确分工，以便策划有效的公关活动，同时分工不分家，须有合理的组织和有效的管理。一般模式型酒店公关机构设置如图 3－2 所示。

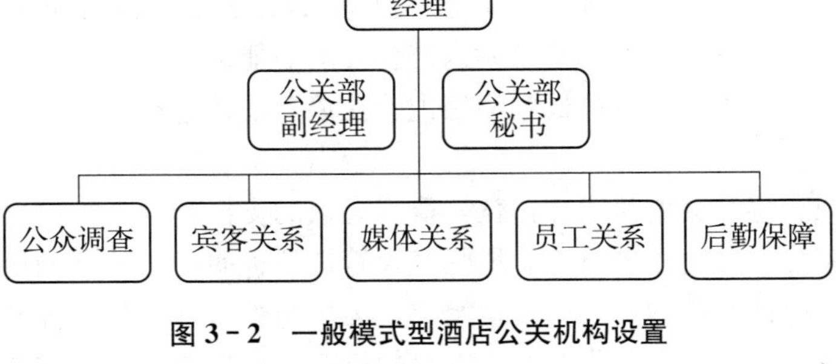

图 3－2　一般模式型酒店公关机构设置

（二）公关手段型

这种设置模式的明显特征是公关部机构内部分工的名称分别为各自公关工作的名称。公关手段型酒店公关机构设置如图 3－3 所示。

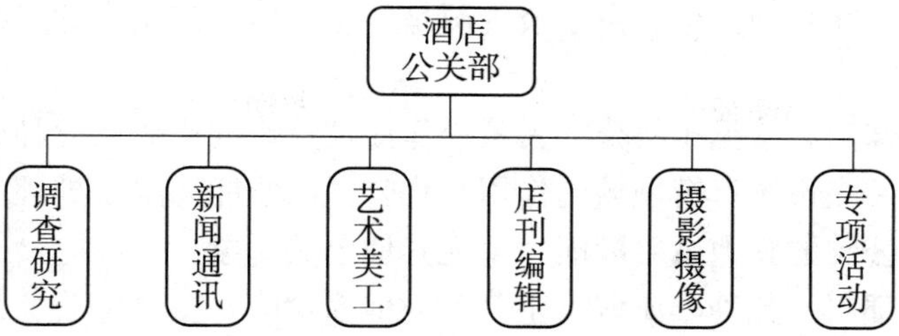

图 3－3　公关手段型酒店公关机构设置

（三）公关对象型

这种设置模式的特点是公关机构内部分工的名称分别为各自公关对象的名称。公关对象型酒店公关机构设置如图 3－4 所示。

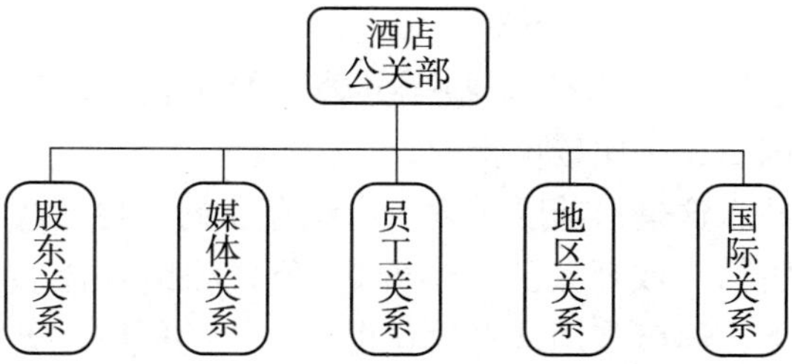

图 3－4　公关对象型酒店公关机构设置

（四）复合模式型

这种设置模式是把公关手段型、公关对象型两种模式合二为一，其公关机构内部分工名称既反映公关的工作手段，又反映公关的工作对象。复合模式型酒店公关机构设置如图 3－5 所示。

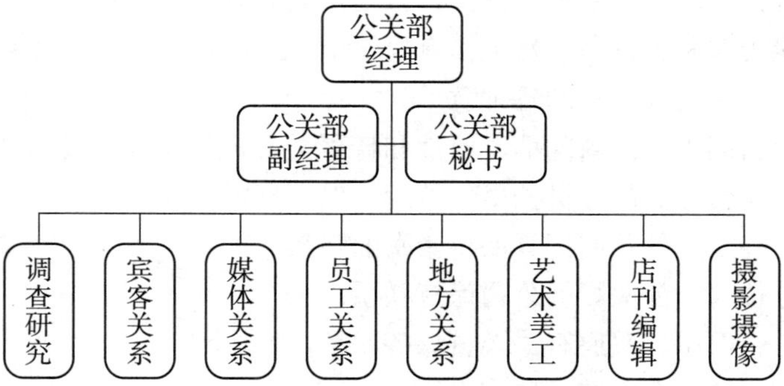

图 3－5　复合模式型酒店公关机构设置

四、酒店公关部的隶属关系

酒店公关部一般直接由最高领导层指挥，由副总经理或者总经理助理兼任公关部经理。这不仅显示了公关部在酒店中举足轻重的地位，而且还显示了公关部不同于酒店中的一般职能部门，这样的安排可以更好地从宏观角度去把握和处理好各方面关系。

公关部隶属于最高领导层以下的第二层组织，与其他主要职能部门处于同级，与酒店的最高领导层有直接联系的机会。由于公关部是处于酒店第二层次的组织机构，其隶属关系可能有下列几种：

（1）归属销售部门。常见于将公共关系视作促销策略的酒店。此种归属偏重于公关的促销功能，强调公关在市场营销领域的作用，将公关的职能局限于处理对外营销方面的公关，但是容易偏废公关的其他重要职能，忽视其他公关对象。

（2）归属广告部门。此种归属偏重于公关的传播功能，主要将公关部门作为酒店对外的发言人，配合广告、宣传树立酒店形象，并弥补广告、宣传中的不足，但容易忽视公关在经营管理等其他环节上的重要作用。

（3）归属前厅部。此种归属突出公关的礼宾接待功能。由于酒店的日常接待事务繁忙，需要有专门的机构代表酒店出面安排，公关部无疑是责无旁贷的。但如果将公关仅局限于迎来送往的交际应酬之中，那就束缚了公关在其他方面的功能和作用，降低了公关在酒店中的地位。

（4）归属总经办（总经理办公室）。根据办公室的性质和任务，将公关部设在第三层次的组织结构中，这种归属还是比较可行的。

（5）成立公关销售部。这是目前国内酒店广泛存在的一种形式，把公关部与销售部合在一起，定名为公关销售部（或者公关营销部），公关和销售合二为一，互相配合，也节约人手。在现有的条件下，酒店采用这种设置也有一定的可取之处。但是，酒店公关工作并不单单是为了销售，更高层次的公关工作必定是要从销售工作中独立出来的。

五、酒店公关部的工作内容

酒店公关部的工作内容比较丰富，说明其工作职责相当广泛。一般来说，公关部的工作内容可以分为日常工作、定期工作和专项活动三大方面。

（一）日常工作

酒店公关部有大量的日常工作，这些日常工作完成得好坏，直接关系到公关部的定期工作和专门活动能否顺利进行。日常工作有以下十个方面：

（1）随时收集酒店内外公众的各种意见。

（2）编写并向新闻界发出新闻稿、照片和特写文章，汇编有关报刊目录。

（3）协同摄影制作方面的人员拍摄、整理、保存资料图片。

（4）同各种传播媒介的新闻记者保持紧密的联系。

（5）同有业务往来的公关顾问公司保持联系。

（6）同酒店主管部门、政府有关人员保持联系。

（7）对酒店在社会公众中的形象作出评价。

（8）设计、筹划、监制酒店的各种宣传品和赠品。

（9）接待国家、政府代表团和重要宾客时，落实各项接待和服务措施。

（10）代表酒店接受公众对酒店的各种投诉和有关咨询，将其中合理的要求通知有关部门协助解决。

（二）定期工作

公关部的定期工作是系统完成酒店公关工作目标的主体工作。定期工作的反复开展，可以确保酒店公关分步骤地完成任务，不断积累工作成果。定期工作主要有以下十个方面：

（1）组织记者招待会、接待人员参观访问。

（2）编辑出版以旅行社、旅客为对象的对外刊物。

（3）编辑出版供酒店员工阅读的刊物，组织其他各种形式的内部宣传活动。

（4）编写并提供各种资料，诸如酒店介绍、酒店历史、年度报告等。

（5）参加各种管理会议，了解酒店内部的管理状况。

（6）参加营销调研活动，了解酒店同外界的竞争情况。

（7）为管理部门安排会见各类新闻媒体记者的采访。

（8）同酒店所在社区的公众代表进行定期接触。

（9）组织安排酒店员工的集体娱乐活动。

（10）分析、反馈、评估为实现既定目标所作努力的效果。

（三）专项活动

酒店公关部的专项活动，是为达到若干特定目的而集中人力、物力和经费所安排的活动。每一次公关专项活动，都应有计划、有准备、有分工、有检查、有效果。专项活动工作有以下十个方面：

（1）委托制作有关酒店情况的影视作品，如宣传片、纪录片、配音幻灯片，并负责编目和播放等。

（2）在酒店内组织各类展览和演出活动。

（3）筹划和监制广告、编制广告预算、监督广告的实施、测定广告的效果。

（4）设计并委托制作酒店的店徽、标志和吉祥物等。

（5）筹备和组织酒店的开业典礼、店庆活动，力求使这些活动产生较好社会影响。

（6）组织酒店产品以及新的服务设施、服务项目、特色产品的推广和介绍。

（7）代表酒店参加社会公益活动，力求给社会公众留下深刻而美好的印象。

（8）代表酒店与社会知名人士建立和保持密切联系，主动邀请他们参加酒店的重要活动，并突出他们在酒店活动中的地位。

（9）预防并及时处理酒店的意外事件和危机事件。

（10）策划专题性的公关活动，并组织实施。

案例 3－1

金陵情，家乡菜

“陈艳青来了，黄旭来了，肖钦来了，陈若琳来了……”2008 年 9 月 3 日下午 1 时许，伴着芬芳馥郁的鲜花和灿烂的笑脸，金陵饭店大厅内由 40 多名酒店员工组成的欢迎队伍爆发出热烈的掌声，迎接陈艳青、黄旭、肖钦、陈若琳、仲满、邱健、陆春龙、吴静钰等江苏籍奥运冠军载誉归来。在场的宾客亦驻足关注，自发地用掌声和微笑应和。

2008 年北京奥运会上，江苏共有 51 名运动员入选中国体育代表团，最终 10 人次获 8 枚金牌，6 人次获 3 枚银牌，4 人次获 3 枚铜牌，16 人次获第 4～8 名，金牌数位居全国第一，取得了“参赛人数、参赛项目、参赛成绩、对国家贡献”四项全面超历史的优异成绩。

这次金陵饭店接待载誉而归的江苏奥运军团的活动有以下五大亮点。

一、高规格迎接堪比国家元首

江苏军团为祖国争得了8金的荣耀，令全体“金陵人”欢欣鼓舞！为表示敬意和欢迎，金陵饭店特别采用了接待国家元首和重要贵宾的高规格仪式迎接奥运冠军下榻，专门为冠军们铺设了红地毯。这条红地毯曾经接待过无数国内外政要。2008年上半年，中国国民党主席吴伯雄、越共中央总书记农德孟下榻金陵饭店时均铺设了这条红地毯。

二、启动“享梦金陵”——睡眠关爱计划，体验24小时“管家式”服务

金陵饭店在多媒体信息发布系统里循环滚动播出江苏籍奥运冠军在北京奥运会上夺金的精彩视频，客房里分别放置了由金陵饭店股份有限公司李建伟董事长亲笔签名的个性化欢迎信。考虑到奥运冠军们训练和比赛的辛苦以及奥运结束后四处奔波的舟车劳顿，金陵饭店在服务环节上精心安排，周到考虑，为冠军们启动“享梦金陵”——睡眠关爱计划，让帮助睡眠的各种保健枕头和舒适的床罩床垫为奥运冠军们带来舒适的睡眠。值得一提的是，金陵饭店还在网上查阅了奥运冠军们的各种资料，根据他们的身高对睡床进行特别安排。同时金陵饭店特别挑选了服务一流的“管家”，为奥运冠军们提供24小时“管家式”服务。

三、精心烹制家乡菜招待奥运冠军

运动员的饮食标准与一般人有所区别，尤其注重膳食的营养搭配。在奥运冠军下榻金陵饭店期间，虽然仅有三顿早餐和一顿自助晚餐，也让金陵饭店煞费心思。考虑到奥运冠军们常年奔波在外，能品尝到正宗的家乡菜肴很不容易，金陵大厨精心安排菜肴品种，以“家乡菜”“家乡味”为主。菜肴原料均选择有机材料精心烹制，美味与营养兼顾，搭配科学、清鲜宜人。

四、金陵“粉丝”乐开怀

江苏籍奥运冠军们的下榻，乐坏了为他们“零距离”服务的金陵饭店员工。3天来，金陵饭店的服务员和冠军们结下了深厚的友情，还获得了“大丰收”——不仅如愿以偿得到了冠军们的签名，更有不少与冠军们合影留念的机会。细心的员工还记录下了不少冠军们的“小秘密”：喜欢吃提子的举重冠军陈艳青、容易“丢三落四”的跆拳道冠军吴静钰、有求必应的跳水冠军陈若琳、喜欢成龙电影的蹦床冠军陆春龙、有点羞涩的体操冠军黄旭、喜欢百合花的佩剑冠军仲满、内向的体操冠军肖钦、外向的射击冠军邱健……冠军们的微笑和友善均被金陵“粉丝”们一一“记录在案”。

五、金陵月饼庆祝团圆

令冠军们惊喜的是，在即将离开金陵饭店当天，他们均收到了一份金陵大厨精心烘焙的金陵月饼。中秋节即将到来，但忙于奔波的江苏籍奥运冠军回到家乡都可能无法和家人团聚，小小的月饼代表了全体“金陵人”对冠军的敬意，衷心祝愿冠军们能在这样一个幸福团圆的日子里，和家人共同分享甜蜜的金陵月饼。

第二节　酒店公关人员的素质要求

俗话说“事在人为”，酒店公关人员作为酒店形象的代表，对于开展卓有成效的公关活动起着决定性的作用，内外环境对他们也有很大的角色期待。因此，酒店对公关人员自身的素质能力必然有很高的要求，同时，酒店对公关人员也有较高的道德要求。

一、酒店公关人员的素质能力

根据酒店公关工作的实际要求，酒店公关人员的基本素质主要包括知识素养、专业能力、心理品质三大方面。

（一）酒店公关人员的知识素养

公关是一项具有综合性、专业性和创造性的工作，它需要运用管理学、心理学、经济学、传播学、社会学等多种学科的知识。因此，要求公关人员要有较高的知识素养，有较渊博的知识和开阔的视野。一名合格的酒店公关人员应该具备的知识素养主要有以下三个方面。

1. 思想觉悟

公关人员的思想觉悟，是指要有明确的政治方向和高度的政治觉悟，善于分析形势，敏感地把握社会环境变化发展的趋势。在我国则表现为要坚持四项基本原则，热爱祖国，有民族自豪感和自尊心，并以此作为公关工作的基本指导方针。

2. 政策水平

酒店公关人员政策水平的高低，对酒店公关工作的质量具有相当大的影响。较高的政策水平，可以帮助公关人员从纷繁的信息中去伪存真、去粗取精，掌握那些既有利于维护饭店的形象，又有利于协调酒店内部的有用信息，从而向酒店决策层提供高质量的经营咨询，把握公关的恰当时机。

对酒店公关人员的政策水平要求，主要有以下两个方面：

（1）掌握党和国家的方针政策，使酒店的公关工作不偏离国家政策的大轨道，与国家的方针政策相一致。

（2）熟练地运用酒店自身的有关方针政策，努力使每一次公关活动都能为酒店的目标服务，有利于酒店的生存和发展。

3. 知识结构

公关工作是一项具有独特性的专业工作，要协调酒店内外错综复杂的关系，单凭感情和直觉是不行的，必须要以广泛的知识面为基础，以科学的管理理论为指导，以合理的工作方式为载体。

公关人员的知识结构，主要包括下面三个层次：

（1）专业知识，主要包括公共关系原理、公共关系实务、公共关系心理学、组织行为学、传播学等。

（2）相关知识，主要包括市场营销学、广告学、经济学、管理学、社会学方面的知识。

（3）技能知识，主要包括写作、摄影、演讲、外语、网络、信息技术等。

此外，公关人员还应对外交政策、礼貌礼节、风土人情、风俗习惯等有所了解，对文学、音乐、绘画等艺术领域有所涉猎。总之，社会知识越丰富、文化素养越深厚，公关人员在开展公关工作时就越得心应手。原因很简单，在社交场合，人们更喜欢与那些掌握诸多知识与信息的人打交道，向“智者”学习，向“专家”请教。

思想觉悟、政策水平和知识结构三个方面构成了公关人员的基本知识素养。这三个方面缺一不可，应该有机地融入酒店公关人员的学识之中。

（二）酒店公关人员的专业能力

酒店公关工作以酒店作为工作的平台和基地，以整个社会作为活动的舞台和背景，因此，酒店公关人员所需具备的专业能力应是多方面的。只有多才多艺，能力出众，善于学习，善于实践，才能胜任公关工作。酒店公关人员主要专业能力结构如图 3－6 所示。

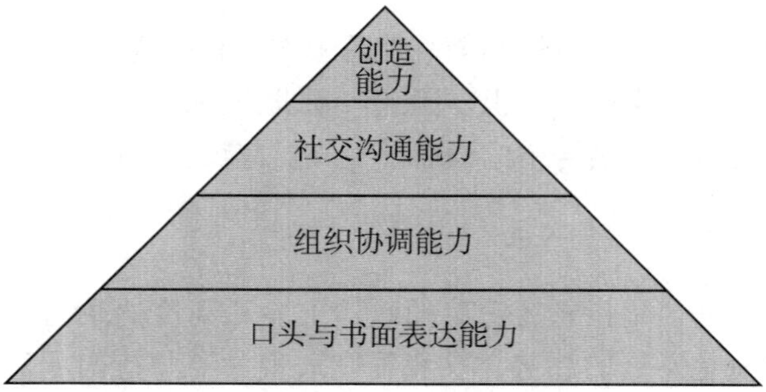

图 3－6 酒店公关人员主要专业能力结构

1. 表达能力

表达能力包括口头表达能力和书面表达能力，能说、会写可以说是公关人员的基本功。口头表达能力，即口才。能在任何情况下用简捷、准确的语言表达公关意向，实现语言表达的最佳效果，离不开公关人员高超的说话技巧。书面表达能力，即写作能力、文字功夫。公关人员写作的范围十分广泛，有新闻稿件、宣传资料、信函、致辞、演讲稿、公关文稿及祝贺卡上的祝贺语等。除一般性写作要求之外，公关文稿还要求写作速度快，语言精练、婉转、热情、富有感情色彩和鼓动性。

2. 组织协调能力

公关人员的组织协调能力，是指公关人员在从事公关工作、开展公关活动时的计划、组织、安排、协调能力。酒店公关活动的形式是多样的、内容是丰富的，比如举行记者招待会，筹划展销会，组织纪念活动或舞会、宴会、茶话会等。为了能使公关活动达到预期效果并且气氛融洽，必须事先周密计划和安排，保证各个项目有条不紊地进行。对于宏观的调控和微观的细节都要考虑周到，以免由于失误而破坏总体效果。这就需要公关人员具有较强的组织协调能力。

3. 社交沟通能力

公关工作就某种意义而言，是一种与公众打交道的艺术。现代酒店的公众对象，具有明显的层次性，有普通的顾客、一般公务员，也有知名人士和政府官员，有国内宾客，也有境外宾客。因此，酒店公关人员要学会与各种人群打交道，提高社交沟通能力。一个缺乏社交能力的人，往往会人为地在自己与社会、自己与周围环境、自己与他人之间筑起一道心理屏障，这样的人是与公关工作的要求格格不入的。

4. 创造能力

公关的社会功能，是沟通、理解、协调、拓展，是高尚的、富于创造性的智慧型劳动。它涉及面广、灵活性大，其方式表现为具有艺术化的独创性。任何一次成功的公关活动，必然都是一次思维和行为的创新，也必然是一次新的工作方法的尝试。一个富有创造能力的公关人员，必然想象力丰富、别出心裁，能够把各项活动搞得新颖别致、有声有色，产生良好的公关效果。如果墨守成规、生搬硬套，必然千篇一律，毫无生气。因此，丰富的想象力和创造能力，是酒店公关人员专业技能的重要内容之一。

公关人员的专业能力，是其从事公关工作所需要的一种本领。这种本领，一部分可以由他的知识直接转移而来，但更多的是要在实际锻炼中才能获得。公关人员的实践能力，对于他所从事的工作来说是至关重要的，直接关系到公关工作的成效。因此，酒店的公关人员不能纸上谈兵，夸夸其谈，应不断提高自己的实际工作能力。

案例 3－2

专业服务赢得总统赞誉

山东大厦客房部为提高服务的品质和专业化程度，开始借鉴国际上高端酒店的做法和管理经验，正式引入了“贴身管家式服务”，现在管家服务已经成为山东大厦客房服务的亮点和特色之一。

某年 8 月 16 日下午，密克罗尼西亚联邦总统伊曼纽尔·莫里入住山东大厦。在酒店的统一调度下，客房部管家们于莫里总统抵店之前，便掌握了总统本人的基本信息、喜好特点及此行的日程安排。管家通过电脑查询总统所在国家的生活习惯和风俗的同时，得知莫里总统患有痛风病，又查阅了解到此病的禁忌，并根据其特点在房间物品的配备和温度控制等方面做了精心的准备。另外，细心的管家们还考虑到中国传统节日中秋节即将到来，特意为莫里总统的房间准备了时令石榴和月饼，让房间平添温馨的同时更展现了中国的传统文化。

莫里总统入住后，贴身管家就住在客人的隔壁，进行 24 小时的跟踪服务。每天，管家依据总统的日程表，提早起床，守候在总统的门口，保证总统“一天中最早见到的人是管家”；晚上，不论总统多晚回来，管家都是守在门口迎接，等总统睡下，管家才回去休息。服务过程中，管家们靠着一双双“火眼金睛”不断收集整理着莫里总统的“个人档案”，比如喜欢喝冰水、每餐的饮食菜品，等等，这些细节，管家们看在眼里，一一记录在手册上。从收集的信息里得知莫里总统出生于 1948 年，为中国民俗文化的子鼠年。夜床服务时，管家们特意为莫里总统配送了两只可爱的米老鼠。对中华民族文化充满兴趣的莫里总统了解到这一细节后非常高兴，并对管家们的细心服务表示感谢。

莫里总统离店前，管家们真诚地征求总统的意见，莫里总统在特备的留言簿中写道：“谨代表密克罗尼西亚联邦访问团一行，对贵酒店员工和管理层提供的优质服务和款待表示感谢，我们山东之行很愉快而且意义深远，谢谢！”

（三）酒店公关人员的心理品质

酒店公关活动的综合性与复杂性决定了公关人员必须具备良好的心理品质。这些心理品质主要表现在以下三个方面。

1. 自信

常言道：“自知者明，自信者强。”自信，是对公关人员职业心理的最基本的要求。一个人有了自信，才会产生自信力，进而激发出勇气和毅力。充满自信能使人超水平发挥，战胜困难，自强不息。这样的公关人员塑造的企业形象，必然是良好形象。缺乏自信、优郁犹豫的公关人员塑造的企业形象，只能是平庸的形象。

公关工作不是一种简单的机械操作，公关人员虽然能在一定程度上预测到工作的效果，但还是需要冒一定的风险，这就需要有自信。当然这种自信是建立在调查研究、全面了解情况的基础之上的，而并非是盲目自大。当一家酒店遇到危机时，缺乏自信的酒店公关人员通常会显得手足无措、一片慌乱，即使有很好的转机也方寸已乱、难以把握。而充满自信的酒店公关人员，面对危机情况则会以稳健的姿态，凭借智慧与能力，依靠耐心和毅力，通过艰辛的努力以及团队协作，使酒店转危为安。正如法国哲学家卢梭所说："自信心对于事业简直是奇迹，有了它，你的才智才可以取之不尽、用之不竭。一个没有自信的人，无论他有多大才能，也不会有成功的机会。"

2. 热情

从事酒店公关工作的人员应有一种热情的心理。公关工作是一种需要工作人员付出大量智力和体力劳动的艰辛工作。很多公关人员脑中几乎都没有固定的工作时间概念，他们有的只是加班加点、超负荷工作的习惯，如果没有极大的热情，没有全身心的投入，是无法完成公关工作任务的。

热情的心理能使公关人员兴趣广泛，对事物的变化有一种敏感性，且充满想象力和创造力。如果一个人对工作缺乏应有的热情，对任何事物都没有兴趣，对一切都很麻木漠然，那就无法胜任公关工作。这样的人即使做公关工作，也只能是被动式的，而非主动式的，其工作效果将十分有限。

3. 开放

酒店公关工作是一种开放型的工作，从事这种工作的人员，需要有一种开放的心态。要求公关人员以开放的心理不断接受新事物、新知识、新观念，善于学习，勇于实践，在工作中敢于大胆创新、别出心裁。

同时，具有开放心理的人，更能宽容地接受各种各样与自己性格不同、风格不同的人，并能"求同存异"，与各种类型的人建立良好的关系，这正是公关工作十分需要的。公关人员具备开放的心理，就能在很多方面表现出一种高姿态，冷静理智地对待和处理工作中所遇到的困难和挫折，而不会斤斤计较于一时一事的得失。

公关人员的知识素养、专业技能、心理品质，从不同角度阐述了公关人员的基本素质要求。应该说，这些要求的确是较高的，但又是实际所需要的。酒店公关人员以及有志于从事公关工作的人，都要努力自觉地提高自身的素质能力。当然，公关人员也不可能是全能的"完人"，不可能样样都出类拔萃，但作为自身来说，应对自己有一个高标准，不断扬长补短，完善自己，超越自己。

二、酒店公关人员的职业道德

职业道德是同人们的职业活动紧密联系的、具有特定职业特征的道德准则。它是职业范围内的特殊的道德要求，是一般社会道德在人们职业生活中的具体体现。公关职业道德是用来规范公关从业人员行为的准则，是在公关工作实践中逐渐形成的道德要求。

从公关的特殊要求来看，对酒店公关人员的职业道德要求，可作以下的概括。

（一）诚实

在公关活动中，要讲实话、办实事，要做到表里如一、实事求是，与公众以诚相见，这是公关人员的首要职业道德，也是开展公关活动的基础。缺乏诚意，欺骗公众，投机取巧，或许能得到一时的利益，但最终必将会自食苦果。

（二）信用

在公关活动中，要“言必信，行必果”，取信于内外公众。一个企业的信誉有赖于公众对其的信任，而信任来源于企业对公众要恪守信用。如果公众相信一家酒店所提供的服务或商品是货真价实、童叟无欺的，那么，这家酒店的形象和信誉就确立起来了，就可以在竞争中立于不败之地。

（三）公益

在公关活动中，要尽力为公众和社会提供有益的服务，酒店的行为要符合公众的需要和利益。公关人员的行为，要始终把社会利益、公众利益、酒店利益放在首位，做到廉洁奉公、不谋私利。

（四）平等

在公关活动中，要与其他组织和个人平等相处。酒店公关人员不能因自己在社会或企业中的地位与作用而居高临下、盛气凌人，相反，更应虚心学习，平等待人。

（五）公正

在公关活动中，对酒店交往的各种对象，都要公平真诚、一视同仁。对于酒店的顾客，无论是“布衣”“白丁”，还是“锦衣”“鸿儒”，无论是老主顾还是新客户，都要公正对待，并且还要有正义感，勇于同不良行为作斗争。

（六）责任

在公关活动中，要有强烈的责任感。酒店公关人员对其所从事的公关工作要尽心尽责、恪尽职守，对自己效力的企业，要忠诚、负责，与酒店同呼吸、共命运，为酒店的生存与发展竭尽全力。同时，酒店公关人员要对社会和公众负责，如果酒店的决策是违反社会和公众利益的，就有责任规劝和抵制。

诚实、信用、公益、平等、公正和责任，是对酒店公关人员基本的职业道德要求，须将其融入公关工作和行为之中。酒店公关工作行为道德要求如图 3-7 所示。

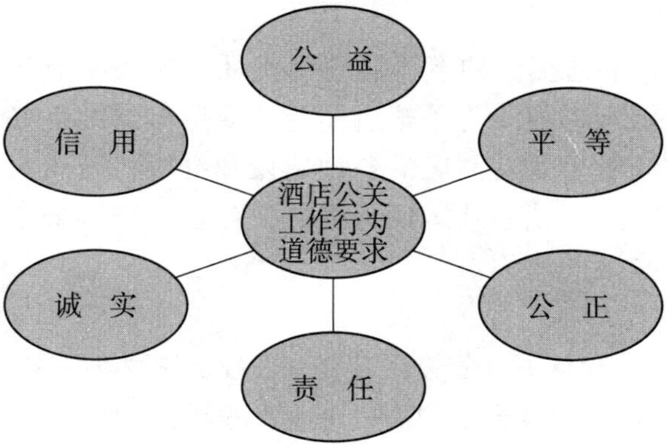

图 3-7　酒店公关工作行为道德要求

三、酒店公关意识的培养

公关意识，是指公关实践在人们思维中的反映，并由感性认识上升到理性认识。公关意识作为公关实践活动的反映，不是一种表层的被动反映，而是以实践为理论所概括且演化为公关原理、规律、原则的一种深层次的能动性反映。它属于一种现代经营管理的思想、观念和原则，一旦形成，就会成为制约人们公关行为的一种思维。

（一）公关意识的内容

公关意识作为一种职业意识，主要由五个方面的内容所构成。

1. 形象意识

形象意识是公关意识的核心。公关思想中最重要的是珍惜信誉、重视形象的思想。现代企业都十分重视企业形象。良好的企业形象是一个企业的无形资产和无价之宝。国内外的专家学者给公关下的定义各有不同，各有偏重，但大多数公关定义都强调公关工作的一个重要目的是塑造组织的良好形象，或指出公关工作与塑造组织良好形象有直接的关系。具有形象意识的公关人员，才能真正理解良好的形象对自己企业生存和发展的价值。他们会像保护自己的眼睛一样注意自身的形象，维护企业的形象。

2. 服务意识

形象是为企业特定的对象塑造的，这些特定对象必然与企业有着某种联系，他们就是企业的公众。离开了公众，孤立的企业形象是毫无意义的；忽视了公众，企业的生存就会受到威胁，自然也就谈不上企业的可持续发展了。

任何企业的公关工作，都必须关注社会公众。当企业利益与公众利益发生冲突时，应把公众利益放在第一位。现代企业普遍强调企业的社会责任，如开展环保节能工作、公益慈善活动等，这实际上也是服务公众意识的一种体现。具有服务公众意识的人，能时时处处为公众利益着想，利用条件并创造条件来为公众服务，努力满足公众的需求。

3. 沟通意识

交流沟通的意识，实际上也可以说是一种信息意识。酒店为了维护自身良好的公共形象，更好地生存发展，就必须构建一个信息交流的网络，来掌握市场及环境的变化，保护酒店的生存，促进其发展。

从更高的层次看，沟通交流的意识属于现代社会的民主意识，公关活动是一种具有民主性的经营管理活动。酒店为了塑造能为公众所接纳的良好形象，以求得公众对酒店的支持，就必须倾听公众对酒店的各种建议和批评；酒店为了推销自身的良好形象，提高知名度和美誉度，就必须运用传播的技巧，让公众来了解酒店。而这一切都必须依赖于一种交流沟通的意识。

4. 互惠意识

互惠意识是公关的功利意识。公关从实质上来看是一种利益关系，所以公关具有明显的功利性。一家处在当今竞争社会中的酒店企业，需要有一种竞争的态势。当然，我国企业间的竞争，不应是“你死我活”或“鱼死网破”式的竞争，而应是既竞争又合作，良性竞争，优胜劣汰。酒店应在公平、透明、真诚的基础上塑造自己的良好形象，同时在彼此尊重、平等合作、互惠互利的基础上，通过公关工作，追求酒店经济效益和社会效益的最佳统一。

5. 创新意识

塑造酒店的良好形象是一个创新审美的过程。为塑造酒店的良好形象而开展的每一项公关活动都需要创新。公关是一门科学，也是一门艺术，这是因为开展公关活动，除有客观规律可循、有相对稳定的操作程序外，更需要有突破固定模式，追求无重复创造的特点。唯有创新，才能塑造具有个性的酒店形象；唯有创新，才能使酒店的良好形象在竞争的社会中处于有利态势。

公关既然是一门具有创造性的艺术，那么，它必然具有审美价值。酒店的良好形象必然是美的，因为唯有美的形象，才能为公众所欣赏和接受；也唯有美的活动，才能为公众所参与和投入。

（二）公关意识的培养

公关人员必须具备强烈的公关意识。这是因为公关意识作为一种工作的指导思想，引导着公关的工作行为。没有公关意识的人，即使他有再好的心理条件，也干不了或者干不成公关工作；没有公关意识的公关人员，即使他有很好的专业知识和能力结构，也不可能成为一名合格的公关人员。

公关意识实际是现代社会的一种文明观念。如果一个社会中的每个组织，讲究公关蔚然成风，就会在组织与公众的关系中、组织与组织的关系中，形成一种和谐的精神文明；人们就会自觉地、主动地参加公关活动，并在公关活动中约束自己的言行，塑造良好的形象，珍惜信誉，讲求信用；企业会以开放的姿态主动沟通与公众的联系，争取公众和社会舆论的支持，创造良好的协作关系和社会环境。这无疑对企业的生存和发展是十分有利的。

公关部除了立足于自身的公关活动之外，还承担着培养员工公关意识的任务。只有当一个企业或组织的全体员工都具有公关意识，都根据公关的要求去做时，这个企业或组织才可以说进入了一种良好的公共关系状态。在酒店中，服务人员的一张热情的笑脸、一声亲切的问候，都可能给顾客留下美好而深刻的印象，为企业增添美誉。

那么，如何培养酒店员工的公关意识呢？主要途径有以下三条。

1. 普及公关知识，提高员工素养

培养员工的公关意识，首先要在员工中普及公关知识，帮助员工树立正确的公关观念，从而提高员工的素质。公关意识与员工素质是成正比关系的，一般来说，员工素质越高，公关意识就越强；或者说，员工公关意识越强，素质也就越高。所以，酒店要重视对员工公关意识的教育引导和训练培养。

2. 宣传酒店形象，重视酒店声誉

酒店的理想形象就是酒店追求的一种良好的公关状态。只有当员工了解了企业理想形象的具体内容之后，才会自觉地在自己的工作岗位上，追求和维护酒店的理想形象，重视酒店的声誉，并为此调整自己的言行举止和工作活动。

3. 强化全员责任，提高公关水平

酒店对员工进行公关意识的培养教育，必须不断灌输一种观念：个人的形象是酒店形象的缩影，个人的行为可以直接影响公众对酒店的印象。企业要采取多种管理方式，通过不断加强员工学习教育强化员工的责任意识，让每一位员工明白：自己的一举一动、一言一行，都是代表酒店向公众亮相；自己作为酒店整体形象的一分子，在同公众打交道时行为稍有差错，就会损坏酒店的形象；店荣我荣，店衰我耻。

相关链接

××酒店公共关系部岗位责任制

一、部门经理工作职责

1. 直接对总经理负责，主持公共关系部全面工作。

2. 根据总经理的指示，统筹有关部门的经营推销活动。

3. 协助总经理接待重要客人。

4. 制订部门工作计划、管理制度、工作流程并督促下属贯彻执行。

5. 培训教育属下人员，评估他们的工作表现。

6. 了解和收集旅游市场信息，沟通内部关系。

7. 完成总经理交办的其他工作。

二、副经理或助理经理工作职责

1. 根据部门经理的安排，负责分管部分的工作。

2. 协助经理做好部门的业务工作及员工培训。

3. 部门经理不在酒店时，根据授权主持部门全面工作。

三、公共关系员工作职责

1. 直接对部门经理负责。

2. 接受部门经理的指示，协助并参与各项接待或出访活动。

3. 协助经理接待重要客人。

4. 接待来访参观，积极宣传酒店的优良服务和完善设施，树立酒店良好形象，征询客人对酒店的意见，及时上报部门经理。

5. 随时收集、整理旅游市场信息，为部门经理制订工作计划，提供参考资料和合理化建议。

四、美工室主任工作职责

1. 直接对部门经理负责，组织美工室业务人员进行美工设计、制作。

2. 独立完成重要的美术设计、制作。

3. 主持制定美工室管理制度、设计和作业流程，并督导下属工作人员认真执行。

4. 审核制品质量，维护酒店的格调和声誉。

5. 定期培训、评估、考核员工。

6. 随时掌握国内外有关信息，建立美术资料库，保持设计、制品合理性和先进性。

7. 接待对口来访人员。

五、美术设计师工作职责

1. 根据美工室主任的安排独立完成一般美术设计及制作，如告示牌、广告牌、横额、报刊广告、酒店用品等。

2. 协助主任完成重大美术制作任务，如重大宴会会场布置、大型广告及VIP用品设计制作等。

3. 妥善保管、节约使用各种美术工具、颜料、材料等。

4. 协助美工室主任做好资料收集、整理、分析、存档工作。

5. 工作完毕后清理工作场所，保持美工室整齐清洁。

六、印刷工作人员工作职责

1. 在美工室主任的领导下，按要求进行制版、印刷以及保管、维护印刷机械工作。

2. 直接对部门经理负责，组织、指导、监督下属工作人员完成以下工作任务：

（1）电视中心控制室机器设备的运行、维修。

（2）内部电视及音响的节目编排和播放。

（3）闭路电视节目的录制工作。

（4）根据各种宴会、商务会议、学术会议、演出等的需要提供电视、音响设备及有关服务。

（5）音乐厅、舞厅、健身中心的电视、音响设备的定期保养及维修。

（6）餐厅的音像设备的维修及运行。

（7）客房电视机及床头柜音响的维修及保养。

（8）电视接收天线及公共场所音响线路的检修。

七、内勤工作职责

1. 直接对部门经理负责，传达部门经理的指令并将部门内各班组的信息、资料、请示、报告反馈给部门经理。

2. 将部门要上报给总经理的报告、请示编号登记，将总经理批复的文件取回登记后交给部门经理办理。

3. 做好部门会议记录，整理打印好后报送部门经理和有关领导。

4. 收集报纸、刊物等有关资料信息，报送部门经理。

5. 起草总结、报告、请示、函电文稿，并将使用完毕的文件、资料整理存档。

6. 填写部门有关业务统计报表，送部门经理审阅签字后报有关部门。

7. 维护办公室内部环境的整洁。

8. 每月做好部门人员统计及考勤，将有关表格按时报送人事培训部。

9. 统计发放部门全体员工的饭卡、工衣、工鞋等劳保用品。

10. 填报部门各类办公用品月度及年度计划。

11. 根据酒店工会、人事培训部、计生办要求做好本部门员工的福利、保险、计生有关资料的统计和宣传工作。

12. 负责办公室日常接待工作。

13. 完成部门经理交办的其他工作。

第三节　酒店公关经理的素质要求

俗话说“强将手下无弱兵”。一位德才兼备的公关经理，不仅能够在关键时刻与紧要关头独当一面，而且能够吸引并且留住高素质的人才，更能够通过言传身教提高下属的公关业务水准。这里的公关经理不是顾名思义的公关部部门经理或主管，而更应理解为酒店公关人员中的骨干分子或者核心人员。那么现代酒店需要怎样的公关经理呢？

一、酒店公关经理的素质能力

酒店公关经理不仅应是一个公关业务高手，同时也应该是一个团队管理高手。其基本素质包括知识素质、能力素质、行为素质和心理素质四大方面。酒店公关经理素质结构如图3－8所示。

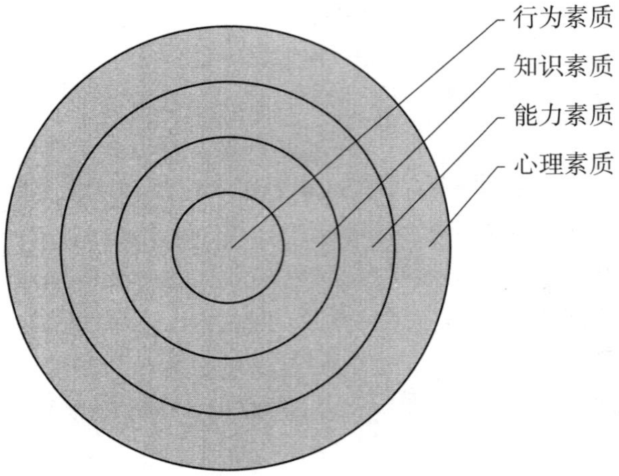

图3－8　酒店公关经理素质结构图

（一）公关经理的知识素质

酒店公关经理作为公关部的决策人和领导者，应该具有宽广的知识面。根据酒店公关部工作的需要，酒店公关经理应该具备以下几方面的专业知识：

（1）公共关系理论与实务。掌握公关原理、公关的组织与运用、公关的手段、传播的理论与实践。

（2）市场营销学、服务心理学与社会心理学。

（3）新闻学、广告学，包括写作、摄影、编辑、出版等方面的知识。

（4）酒店管理学，包括前厅、客房、餐饮等部门基本业务知识。

（5）旅游及酒店方面的法律知识和政策方针。

（6）公关礼仪、民俗风情、客源国概况及其他社会常识。

（7）能熟练地运用一种或一种以上外语进行会话洽谈、材料阅读、文件起草。

（8）现代信息技术及网络技术应用知识。

（二）公关经理的能力素质

公关部以酒店为工作的平台和基地，以整个社会为活动的舞台和背景，因此公关经理所需具备的能力也是多方面、高水准的。公关经理应具备以下三种能力。

1. 组织能力

酒店公关部在制订一项新的公关计划时，首先是进行大量的信息收集汇总，然后按照资料分析，确定自己的工作方式及方法。下面我们以开业典礼的组织为例，介绍一下具体做法：

（1）拟定出席典礼的贵宾名单。名单中应当包括政府机构和社区负责人、有关旅游企业和部门的负责人，各报社、电台、电视台的记者，集团代表及社会知名人士等。请柬要在两周之前送到出席人手中。

（2）拟定典礼程序和接待事项。比如确定负责签到接待、剪彩、放鞭炮以及摄影、录像等相关任务的工作人员，并且指定他们的各自岗位。根据事先拟订的计划进行。

（3）确定剪彩人。参加剪彩的除主办方的负责人外，还应当邀请在宾客中地位和声望较高、具有一定知名度的人物进行剪彩。

（4）确定致贺词的宾客名单，同时将答词也准备好，贺词和答词要简单明了，以沟通情感、增进了解为目的。

（5）安排一些助兴节目，如歌舞、礼花鞭炮、戏曲演出等。助兴节目主持人最好由主办方人员担任，也可邀请当地的电台、电视台节目主持人来担任。

（6）仪式结束，组织与会代表参观酒店的设施，包括各种服务设施。这是让上级及有关方面了解酒店的极好机会。参观时，应安排一名相貌端庄、口齿清晰的人员进行引导讲解。这样既达到了介绍酒店硬件与软件条件的目的，又沟通了相互间的感情。

（7）举办一个小型座谈会或设置留言簿，广泛征求意见，把这些意见整理成文，为日后总结及表彰奖励作适当准备。

开业典礼给同业和公关同仁的是“第一印象”，这“第一印象”体现了酒店领导的组织能力、公关水平以及酒店的管理水平。其步骤其实并不复杂，历时也不长，但要办得隆重热烈、丰富多彩，给人留下深刻印象却并非易事。它不但要求公关经理具有较强的组织能力，并且还要有周到的考虑和细致的安排。

例如广州中国大酒店开业一周年之际，很多在这家酒店住过的宾客都惊喜地收到了酒店公关部寄送的一张特制明信片，上面印的是酒店 2 000 余名员工的集体照，代表着 2 000 名员工的心意和问候。这个集体照构想非常别致，2 000 名员工集合在一起，分成28排排列，整齐美观，一部分员工特意穿着白色制服，形成一个“中”字代表酒店。这张照片的构思、拍摄和加工就是一次成功的创新，证明了广州中国大酒店公关部的公关组织能力。

考验公关经理组织能力的机会很多。酒店公关部组织的每一项专题活动和各种会议，都是公关经理组织能力的体现。公关经理在筹备组织一次活动的时候，要做大量的组织准备，在活动进行过程中要穿针引线、左右照应，活动结束后还要总结经验教训。

组织协调能力较强的公关经理，一般计划意识较强，考虑问题也比较周全。他们在从事一项公关活动以前，会先做好详细的计划，对时间、地点、经费、工作人员、应邀代表、活动内容、活动形式、活动进程、意外情况的处理等都做到周密考虑、胸有成竹，甚至连应邀前来参加会议的代表，也都事先想办法见一面或得到其照片，这样在开展活动时可以热情地称呼对方的名字，使对方感到亲切自然，拉近双方的心理距离。

2. 交际能力

酒店公关工作就某种意义而言是一种与公众打交道的工作。由于公众的层次不同，例如有普通的顾客或一般的公务员，也有政府首脑和知名人士，还有国内宾客和海外宾客，所以，酒店公关部经理要有较强的交际能力，包括跨文化交流的能力。

交际能力是衡量一个现代人适应开放社会与否的标准之一。缺乏社交能力的人，常常会人为地在自己与社会、与周围环境之间筑成一道心理屏障，彼此格格不入。作为公关部经理，本身肩负着为酒店建立一个良好的内外部环境的职责，理应善于拆除一切人为的屏障，“变天堑为通途”，其活动能力应该很强，交际范围也应该很广。

3. 创造能力

公关人员是信息的制作者和传播者，只有具备了丰富的想象力和创造力，其公关活动才能更多地引起公众的兴趣和关注。例如，法国有一种 XO 白兰地，级别比普通的白兰地要高，多数用在高级宴会上。这家 XO 白兰地公司经理提出要继续保持产品知名度和销售量的目标。该公司的公关人员绞尽脑汁提出一个设想，即把 XO 白兰地的酒瓶改得颈长且高。结果这家公司的新 XO 白兰地的酒瓶的确显示了一种非凡的气派。它的广告语更鲜明：“长颈 XO，高人一等。”正好与酒瓶的形状彼此呼应，相得益彰。由此可见公关人员要有想象力和创造力，才能使工作效果与众不同，胜人一筹。

在实际工作中，把创新的思维付诸实践，让人们在公关活动中有所启迪、有所收益，从而使酒店的形象因之得以美化且深入人心，这就是酒店公关部主办各种活动的根本目的。

（三）公关经理的行为素质

酒店公关部在沟通酒店与公众的双向联系中起着中介的作用，是酒店与公众之间的“桥梁”与“纽带”。因此，对酒店公关人员行为素质方面的要求尤为必要，而公关经理担负着领导全体公关人员实现本部门乃至酒店目标的重要职责，对其行为素质修养的要求就更高了。按照现代酒店企业的要求，公关经理应具备以下五项行为素质。

1. 公道正派

酒店公关经理在与公众沟通过程中，应该做到公道正派，既不能损害公众利益来实现酒店单方面的利益，也应当避免为了迎合公众利益而损害酒店的利益。公关经理只有坚持原则，立场公正，敢于说真话，对人无论亲疏大小一视同仁，才能给人以信任感，人们才愿意与酒店打交道。

2. 重信守义

讲求信用、遵守诺言是酒店公关经理必不可少的品德。酒店公关经理往往直接代表酒店与公众沟通，所以必须恪守信义，“言必信，行必果”，这样才能赢得公众的信任，为今后的沟通合作打下良好的基础。

3. 实事求是

公关经理待人要真诚，处理事情要实事求是。不管是与各种公众打交道，还是进行调查研究、收集资料或传播信息，都必须以事实为根据，不能有意传播虚假的或容易使人发生误解的信息，不能欺世盗名，自欺欺人。只有这样，才能在酒店内外树立起良好的形象，得到公众的认可和支持。

4. 宽容大度

酒店公关经理应该谦虚谨慎，宽厚待人，能接纳来自酒店内部和外部公众的不同意见，能与不同个性的人相处，团结各方面的人合作共事。公关经理的宽容大度有利于提高人与人之间的心理相容水平，使公关工作更有效率。特别是处理宾客投诉时，会经常面对愤怒生气的宾客，更应该具备耐心、宽容和富于同情心的优良品质。

5. 廉洁奉公

公关经理作为公关人员中的骨干或者领导，须行为端正，不谋私利，廉洁自律。由于酒店公关活动接触面广，也有一定工作权限，所以会遇到一些社会上不正之风的干扰，公关经理应该认识到自己代表的是酒店，国有国法，店有店规，决不能越雷池半步。

（四）公关经理的心理素质

酒店公关经理是酒店形象的体现，也是酒店的“代言人”。由于其工作的特殊性，使得他们时常处于复杂而活跃的环境之中，他们不但面临着各种各样不同的情况，还要与各种不同类型的公众打交道。所以，具备一种能够适应各种环境的稳定的心理素质，是酒店公关经理应具备的重要条件。这里主要论及情感素质和意志素质。

1. 情感素质

情感是人对客观现实事物的一种特殊反映形式，是人对客观事物是否符合自己的需要而产生的态度体验。那些能满足人们需要的事物会引起肯定的情感，而那些不能满足人们的需要或与人们的意向相违背的事物，则会引起否定的情感。情感是由一定的对象所引起的，是人所特有的。离开了客观事物，情感是不可能产生的。事实上，情感就是个体对客观事物的一种好恶的心理倾向。

酒店公关经理良好的情感素质，反映在道德感、美感和理智感三个方面。

（1）道德感。

道德感是关于人的言论、行动、思想、意图是否符合人的道德需要而产生的情感。道德感是受社会生活条件和阶级制约的。作为社会主义国家酒店业的公关人员，应该具备对自己祖国的自豪感和尊严感、对社会集体的集体感和荣誉感、对公众的友谊以及国际主义的感情等。

对本职工作的热爱是公关人员责任感和荣誉感的具体反映，这种情感的深刻与稳定，是公关人员长期刻苦钻研酒店业务和努力提高公关活动质量的内在动力，也是公关人员为社会主义旅游业的繁荣而努力工作的精神支柱。在公关活动中，公关人员的健康积极的情感会以鲜明的面部表情、动作和声音以及情绪等而自然流露出来，表达了自己对公众的友爱和关心，这种情感将会有效地感染公众，引发公众积极肯定的情绪，产生正面的公关效果。

（2）美感。

美感是客观事物是否符合个人美的需要而产生的情感。美感与道德感相同，也是受社会生活条件所制约的。在不同的社会历史发展阶段，不同的社会制度，不同的风俗习惯以及不同的阶层中，人们的审美标准和美的需要是不一样的，所以对各种美的体验也是不一样的。

作为一名现代酒店公关经理，应具有正确的审美倾向，其衣着打扮和举止谈吐等仪表风度要给人以良好的印象。由于人们认识客观事物总是从感知其外部形态开始的，人的仪表实际上是人的美感的外部表现，它与人的生活情调、思想修养密切相连。

在现实工作中，公关人员的仪表必须注意符合现阶层人们对仪表的大体一致的标准，适应人们对仪表的一般心理要求，使公关人员的仪表能给公众以良好的心理感觉，由此引起公众积极的情感体验，取得理想的影响效果。通常来说，公关经理的容貌体态应该给人以健康、精神的感觉，衣着服饰要让人感到舒适、端庄，举止谈吐、待人接物的态度等行为风度要让人感到亲切、文雅。

（3）理智感。

理智感是人在对客观事物的认识过程中和开动智力过程中所产生的情感体验。它是与人的求知欲、认识兴趣及解决问题等方面的需要满足与否相联系的。列宁说过：“没有人的感情，就从来没有也不可能有人对真理的追求。”缺乏情感的认识不可能将认识引向深入。理智是在认识过程中产生和发展起来的，它反过来推动着人的认识的进一步深入，成为认识世界和改造世界的一种动力。

公关人员正确的理智感倾向应该是具有强烈的求知欲望，刻苦钻研业务，发挥自身的聪明才智，努力提高公关活动的水平。公关人员只有将自身的公关活动与深刻的理智感相联系时，才会在公关活动中取得应有的成绩。

2. 意志素质

酒店公关经理的工作活动面临着复杂的社会情况，其个体因素及客观因素常常会引起心理冲突的发生。要正确解决各种心理冲突，服从公关活动的目标，主要依赖于公关经理坚强的意志素质。

意志素质是每个人在其意志活动过程中所表现出来的。公关经理坚强的意志素质具体表现在意志的自觉性、果断性、坚韧性及自制性四个方面。

（1）自觉性。

意志的自觉性是指一个人在行动中有明确的目的性。假如一个人对于自己的观点、原则、愿望和行动的目的、方式、步骤等均有明确清楚的认识，坚信它们是正确和必要的，而且能积极、主动地组织自己的行动，不断地为实现既定的目的而行动的话，他就是一个有意志自觉性的人。

公关经理意志的自觉性，首先表现在明确酒店公关工作是一种具有社会意义的工作，深刻意识到自己的公关活动质量与企业发展、社会风气等息息相关，在行动中会自觉地约束自己，尽职尽责，即使遇到困难与挫折也毫不动摇。其次是能独立支配自己的行动，不受外界的影响，自觉地排除各种干扰和诱惑，自主完成任务，并且与影响其行动的消极因素和错误观点作斗争。在工作中，不依赖、不推诿、不避重就轻，不管有没有领导和群众监督，均能遵守组织纪律，认真负责，积极主动地完成本职工作。最后，酒店公关经理意志的自觉性还表现在有自知之明，能正确地认识自己，虚心倾听别人的意见，并敢于坚持真理，改正错误。在工作中不避艰险，遇到困难、挫折、失败甚至危险的时候，不逃避、不灰心丧气、不怨天尤人，而是信心百倍，挺身而出，积极努力地去奋斗。酒店公关经理如果不具备意志的自觉性，就往往容易受到外界因素的引诱和干扰，作出与酒店要求相违背的事来。

（2）果断性。

意志的果断性是指善于明辨是非，当机立断，毫不犹豫地采取措施的能力。具备果断性品质的人善于对客观问题进行分析、判断，明辨其真伪，迅速而正确地作出行动的决策。意志的果断性是以意志的自觉性为前提的。

鉴于酒店公关工作的复杂烦琐，除需要经常和各种不同类型的宾客打交道外，还要与政府、社会团体、新闻媒体等沟通，在工作中产生矛盾是不可避免的。所以，如何明辨是非，当机立断，迅速而合理地处理好矛盾，是考验酒店公关经理意志素质的重要方面。另外，公关经理意志的果断性还表现在一旦情况发生变化时，能立即停止或改变已经执行的决定，或等待时机重新作出决定。反之，不具备意志的果断性的公关人员，遇事常常优柔寡断，举棋不定，假如情况紧急，则更是惶惶然不知所措，导致坐失良机。

（3）坚忍性。

意志的坚忍性也就是毅力，表现为一个人能够坚决地、毫不动摇地去完成规定的活动任务，体现出不畏艰险、不怕挫折、锲而不舍的精神。一个人的坚韧性总是与他对自身行动的目的、意义以及社会价值等的深刻认识密切地联系在一起的，作为一名公关经理，对自身活动的目的和社会意义的认识越明确，就越能激励自己顽强而持久地从事酒店的各项公关工作。

公关工作不同于其他形式的工作，它没有规律性的工作时间，又非常烦琐和辛苦。在公关活动中，公关经理要始终如一地保持主动、热情、耐心而周到的态度和高水准的工作质量，假如没有充沛的精力与顽强的毅力是不容易做到的。所以，酒店公关经理只有具备了意志的坚忍性，才能在工作中自始至终保持饱满的热情，矢志不渝、脚踏实地地工作。

（4）自制性。

意志的自制性就是善于控制和支配自身行动的能力。一个有自制性的人善于去执行已经作出的决定，并战胜那些对执行决定有妨碍的一切因素，如徘徊、犹豫、恐惧、羞怯、懒惰等心理，同时还善于在实际行动中抑制消极情绪和冲动行为。

由于酒店公关活动的特点，公关经理的良好自制力是非常必要的，这是因为在公关活动中，人们的性格、身份、要求等各不相同，很自然地会产生不同的行为表现。特别是对待公众提出的一些不易解决的问题，甚至是不合理的要求时，公关经理的自制力和忍耐性就显得十分重要。在这种情况下，公关经理应以平静、耐心的态度向公众说服和解释，以期得到公众的谅解和赞同。假如因不能做到这一点而流露出不耐烦的情绪，那自然会影响公众的情绪，甚至影响酒店的形象。

此外，酒店公关经理还应具备广泛的兴趣、敏锐的观察力、丰富的想象力、良好的记忆力、优美的语言表达力、敏捷的思维以及谦虚的态度等心理素质。这一岗位要求很高，人才难觅，但也是百炼成钢、点石成金的好地方。

二、酒店公关经理的培训

随着公共关系学的兴起和推广，合格的公关人员的社会需求量必然增加。而作为公关人员中的佼佼者——公关经理，更是到处受欢迎的“香饽饽”。即使在公关发展已有几十年历史的美国，公关仍然是一项日益庞大的职业。如今美国的公关部门虽然已感到人满为患，但正如美国公共关系学会教育推广委员会的前任主席李民博士所说：“今天各种不学无术的所谓公关的‘专家’是供过于求了，但是真正能够肩负此种任务的训练有素的专门人才仍感缺乏。”中国酒店行业也必须加强对这一专门人才的引进和培养。

（一）培训目标

根据酒店公关工作的需要，酒店公关经理应该被培养成“通才式”的公关人才。

所谓通才式的公关人才，是指知识面广，有较全面的智力结构、能力结构和完整的性格结构，能够在工作中独当一面，充任公关工作的组织者和指挥者。通才式的公关人才，一般要经过系统的公关理论和实践的教育训练，并系统地掌握与公关密切相关的其他学科知识。所以，公关部的经理最好经过全面系统的学习和培训。

诚然，世上并无真正全知全能的人，这里的“通才”也是相对而言，其真正的含义是酒店公关部的决策人员要有宽广的知识面，能够预见事物发展的前景和酒店的未来。

（二）培训内容

国外大多数公共关系学者都认为，公共关系的教育应该是一种四年制的大学教育，其课程重点应放在社会科学方面。日本的公共关系学家池田喜曾提出一个基本的学习计划，包括以下八个方面的内容：（1）一般公共关系（理论）；（2）公共关系的组织与运用；（3）公共关系手段的理论与实际；（4）传播的理论与实际；（5）工业心理与人事关系；（6）广告传播；（7）心象论（企业与产品的个性与象征的形成）；（8）深层心理、SD法（差别试验法）。

美国公共关系协会对该会会员和新闻教育学会的会员作了广泛调查后认为，公关人员在实际工作中应该学习下列二十种知识：（1）新闻写作；（2）研究公共关系理论；（3）撰写专集报道；（4）学习演讲；（5）舆论调查；（6）写小说；（7）写杂志记事；（8）广告；（9）撰写论文；（10）地方报纸研究；（11）摄影、杂志研究；（12）传播学研究；（13）工业情报编辑；（14）撰写批评文章；（15）印刷技术；（16）广播；（17）媒体调查；（18）撰写科学记事；（19）学习报业关系法规；（20）报业史研究。

参考国外公共关系学专业的学习计划，按照我国旅游酒店业的现状、特点与发展趋势，酒店公关经理的培训应该考虑以下六个方面的内容：（1）社会科学类，包括管理学、社会学、服务心理学、社会心理学及职业道德等方面的内容；（2）新闻学类，包括新闻稿写作、摄影、摄像、报纸编辑等方面的内容；（3）饭店管理学类，包括饭店管理学、饭店营销学、酒店各业务部门及各客源国概况；（4）人文科学类，包括文学、戏剧、美术、音乐等基础知识；（5）自然科学类，包括计算机应用、数理统计等；（6）外语类，要求至少熟练掌握一门外语。

（三）培训途径

酒店公关经理的培训可以有以下三种主要途径。

1. 资格培训

举办短期公关经理职业资格培训班，是提高酒店公关人员素质的一个快速有效的办法。由于我国公关工作刚刚起步，培养专职公关人员的学校、专业不多，现在从事公关的人员都没有经过专门训练，大多数是先干后学或边干边学。为了迅速提高他们的业务水平，在不影响工作的情况下，可以举办短期培训班，聘请专业扎实的专家学者以及实践经验丰富的行家里手共同授课，将公共关系学的基本知识和主要内容有重点地传授给他们，迅速提高他们的理论水平，扩大其知识面。有可能的话，还可聘请外国有关专家来讲课，以增强培训的国际性和前瞻性。举办培训班容纳的学员较多，时间花得少，费用上比较节约。

2. 院校学习

将酒店公关经理或培养骨干送往高校，接受公共关系专业系统学习或进修，是比较正规、系统的培养高级人才的途径。但因在职工作的限制和工学矛盾，跟班学习以及顺利毕业的难度较大。国外情况则不同，自1947年美国波士顿公共关系学院成立至今，颁发公共关系博士学位、硕士学位已半个多世纪。很多外国大学都设有公共关系专业和课程，很多非此专业的学生还兼修公共关系专业，因此他们从事公关工作的人员时常拥有双学士、三学士甚至双硕士学位。这样的人才一般知识面广，业务能力强，当然是酒店公关经理的理想人选。

3. 业余进修

在赴院校学习有实际困难的情况下，酒店应该大力提倡员工业余自学“充电”。利用业余时间阅读、钻研公共关系学的理论书籍和普及读物。只要掌握方法，持之以恒，并结合实践经验加以理解和验证，同样能够掌握公共关系学的基本理论和方法。

案例 3－3

锦江酒店针对大学毕业生推出管理培训生计划

亚洲最大的酒店集团——锦江国际酒店管理有限公司（锦江酒店）近日宣布针对大学毕业生推出为期五年的“管理培训生计划”。在第一年中，培训生将首先在锦江理诺士国际酒店管理学院接受为期三个月的理论学习，之后在酒店进行为期九个月的实践培训，一年之后紧接着的就是一个为期四年的职业生涯发展计划。

针对这一举措，锦江酒店人力资源部高级副总裁李平海表示：“锦江酒店一直致力于为未来发展建立和充实人才库，管理培训生计划就是我们集团内部人才培养计划的一个组成部分，是为了支持我们集团的发展目标、提升我们酒店内员工的技能和专业水准而制定的。”

锦江酒店有着远大的企业发展目标。李平海说：“为了实现我们的战略目标，我们意识到培训人才的需求，也意识到吸引人才的需求，这也就是为什么我们与瑞士的理诺士学院共同投资建立了锦江理诺士国际酒店管理学院。”

锦江理诺士国际酒店管理学院投资总额 500 万美元，通过这一合作，目前有超过 100 名锦江酒店的青年人才正在学院内接受脱产培训，理诺士在酒店管理教育方面的专家传授的经验让学员们感到获益匪浅。“我们的目标是为培训生提供各个方面的酒店知识，如酒店的运营和现代酒店管理体系方面的知识，也包括英语能力的培训。同样，我们希望他们能在锦江酒店企业文化的熏陶下成长，真正成为一支‘拥有共同的目标、如一的激情的团结队伍’。”

另外，作为对酒店产业成长和发展的支持，锦江酒店也为锦江理诺士国际酒店管理学院 70 多名在校学生提供实习的机会。锦江酒店表示：虽然这些学生尚未正式成为其员工，锦江酒店同样欢迎他们到这里来锻炼技能，并尽可能地为他们提供良好的培训环境和学习经验。

典型案例分析

“金陵”26 家成员酒店联合参展国际旅游交易会

2008 中国国际旅游交易会（CITM）11 月 20 日至 23 日在上海新国际博览中心隆重举办。金陵酒店集团连续第 6 次组团参加了这一亚洲规模最大的全球性旅游盛会，包括南京金陵饭店、南京东郊国宾馆、南京湖滨金陵饭店、南京紫金山庄、南京金陵江滨国际会议中心酒店、南京金陵晶元大酒店、南京方源金陵国际酒店、金陵会议中心、无锡金陵大饭店、江阴金陵国际大酒店、太仓金陵花园酒店、张家港华芳金陵国际酒店 、常熟金陵天铭国际大酒店 、常熟国际饭店、常州太湖湾金陵大饭店、常州金陵明都大饭店、常州金陵江南大饭店、镇江金陵润扬大桥酒店、盐城驿都金陵大酒店、杭州金陵金马饭店、宁波金陵富春国际大酒店、洛阳雅香金陵大饭店、太原金陵花园国际大酒店、淮北金陵口子国际大酒店、合肥泓瑞金陵大酒店、泉州迎宾馆在内的 26 家成员酒店，以统一形象联合亮相，共同开拓客源市场。

“金陵”展台以其独特亮丽的品牌形象获得了业内外人士的一致好评，均称赞此次展台设计大气、时尚，充分体现了国际化的水准。展会举办前，管理公司通过强大的中间代理商数据库与各大旅行代理商进行了预约；展会期间，众多国际、国内职业买家来到“金陵”展台，如来自境外的 Agoda、WOTIF、Carlson Wagonlit Travel 等网上旅行预订服务商，均对与金陵连锁酒店合作表示了极大的兴趣，并进行了深入的沟通与交流。

据悉，历时 4 天的中国国际旅游交易会参展国家和地区高达 106 个，展出面积57 500平方米，展台数量2 648个，参展单位4 112家，其中海外参展商占 41%，成为参展国家和地区最多、规模最大的一届中国国际旅游交易会。中国国际旅游交易会目前已成为亚太地区规模最大、影响最广泛的综合性旅游展会之一，其规模、档次和品牌影响力均在与时俱进、日益提高。本届交易会不仅展台总数、参展商数量、参展国家及地区数量超过以往各届，参展行业门类也更加多元化，还呈现出交易形式灵活多样、市场平台更趋广阔的特点。利用这一良好的机遇和现代化平台，金陵酒店集团展示出了自身的品牌与实力。

问题： 1. 你认为金陵酒店集团应建立怎样的公关机构？为什么？

2. 你认为参加国际旅游交易会的公关人员应具备怎样的素质？事先应做何培训及准备？

思考与练习

1. 谈谈你对酒店公关机构设置的五大原则的理解。
2. 酒店公关机构的设置有哪些类型？试分析其特点。
3. 酒店公关人员须具备哪些专业能力？
4. 画出酒店公关人员素质能力总表并结合自身情况比照分析。
5. 举例说明酒店公关人员职业道德操守的重要性。
6. 你认为酒店公关经理最重要的素质有哪些？
7. 作为在校大学生，如何才能成为通才式公关人才？

实训项目

酒店公关部的组建

1. 选择本市一家中档星级酒店作为模拟练习对象，将其必要信息提供给学生。

2. 将学生分成若干小组（一般 4 组），指定 1 人为小组召集人，组织本小组讨论该酒店公关部的设置及内部分工、岗位设置。

3. 每个小组须在规定时间内完成讨论记录和设置报告，并推荐代表轮流上台发言阐述，说明理由，然后回答师生的问题。

4. 学生的参与情况和实训表现可作为一项大作业成绩记入总评。

第四章 酒店公共关系的工作方法

哲理格言

唯尽知己之所短，而后能去人至短；唯不恃己之所长，而后能收人之长。

——（清）魏源

学习目标

通过本章的学习，你将：

1. 熟悉酒店公共关系的主要工作模式。
2. 掌握酒店公共关系四步工作法。
3. 掌握酒店公共关系调查与策划的程序及内容。
4. 掌握酒店公关计划的实施与酒店公关效果的评估。

第一节 酒店公共关系的工作模式

公共关系模式，是指一定的公共关系工作方法系统。它由一定的公共关系目标和任务，以及由这种目标和任务决定的若干具体方法和技巧所构成，具备某种特定的公共关系功能。

酒店公共关系的工作模式是酒店公共关系工作的方法策略。不同类型的组织机构，或同一组织的不同发展阶段，或同一阶段中针对不同的公众对象及不同的酒店公共关系目标，都需要选择不同的酒店公共关系活动模式。为了实现酒店企业的公共关系目标，即建立一个完善的酒店企业形象，公共关系人员需要有针对性地选择不同的公共关系模式。

概括起来讲，主要有如下十种酒店公关模式。

一、宣传型酒店公共关系

宣传型酒店公共关系，是运用大众传播媒介和内部沟通的方法开展宣传工作，树立酒店企业良好形象的公共关系活动模式。其主要做法是：利用各种传播媒介和交流方式进行内外部传播，使各类公众充分了解酒店、支持酒店，进而形成有利于酒店企业发展的氛围。其特点是：导向性强、时效性强、传播面广、推广速度快。

根据宣传对象的不同，此种模式又可分为对内宣传和对外宣传。具体宣传形式是多种多样的，如内部刊物、员工手册、黑板报、宣传窗、闭路电视、演讲会、讨论会、记者会、新产品展示会、经验或技术交流会、酒店公共关系广告、对外开放参观、各种典礼和仪式等。

宣传型公共关系应坚持双向沟通的原则，注意收集信息、沟通内外意见。宣传必须把真实性放在第一位，绝不能出现浮夸不实之词。要掌握“火候”，不要引起公众的逆反心理。

二、交际型酒店公共关系

交际型酒店公共关系，是指在人际交往中开展酒店公共关系工作的一种模式。其目的是通过人与人的直接接触，进行感情上的联络，为酒店广结良缘，建立广泛的社会关系网络，形成有利于酒店企业发展的人际环境。

其工作方式是进行团体交际和人际交往。团体交际包括各种各样的招待会、座谈会、宴会、慰问、舞会等。个人交往有交谈、拜访、祝贺、个人署名信件往来等。交际型酒店公共关系具有直接性、灵活性、人情味。

交际型公共关系是公共关系活动中应用最多，并极为有效的公共关系活动模式。它不仅能以感情投资的方式，达到酒店与公众的互助、互利、互惠的目的，而且还是一种获得信息的有效方法。它具有直接、灵活的特征，从人与人的接触交谈中，可以捕捉到、发掘出许多有价值的信息，能使酒店在竞争中出奇制胜。

需要注意的是，开展交际型酒店公共关系要坚决杜绝使用各种不正当的手段，要切记这只是酒店公共关系的手段之一，不是酒店公共关系的目的，更不能把一切私人交际活动都作为酒店公共关系活动。

三、服务型酒店公共关系

服务型酒店公共关系是一种向社会公众提供优惠、优质、特色服务为主的酒店公共关系活动模式。其目的是以实际行动来获取社会的了解和好评，建立自己的良好形象。服务型酒店公共关系最显著的特征是有实在的行动。所谓“公共关系就是百分之九十要靠自己做得好”，其含义即在于此。

酒店以特殊的媒介——服务来密切酒店与公众之间的关系。优质的服务不能仅靠酒店公共关系部门的工作，而是需要依靠组织中所有成员的共同努力来实现。因此，它是一种最实在的酒店公共关系。它能有效地实现人际行为层次的沟通和融洽。

服务型酒店公共关系绝不仅仅限于狭义和专业的服务工作，而应是广义的。酒店企业应以自己独特的方式向公众提供必要的服务，也只有如此，公共关系工作才有坚实的基础。实际上，在建立酒店企业形象时，优质服务的作用比酒店的设施和产品更为重要。酒店公共关系工作大量地渗透在那些日常的服务工作之中。对于现代酒店企业来讲，良好的形象是酒店兴旺的标志，而提供周全的优质服务，是建立良好形象的基础。

四、社会型酒店公共关系

社会型酒店公共关系是酒店企业利用举办各种社会性、公益性、赞助性活动，塑造酒店企业形象的公关模式。其目的是通过积极的社会活动，扩大酒店组织的社会影响，提高其社会声誉，赢得公众的支持。这种酒店公关模式从近期看，往往不会给组织带来直接的经济效益；但从长远来看，却为组织树立了较完备的社会形象，为组织创造了一个良好的发展环境。

社会型酒店公共关系活动的形式有三种：一是以酒店企业本身的重要活动为中心而开展的活动。比如利用酒店开业剪彩或周年纪念的机会，邀请各界嘉宾，渲染喜庆气氛，借此与各界人士建立良好的关系，播下友谊的种子。二是以赞助社会福利事业为中心开展的公共关系活动。比如赞助社会福利、慈善事业，资助公共服务设施的建设等，通过这些活动，在社会公众心目中树立起本酒店注重社会责任的形象，提高酒店的美誉度。三是资助大众传播媒介举办各种活动，提高酒店的知名度。比如冠以酒店名称的“××杯”竞赛、大学生艺术节等，既活跃了文化生活，又扩大了酒店的社会影响。

社会型酒店公共关系具有公益性、文化性的特征。但是，社会型酒店公共关系活动并不是越多越好，只可量力而行。如果毫无节制地涉足各种社会活动，很容易陷入不能自拔的境地，反而易使酒店形象受到损害。因此，公共关系人员选用社会型酒店公共关系模式时必须审慎考虑。

案例 4－1

“风雨同洲”——洲际酒店集团全球慈善项目启幕

2014 年 9 月 22 日，洲际酒店集团 2014 环球慈善赛大中华站活动在上海正式启动。洲际酒店集团员工、赞助商等 300 多名参赛者云集黄兴公园，进行了全程 3 000 米的跑步活动，呼吁更多的人支持洲际酒店集团的全球慈善项目“风雨同洲”。在为期一周的全球活动中，洲际酒店集团员工有超过 20 万人次参与环球慈善赛。

“风雨同洲”慈善项目旨在帮助洲际酒店集团的酒店和支持中心及时为宾客、员工和当地社区提供灾后支持，包括援助资金、给养物资以及温暖安全的住所。洲际酒店集团环球慈善赛始于 2011 年，其目的在于为风雨同洲基金筹集善款，并在此后成为该集团每年的传统活动。据悉，风雨同洲基金至今已帮助过 16 个受到自然灾害影响的国家。在大中华地区，风雨同洲基金曾支援四川雅安地震、云南鲁甸地震以及威马逊台风在广东的灾后救助工作。

多年来，洲际酒店集团始终致力于履行社会责任，并不断回馈社会。除了支持在全球范围内的慈善活动外，洲际酒店集团也积极投身本土公益事业。2007 年 11 月，洲际酒店集团在中国青少年发展基金会捐资设立了“同洲共际爱心基金”，该基金致力于希望小学建设、职业教育和大学生资助。洲际酒店集团也设立了爱心义卖，展示并拍卖了来自同洲共际希望小学学生的绘画作品。

洲际酒店集团大中华区首席执行官柯明思向环球慈善赛的所有参与者表示衷心的感谢："在我们的员工、业主以及许多爱心人士的筹款支持和积极参与下，洲际酒店集团环球慈善赛在过去的三年里取得了巨大的成功，为我们的社区和受灾的个人提供了慷慨的援助。我们坚信今年的活动将更加成功。企业社会责任一直以来都是洲际酒店集团发展的关键与核心，今后我们也会继续支持我们所在的社区。"

资料来源：http://sh.people.com.cn/n/2014/0922/c134768-22396185.html.

五、征询型酒店公共关系

征询型酒店公共关系是以采集社会信息为主的公共关系模式。其目的是通过信息采集、舆论调查、民意测验等工作，掌握与酒店企业有关的信息，为酒店的经营管理决策提供咨询，充当参谋，使酒店企业行为尽可能与国家的总体利益、市场发展趋势，以及民情民意一致起来。

征询型酒店公共关系可采用的形式很多，可以组织市场营销调查（其中包括了解酒店客源构成信息、旅客需求变化情况，以及市场发展趋势和竞争状况等），也可访问重要客人，征询客人对酒店的要求与意见，还可设立监督电话，接受客人的投诉。

征询型酒店公共关系的特点在于长期、复杂、艰巨，需要细水长流、持之以恒、日积月累，还需要酒店公关人员具有智慧、耐力和诚意。一旦能够获得公众的配合，那么酒店企业公共关系就有了"千里眼""顺风耳"，能够及时地对民意和舆论的变动作出反应，保持酒店与社会环境的动态平衡。南京某大酒店更是将调查研究经常化，坚持日调查、月调查、半年调查相结合。这种全方位的调研制度，宏观上可以使酒店决策者高瞻远瞩地了解旅游业的整体形势，进而可以了解本地区的行情；微观上可以了解本店每个岗位、每项服务及每个员工工作的情况，从而使他们的决策有的放矢。

六、建设型酒店公共关系

建设型酒店公共关系是在酒店企业初创时期或新产品、新服务首推之时，为打开局面而进行公关工作的一种模式，是一种主动作自我介绍，引导公众"认识—理解—行动"的酒店公关模式。这种模式一般用于酒店的开创阶段或新产品上市时期。

建设型酒店公共关系活动可采用的形式主要有开业庆典、开业广告、免费招待参观、酒店资料有奖征答等，目的是使公众形成良好的"第一印象"，使公众对新开业的酒店或新的产品、新的服务项目有所认识，激发其兴趣并进一步转变为理解和支持的行为。

案例 4-2

法国白兰地的"精彩"亮相

1957 年的一天，美国首都华盛顿主要干道上竖立着巨型彩色标牌："欢迎您，尊贵的法国客人！美法友谊令人心醉！"整洁的售报亭悬挂着美、法两国的小国旗，它们精致玲珑，在微风中轻柔地飘扬，传递着温馨的情意。报亭的主人特意设计绘制的"今日各报"

的广告牌上，最鲜艳夺目的是美国鹰和法国鸡干杯的画面，还有“总统华诞日、贵宾驾临时”及“美国人醉了!”等大标题，它们吸引着络绎不绝的路人光临。

马路上，许多轿车、摩托车、自行车涌向白宫。白宫周围已是人山人海，人们满面笑容，挥动法兰西小旗，期待着贵宾的出场……贵宾是谁呢？不是政府要员，不是社会名流，在美国总统艾森豪威尔诞辰日，光临华盛顿的法国特使却是两桶法国白兰地!

这两桶法国白兰地是法国人民赠送给美国总统艾森豪威尔67岁寿辰的贺礼。这两桶窖藏长达67年的白兰地酒由专机送往美国，在白宫的花园里，举行隆重的赠送仪式。四名英俊的法国青年身穿法兰西传统的宫廷侍卫服装，抬着这两桶白兰地正步前行，进入白宫。

当这两桶仪态不凡的美酒亮相时，群情沸腾，欢声四起。有些人甚至大声唱起了法国国歌《马赛曲》。从此，法国白兰地就昂首阔步地迈进了美国市场。

七、维系型酒店公共关系

维系型酒店公共关系是在酒店稳定发展之际用以巩固良好公共关系的模式，是一种通过各种传播媒介，以较低的姿态持续不断地向公众传递组织的各种信息，推动公众对组织有更新更深的认识与了解的酒店公关模式。

维系型酒店公共关系，是在酒店稳定发展之际，用以巩固良好公共关系的模式，目的是通过不间断的宣传和工作，维持酒店在社会公众心目中的良好形象。它一般用在组织的发展期。

维系型酒店公共关系一方面通过各种传播媒介和传播活动，以较低的姿态，把酒店的各种信息持续不断地传递给各类公众，可以使酒店的良好形象始终保留在公众的记忆中。一旦需要，公众就可能首先想到你，接受你的产品和服务，与你合作，为你带来利润和收获。另一方面开展各种专题性的优惠服务，设立奖励措施，可以吸引公众再次合作。

维系型酒店公共关系是针对公众心理特征而精心设计的。它具体分为“硬维系”和“软维系”两种形式。“硬维系”的对象具体明确，是已经建立了良好关系或有业务往来的公众。目的是通过优惠服务和感情联络吸引“回头客”，与公众保持和发展联系。“软维系”的对象不像“硬维系”那样具体和明确，目的是通过信息传播使公众不要淡忘酒店及其产品。

八、进攻型酒店公共关系

进攻型酒店公共关系是一种在组织与环境之间发生严重不协调时，以攻为守，以积极主动的方式改造环境、创造局面的酒店公关活动模式。其目的是酒店运用公共关系手段，密切关注环境的变化，抓住一切有利时机和条件，以积极主动的姿态调整自身的行为，改变周围的环境，创造有利于酒店发展的新局面。

进攻型酒店公共关系的特点是“主动”，即以一种主动进攻的姿态，开展公共关系工作。酒店与环境的关系，除了积极适应之外，还应主动改造。酒店要顺利发展，主动改造环境是一项必不可少的工作。进攻型酒店公共关系要求酒店公关人员充分发挥主动精神和聪明才智。但是在开展这类公共关系工作时不能为了酒店自身的利益而不顾大局，损害社会利益和广大公众的利益。

九、防御型酒店公共关系

防御型酒店公共关系是酒店为了防止自身公共关系失调而采取的一种公共关系模式，是组织为针对或防御经营和管理上可能出现的“失调”或“危机”而采取的一种酒店公共关系模式。其出发点是抓住潜在公众形成的时机，及时寻找对策，把问题消灭在萌芽状态，并以此作为宣传酒店形象的契机。

防御型酒店公共关系的目的是在酒店与外部环境出现了不协调，或与公众发生了某些摩擦苗头的时候，通过各种调整手段，以适应环境的变化和公众的要求，防患于未然。其特点是防御与引导相结合。公共关系人员通过调查和预测，及时发现酒店发展中存在的问题和潜在危机，向酒店决策层和有关部门提供咨询建议和改进意见，帮助做好改进工作。

2001 年 9 月 11 日，美国受到恐怖袭击。还没等社会各界人士询问“9·11”恐怖事件会不会影响安利公司在中国的政策，安利（中国）公共关系部已先行一步，通过媒体向社会发表了声明：“由美国商会主席史蒂夫·温安洛任董事会主席、全球最大的直销公司——美国安利公司在广州的公司运转正常，公司两周前签订的在广州经济开发区增加投资2 500万美元的协议也绝对不会更改。”这一及时有效的防御型公关制止了可能引起的企业危机。

十、矫正型酒店公共关系

矫正型酒店公共关系是酒店遇到风险时所采用的一种公共关系模式，是一种在酒店形象遭到严重损害时，采取一系列有效措施，协同组织的其他部门挽回组织声誉的酒店公关模式。其目的是当酒店的公共关系因严重失调而使酒店企业形象发生严重损害时，通过公共关系人员立即采取有效措施，尽量减轻损害造成的后果，做好善后工作，与酒店其他部门一起重新塑造起酒店的新形象，挽回酒店的声誉。

矫正型酒店公共关系的主要功能是纠正或消除损害组织形象的因素，恢复公众对组织的信任。矫正型酒店公共关系一般有两种情况：一是由于外在的某种误解、谣言甚至人为的破坏，损害了组织的形象；二是由于组织内在不完善而导致酒店外部公共关系的严重失调。

矫正型酒店公共关系的特点是及时。及时发现问题、及时纠正错误、及时改善不良形象。酒店形象受损，一般有两种情况。一是由于酒店外在的原因，如某些误解、谣言，甚至人为破坏，致使酒店形象受到损害。这时，公关人员应及时、准确地查明原因，迅速制定对策，采取行动，纠正或消除损害酒店形象的行为和因素。二是由于酒店的内在原因，如服务态度、产品质量、管理政策、经营方针等方面发生问题、出现失误而导致公共关系严重失调。此时，公关部门应迅速查清原因，采取行动，尽快与新闻界取得联系，控制影响面，并及时把外界的舆论准确地反馈给酒店决策层和有关部门，提出消除危机的办法和纠正错误的措施。与此同时，酒店公关人员还需要运用各种公关手段和技巧开展公关活动，消除不良影响。向新闻界并通过新闻界向广大公众公布纠正的措施和进展情况，求得公众的谅解，平息风波、恢复信任，重新树立酒店的良好形象。

开展矫正型酒店公关活动最关键的环节在于反应迅速，处事冷静，以对公众负责的态度处理危机，这样才能把危机造成的负面影响降到最低，甚至可能使自身的形象得以提升。

以上各种公共关系工作模式各有特点和适应性，酒店公关机构及工作人员在实际运用中，应根据本酒店具体的公共关系状态和制定的公共关系目标加以选择。

第二节　酒店公共关系的工作程序

为使酒店公关活动顺利开展，必须对酒店公共关系进行全面筹划，制定一个完整的实施方案并付诸实施，保证酒店公关工作按照一定的程序和步骤有序运行，这就是常说的酒店公共关系四步工作法（见图 4－1），即酒店公共关系调查、酒店公共关系策划、酒店公关计划实施和酒店公关效果评估。其中，调查是酒店公关活动开展的基础；计划是整个工作程序的全盘规划；实施是对计划的实践开展；评估则是对整个过程的最后总结。

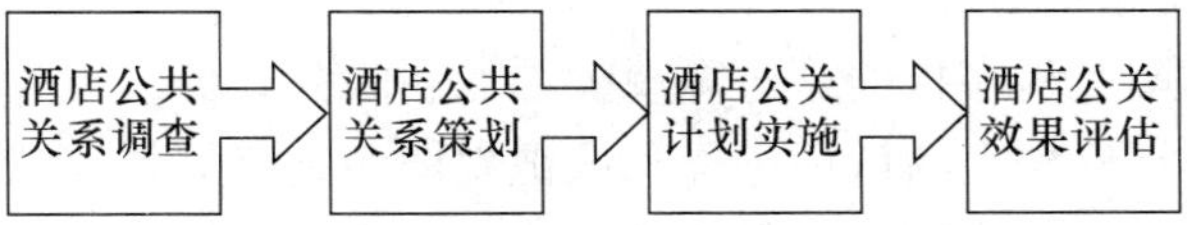

图 4－1　酒店公共关系四步工作法

一、酒店公共关系调查

（一）酒店公共关系调查的含义

酒店公共关系调查是酒店公共关系工作程序的第一步，是酒店组织开展有效的酒店公关活动的前提和基础。

酒店公共关系调查是指瞄准企业的经营目标与酒店公关目标，运用科学的方法，有步骤地考察酒店的公共关系状态，收集有关的信息资料，进而分析各种相关因素及其相互关系，从而达到掌握实际情况、解决所面临问题的一种实践活动。

（二）酒店公共关系调查的作用

1. 帮助酒店科学合理地决策

酒店公共关系调查的首要任务是及时地为酒店领导层提供决策依据，并能有效地预测和检验决策的正确性。要保证酒店的经营决策正确，调查是最好的方法。只有充分了解社会公众的要求和愿望，才能作出符合公众要求和愿望的决策。只有作出符合公众要求和愿望的决策并认真地实施，才能使酒店在公众心目中树立起良好的企业形象。

2. 帮助酒店进行准确的形象定位

酒店公共关系调查可以使酒店公关人员准确地了解酒店在社会公众中的形象定位。酒店的形象定位是企业在其公众中形象的定量化描述。通过形象定位，可以测量出酒店自我期望的形象与其在公众中的实际形象的差距，酒店公关人员可以针对这个差距策划一系列的酒店公关活动方案。总之，通过调查可以大大加强酒店形象定位的准确性和针对性。

3. 帮助酒店与社会公众沟通

酒店公关调查从酒店的主观方面来说是以收集信息为主要目的，但从客观方面来看要同调查对象进行广泛的接触，调查人员在全面了解社会公众的需求及评价的同时，也在向公众传播着酒店的信息。因此，从一定意义上说，酒店公共关系调查本身就是一种传播和沟通，恰当的调查本身也会赢得公众对酒店的好感，对酒店的形象塑造起到一定的促进作用。

4. 帮助酒店把握公众舆论

酒店公共关系调查可以使酒店公关人员及时地把握公众舆论，并及时作出调整。公众舆论是自发产生的，并且处于不断扩大或缩小的动态中，是公众对企业的一种变动的、表层的认识。但是当少数人的观点、态度扩展为多数人的观点、态度时，分散的、彼此孤立的意见就可能集合为彼此响应的公众整体意见。声势较小、影响微弱的局部意见一旦成为声势浩大的公众的共同反响时，对酒店的形象将产生很大的影响。积极的公众舆论有利于酒店塑造良好的形象，消极的舆论则有损于酒店的良好形象，甚至会造成酒店的形象危机。因此，需要通过酒店公共关系调查来监测公众舆论，以使酒店及时扩大积极舆论，缩小消极舆论。

（三）酒店公共关系调查的程序

酒店公共关系的调查程序指的是对客观存在的酒店公共关系现象进行科学调查的基本过程。具体来说，是指根据人的认识过程和认识规律而确定的具有严密逻辑联系和最佳运作效率的调查前后的几个阶段，主要包括准备阶段、实施阶段、分析阶段、报告阶段、总结阶段。

1. 准备阶段

调查的准备阶段是酒店公共关系调查的基础阶段，酒店公关活动的成功与否很大程度上取决于调查工作的质量，而调查工作的质量高低又受到调查准备阶段成就的影响。调查准备阶段的工作主要包括以下几个：

（1）明确调查任务。酒店公共关系调查涉及的范围非常广泛，因此在进行酒店公关调查之前，首先应该明确调查的任务。酒店公关人员要通过对酒店所面临的现实问题的探讨，根据酒店公共关系工作对公众信息的实际需要，确立具体的酒店公共关系调查任务，使酒店公共关系调查真正做到有的放矢。

（2）进行调查设计。调查设计主要包括：调查课题设计、调查指标设计、调查样本设计、调查问卷设计、调查过程设计、调查方案设计等。

（3）准备调查条件。调查条件主要涉及三个方面。第一，人员条件，既包括对酒店公关人员的数量要求，也包括对酒店公关人员的质量要求。第二，经费条件，包括交通费用、材料费用、活动费用、人员经费等。第三，物质条件，包括调查展开所需要的一系列技术手段的支持，如电话、手机、计算机、音像器材等。

2. 实施阶段

酒店公共关系调查实施阶段的任务主要是组织酒店公关调查人员深入到旅游公众当中，按照已有的调查方案的要求，有计划、有步骤地收集各种可靠的信息和数据，听取被调查对象的意见。主要分为两个步骤：

（1）建立调查组织。负责酒店公共关系调查的部门要根据调查任务和调查范围的大小，合理地配备调查人员，建立调查组织。调查人员一旦确定，就要集中起来进行学习和培训，培训内容主要包括明确调查任务、掌握调查技巧、领会调查原则和调查方案等。

(2) 收集有关资料。根据酒店公共关系调查方案的要求，采取各种资料收集方法，现场收集各种资料。资料可以分为：第一手资料，即调查工作人员深入实际收集到的酒店公众提供的资料；第二手资料，即已存在的，经过其他人收集、整理过的现成的资料。在收集资料的过程中要始终保证：无论是何种资料或者是以何种方法收集，都必须确保资料的真实、准确、全面、丰富。

3. 分析阶段

通过酒店公共关系调查得到的资料往往是零星、分散的，有些甚至是片面的、不真实的，资料本身并不能说明什么问题，必须系统地加以分析，经过去伪存真、由此及彼地分析、研究、整理，才能真实、客观地反映现实存在的问题，进而揭示问题的本质和各种酒店公共关系现象间的因果关系。此阶段的工作步骤如下：

(1) 资料的整理。一般情况下，从酒店公共关系调查现场收集得到的资料多是原始资料，真伪不分，有待确认；资料涉及的内容广泛，形式各异，有序性和完整性都比较差，有待整理和完善；资料大多是粗糙的信息资料，不分主次，概括性和有效性都比较低。因此，这些调查资料在未加整理前，很难真实地再现公众的意见，更不能预测酒店的公共关系趋势。

酒店公共关系调查资料整理工作的内容主要包括：第一，按照真实性、准确性、完整性、标准化的要求对调查资料进行审核；第二，按照科学性、实用性、渐进性、相斥性的原则对调查资料进行分类；第三，按照条理化、系统化、精炼化、规范化的要求对调查资料进行加工。

(2) 资料的分析。资料的分析是指调查者运用一定的科学分析方法对调查资料的内容进行深度加工的过程。酒店公共关系调查所得到的资料反映的是事物的外部表象上的联系，因此必须对其进行分析、整理，搞清调查对象的情况和问题，通过现象抓住本质，找出客观事物之间的矛盾及其内在联系，进而掌握事物的发展规律。

在此过程中，调查者可以通过对已整理过的酒店公关调查资料进行由此及彼、由表及里、由浅入深的测算、比较、推理、判断，发现隐匿于大量资料中的某些规律和关键问题，并以此提出酒店公共关系工作的若干对策措施，从而形成酒店公共关系调查的科学认识成果。

4. 报告阶段

调查报告是一种书面报告，它可以用来反映酒店公共关系调查所取得的主要的信息成果或者是初步认识成果，它是调查成果的集中体现，本身也是调查成果的一种重要形式。调查报告的写作实质上是调查人员对所获得信息资料的一种高级处理过程。

这一过程的具体工作内容包括：第一，综合全面地分析经过审核和加工处理的信息资料，从而确定调查报告的主体；第二，全面汇集有关的信息资料，概括出相应事物存在与变化的一般规律；第三，通过对相关信息资料的综合研究，提炼出相关的观点；第四，选择运用有关信息资料，具体地说明酒店公共关系工作中应当注意的有关问题。

5. 总结阶段

总结阶段是公关调查工作的最后阶段，是对整个调查工作的最后总结，此阶段是酒店公共关系调查必不可少的重要步骤。通过总结评估，酒店公共关系调查者可以获得新的收获：第一，可以了解到此次酒店公共关系调查的完成情况；第二，可以了解到酒店公共关系调查所取得的一系列成果；第三，可以总结出此次调查工作的经验、教训。总结评估的内容包括对调查成果的评估和对调查工作的评价。

案例 4-3

长城饭店的日常调查

一提到北京长城饭店的酒店公关活动，人们立刻就会想到那曾轰动一时的里根总统的答谢宴会、由北京市副市长证婚的 95 对新人的集体婚礼、颐和园的中秋赏月和十三陵的野外烧烤等一系列使长城饭店声名鹊起的专题酒店公关活动。长城饭店的大量酒店公关工作，尤其是围绕为客人服务的日常酒店公关工作，源于它周密系统的调查研究。长城饭店的日常调查研究工作包括以下几个方面。

1. 日调查

(1) 问卷调查。每天将问卷调查表放在客房内，征询客人对酒店服务质量的意见。

(2) 接待投诉。几位公关经理每天 24 小时轮班在大厅内接待反映情况的客人，随时随地帮助客人解决困难，处理投诉。

2. 月调查

(1) 顾客态度调查。每天向客人发送喜来登集团在全球统一使用的调查问卷，每日回收，月底集中到喜来登集团总部，进行全球性的综合分析。

(2) 市场调查。前台经理每月与在京其他集团酒店的前台经理交流一次顾客情况，互通情报，共同分析本地区的形势。

3. 半年调查

喜来登集团总部每半年召开一次世界范围内的全球旅游情况会议，其所属的各酒店的销售经理从世界各地带来大量的信息，相互交流研究，使每家酒店都能了解世界旅游形势，站在全球的角度商议经营方针。

长城饭店通过这一系列的调查活动，力求充分了解顾客及市场情况，使自己的发展登上一个个新的台阶。

二、酒店公共关系策划

（一）酒店公共关系策划的含义

酒店公共关系策划是指酒店公关人员为塑造酒店的良好社会形象或者是为了改善酒店所面对的外部环境，在分析和整理酒店公共关系调查资料的基础上，依照科学的方法和原则，凭借自身的经验和知识，设计出针对具体的酒店公关对象的最佳酒店公共关系方案的过程。

从宏观上看，酒店公共关系策划是对组织的酒店公共关系活动的整体方案进行规划，它是对酒店公共关系方案的全过程作出预测和设计，是酒店公共关系决策的形成过程。酒店公共关系策划围绕组织目标而设计，它具有特殊的目的和特定的对象。成功的酒店公共关系策划方案都具有创新性和针对性，它们是酒店公共关系人员为酒店公共关系工作的开展所精心设计的蓝图。

（二）酒店公共关系策划的内容

1. 酒店目标

酒店公共关系策划本身就是为酒店的目标服务的，要做好酒店公关策划，酒店公关人员必须首先清楚酒店的目标，然后审时度势，客观评估酒店目标的科学性。酒店公关人员一方面要具有敢于面对挑战的勇气，对于自己通过努力可以完成的目标要勇于立项；另一方面要具有冷静客观的态度，对于条件不足、违背科学的目标不能立项。

2. 公众心理

公众的心理研究是酒店公关策划的起点和评估要点。酒店公关策划本质上是酒店公关人员为酒店在做公众的工作，在努力赢得公众。商场如战场，要想应对挑战，取得胜利，必须首先征服公众；要征服公众，就必须先征服公众的心。当前，酒店竞争的主要内容已转为对公众心理的把握上，因此，在评估策划方案时，首先要看公众喜欢什么、策划方案是否符合公众的意愿。如果只是从酒店的目标出发，忽视公众心理，往往就会在塑造企业形象时脱离市场、自吹自擂、自卖自夸，这样的做法是不合时宜的，也是注定要失败的。

3. 个性信息

个性信息是指酒店公关策划所要传播的信息必须要具有鲜明的个性，独特而新颖，明显区别于同类的其他信息。信息个性化要求信息有其特殊的含义和价值，不可取代，不与其他信息雷同。

酒店公关策划要求信息个性化是由现代竞争所决定的。现代竞争经历了三个阶段：以科技为先导的生产力竞争阶段；以利润为导向的行销力竞争阶段；以文化为导向的形象力竞争阶段。当人们从追求温饱的理性消费转向感性消费、体验式消费时，就表现为求新、求异、求奇，即个性化消费。因此，酒店公关策划需要强调信息的个性化。

对酒店来说，公关策划的信息一定要突出个性、独特性、不可替代性，让竞争者很难抄袭甚至无力模仿。例如北京喜来登长城饭店的口号是“在喜来登，小事不小”，突出体现了该酒店“店大不欺客，关怀无处不在”的特点。

4. 审美情趣

审美情趣是指人们理解和评价自然界和社会生活中各种事物和现象的美学特点的能力。这里指的是酒店公关策划方案应能满足特定公众的审美要求，要考虑公众的审美情感和文化心理因素。仅仅有明确的目标、个性化的信息、拥有公众的拥戴，仍不足以塑造新的形象，赢得新的公众。酒店公关活动要针对不同的目标公众的审美情趣，采取不同的策划方案，只有做到量体裁衣，才有可能赢得目标公众。

（三）酒店公共关系策划的程序

酒店公共关系策划是一项系统工程，涉及的范围较广，酒店策划者要认真研讨每一个创意，仔细斟酌每一个环节，以便策划出一个构思完整、周密严谨的方案，作为酒店公共关系行动的指南和依据。

1. 确定酒店公共关系的目标

酒店公共关系目标是酒店在一定时期内通过酒店公共关系活动要达到的主要目的。它是酒店公共关系策划的前提，是主攻的方向，是指导和协调酒店公共关系工作的依据，也是评价酒店公共关系计划方案实施效果的标准。

（1）确定酒店公关目标的要求。

1）酒店公关目标要与组织整体目标保持一致性。酒店的公共关系目标是整个组织目标的一部分，必须为树立整体形象和实现经营目标服务，要同组织的发展战略和整体目标相一致。

2）酒店公关目标要具有可行性。也就是说，酒店所制定的目标既要有鼓动性，又要有现实性，目标的高低要适度。高不可攀的目标会挫伤人们的积极性，轻而易举就能达到的目标则不能激发人们的热情。

3）酒店公关目标要具有可操作性。即酒店公关目标应确定完成的时间，确定工作的区域范围，确定所期望达到的效果，确定人力、财力、物力的投入量，以利于酒店公关计划在实施过程中的调整与控制，并为酒店公共关系工作的评估提供参照指标。

（2）酒店公关目标的分类。

就酒店公共关系工作而言，其目标的分类方法也是多种多样的。从时间的角度看，酒店公关目标可以分为长期目标、近期目标；从内容的角度看，酒店公关目标可以分为一般目标和特殊目标；从酒店公关工作所期望的效果性质看，酒店公关目标主要有传播组织信息、联络公众感情、改变公众态度、引发公众有利于组织的行为等。

英国酒店公共关系专家杰夫金斯认为，组织的公共关系目标十分广泛，他将组织的公共关系目标概括为 16 种，我们在确定酒店公共关系工作目标时可以作为参考。

1）在新产品、新技术、新服务项目开发之时，让公众对其有足够的了解。

2）在开辟新市场、推出新产品或新服务项目之前，在新市场所在地向公众宣传组织的声誉，提高知名度。

3）在转产其他产品时，调整组织的对内对外形象，树立与新的产品相适应的新的组织形象。

4）开展社区酒店公共关系活动，与组织所在地的公众沟通。

5）参加社会公益活动，并通过适当的方式向公众宣传，增加公众对组织的了解和好感。

6）本组织的产品或服务在社会上造成不良影响后，进行酒店公共关系活动，以消除不良影响。

7）为本组织的新的分公司、新的销售店、新的驻外办事处进行宣传，使各类公众了解其性质和作用。

8）让组织内外的公众了解组织高层领导关心社会、参加各种社会活动的情况，以提高组织声誉。

9）发生严重事故后，要让公众了解组织处理事故的过程和采取的方法，以及组织对事故原因的解释和正在作出的努力。

10）创造一个良好的消费环境，在公众中普及同本组织产品或服务相关的消费方式、生活方式。

11）创造股票发行的良好环境，在本组织的股票准备正式上市挂牌前，向各类公众介绍产品特点、经营情况、发展前景、利润情况等。

12）通过适当的方式让公众了解本组织产品的商标牌号、企业名称。

13）争取政府对本组织性质、发展前景、需要得到支持的情况的了解，协调组织与政府的关系。

14）赞助社会公益事业。

15）准备同其他组织建立合作关系时，向组织的内部公众、组织的合作者以及政府部门宣传合作的意义和作用。

16）处在竞争危机时刻，通过联络感情等方式争取有关公众的支持。

2. 确定酒店公共关系的目标公众

目标公众就是酒店在特定的时期根据其公共关系的特定目标所确定的酒店公关工作的具体公众对象。

（1）确定酒店目标公众的重要性。

明确的目标公众是酒店开展酒店公共关系活动的前提。不同性质、不同规模、不同档次的酒店会面对不同的目标公众；即使是同一酒店，在不同的阶段也会面对不同的公众。因为不同类型的公众的特点不同，所以酒店应该开展的公共关系活动也是不一样的。如酒店针对国际游客和国内游客开展的酒店公关活动一定有所不同；而酒店针对商务客人和纯粹观光游客的酒店公关活动也是有区别的。因此，对于酒店来说，确定好目标公众，就能围绕既定的酒店公共关系目标，针对不同的目标公众采取不同的方法进行沟通和宣传，开展不同的酒店公关活动，做到有的放矢，确保工作取得实效。

此外，每家酒店公共关系活动都要考虑到成本问题，都有一定的经费开支。特别是对于酒店来说，所面对的公众类型繁多，涉及面广泛。如果不加分析，而采取相同的公关措施，势必会造成资金的浪费。因此，确定好目标公众，有利于组织进行有针对性的酒店公关活动，根据不同的公众对象有主次、有轻重、有缓急、有计划地使用经费，从而达到节约开支、提高效益的目的。

（2）确定酒店目标公众的方法。

首先，分析酒店的公众范围；其次，依据公众分类的方法对酒店的公众进行分类；再次，根据组织的活动目标、活动的需要和组织的实力确定公众对象；最后，对目标公众对象及其权利和要求进行分析，找出其中的共同点，并把这些共同点作为酒店公关策划的基础。

3. 确定酒店公关活动的主题

酒店公关活动的主题是酒店公关活动主要内容的集中体现，是酒店公关目标的具体化，也是对酒店公关活动内容的高度概括。设计主题时要通过思考、提炼、浓缩，用最简单的语言来表达酒店公关活动的中心思想，说明活动的意义，体现活动的价值。

设计酒店公关主题，一般要考虑到酒店公关目标、信息特性和公众心理三个因素。首先，酒店公关主题必须与酒店公关目标一致，并能充分地表现目标或者支撑目标；其次，表述酒店公关主题的信息要独特、新颖，内容精练，形式生动，具有强烈的吸引力和感召力；再次，酒店公关主题的设计要满足公众心理的需求，既要形象生动，又要可信可行；最后，酒店公关主题设计要简明扼要，易于传诵和记忆。

案例 4－4

一项新的世界吉尼斯纪录在这里诞生

日前，一件创世界吉尼斯纪录的巨型双面精品贝雕座屏在山东大厦大堂安装成功。此作品以国色天香牡丹为主题花卉，展现花香满园、莺歌燕舞的喜庆景象，寓意花开富贵、繁荣昌盛。此作品长7 180mm，高3 180mm。据资料显示，这是目前世界上最大的贝雕作品。

作品画面由山东省工艺美术大师高振坤先生设计，由青岛贝雕工艺品有限公司荣誉出品。为力求作品达到精美卓绝的艺术效果，该公司特挑选38名擅长花鸟技艺的高中级工艺技师组成精干的创作队伍，先后有近70人参与制作。原料精选自我国南海及东南亚海域出产的珍稀螺壳几十种，从中巧取贝壳的天然色泽，筛取可用的优质部位。贝壳材质坚硬丰润、色泽晶莹，用其雕琢的花卉造型娇嫩柔媚、栩栩如生，完美地展现出群芳争艳、枝繁叶茂的繁盛意境。作品采用多种传统工艺技法，经十几道工序流程精心雕琢，视感清隽秀雅、博大壮观，处处显示出贝雕工艺的精湛技艺和贝壳独特的艺术魅力。

此作品共耗珍贝3 000余千克，历时5个月雕制而成。其规格之大、难度之高、雕工之精均创中国贝雕历史之最。目前，山东大厦正在申报世界吉尼斯纪录。此作品置于酒店大堂的中心位置，与大堂环境相得益彰，是一件不可多得的艺术品。

4. 选择酒店公关活动的项目

酒店公共关系活动的项目是指围绕酒店公共关系目标而确定的、在不同时期进行的各种形式的公关活动。酒店公关活动项目有很多，策划者可以根据组织自身的条件进行选择，同时也要大胆开发富有创新性的活动项目。在选择活动项目时要注意：项目要为酒店公共关系目的服务；确定项目要量力而行、量入为出；确定项目要考虑目标公众的特点。

5. 选择恰当的公关传播媒介

各种传播媒介都有其特定的功能和针对的对象。对于酒店来说，只有选择恰当的媒介才能事半功倍，取得良好的效果。酒店选择公关传播媒介时应注意：针对目标公众的类型和特点选择传播媒介；根据传播的内容选择传播媒介；传播时间的选择要与目标公众习惯、作息时间相吻合；根据酒店的经济实力和社会影响，选择既有利于目标实现又经济合算的媒介。

6. 把握酒店公关活动的时机

善于把握酒店公关活动的时机是成功的酒店公关策划所不可缺少的因素。酒店公共关系的效果与其开展的时机有紧密的联系。酒店公关人员要善于审时度势，抓住最有利的时机，开展有针对性的活动。时机的把握没有固定的模式，一方面要根据组织的具体情况，另一方面也取决于策划者的观察力和判断力。

对于酒店企业来说，要特别注意把握以下十个方面的开展公关活动的时机：（1）酒店组织创办、开业之时；（2）组织更名、迁址或与其他组织合并之时；（3）组织推出新产品、新服务之时；（4）组织举行周年纪念性活动之时；（5）旅游企业上市之时；（6）国际国内举行各种节庆纪念活动之时；（7）重大的社会活动和社会事件出现之时；（8）组织出现突发事件或危机事件之时；（9）国家或地方政府相关新政策出台之时；（10）社会公众观念和需求发生转变之时。

7. 编制酒店公关活动的预算

酒店行业竞争充分，各家企业都是自主经营、自负盈亏，因此怎样以最小的成本创造最大的价值是每一次酒店公关活动都需要考虑的问题，编制好酒店公关活动的预算可以为酒店公关活动的顺利开展打下一个良好的基础。

酒店公关活动预算一般包括以下三个主要方面：

（1）人力方面。人员预算是指对实施公关计划所需人员的多少进行科学的估计。它必须符合酒店公共关系部门对每一位酒店公关从业人员岗位责任和工作职责的规定，并且体现“少用人、多办事”的原则。

（2）资金方面。主要是对各种公关活动经费的预算，如办公费、工作人员的工资、调查费、宣传资料印刷费、媒介使用费、特别事件活动经费、交通费、各类会议费、展览费、纪念品费、招待费等。预算要周密细致，贴近实际。

（3）时间方面。要明确整个酒店公关计划的持续时间；各阶段主题活动占用的时间；具体活动项目的起止时间；各主题活动时间安排是否冲突；等等。通过对时间的有效安排和统筹，提高酒店公关工作的计划性和效率。

整个预算要注重实效，以效果定预算。在酒店公共关系活动结束后，要根据效益和成本之比来检测评估花费的多少，考核预算内各个项目之间的分配比例是否合理，时间和费用分配是否得当，不要前松后紧，致使后面的活动缺少经费。

8. 编制酒店公关活动策划书

酒店公共关系计划经过论证后，必须形成正式、规范的书面报告，即酒店公关活动策划书。职业化的酒店公共关系策划必须建立自己完整的文书档案系统。策划书的内容应包括：封面、序言、目录、宗旨、活动内容、预算、活动进度表、有关人员目标责任分配表、活动所需的物品和场地安排。

三、酒店公关计划实施

（一）酒店公关计划实施的含义

酒店公共关系计划的实施即运用各种传播手段，把预期的信息传递给相关的旅游公众，以影响其态度或行为，创造有利于酒店生存和发展的公众舆论和社会环境。酒店公关计划的实施是将计划确定的内容变为现实的过程。

酒店公共关系计划的实施是一个动态过程，伴随着计划的实施，不可避免地会出现各种新的情况和新的问题，因此，酒店公关人员必须掌握实施过程中的调整和控制方法。

（二）酒店公关计划实施的方法

1. 目标导向

目标导向是指在酒店公共关系计划的实施活动中贯彻执行预先计划的方案。在整个实施过程中依据目标对活动进行引导、制约和促进，把握实施活动的进程和方向。目标控制的主体是实施计划的酒店，客体是酒店相对应的目标旅游公众，手段就是目标本身。

2. 进度控制

在酒店公关计划实施的过程中，要经常检查各项工作的进度，进行量的控制，及时纠正超前或滞后的情况，做好协调工作，使人力、物力、财力做到最优化，使各方面工作按既定的计划、指令达到同步和平衡发展。

3. 反馈调整

对酒店来说，其内部状况和外部环境都处于不断的运动和变化状态之中。因此，再周密的酒店公关活动策划也难免会与实际有所偏差。所以，酒店要不断地收集计划实施过程中的反馈信息，与酒店公关目标进行对照，找出差距，总结经验，并及时地对酒店公关活动进行调整，使整个酒店公关活动过程得到很好的控制。

4. 整体协调

协调不同于控制，控制是对实施中与酒店公关计划有差异的行为进行纠正，协调则要求实施过程中所涉及的方方面面达到和谐、合理、配合、互补、统一的状态，以提高工作效率。

5. 选择适当的活动时机

在酒店公关计划实施的过程中，对时机进行精心选择与安排，并且根据情况的变化灵活地把握时机，会有助于收到良好的效果。酒店选择时机要注意以下几点：

（1）尽量选择那些能够引起目标公众关注和具有新闻价值的时机。

（2）善于利用重大节日和重大事件烘托和扩大酒店公共关系活动的影响，如果酒店预期进行的某项公关活动在主题上与国际、国内重大主题相吻合，则应抓住时机，积极参与和倡导，借此扩大活动的效果。

（3）学会避开重大节日和重大事件对酒店公共关系活动产生的负面影响。酒店的公关活动应尽量避免与国际性或全国性的重大事件相冲突。因为在这个时候，公众的注意力和传播媒介往往会被这些事件所吸引，容易忽视酒店的公关活动，尤其是某些特殊的或大型的酒店公关活动更要重视这一点。

（4）随时注意观察事态的发展变化，掌握对自己组织有利的信息，时机一旦成熟，就要果断采取行动。

（三）酒店公关计划实施中的障碍

1. 计划目标不当带来的障碍

酒店公关计划的实施过程，就是执行计划方案所规定的内容。如果计划目标不正确或不明确、不具体，就会使酒店的公共关系活动迷失方向，就不会达到预期的效果，甚至会引起负面效应。如计划目标损害了公众利益，必然会引起公众的抵触。又如计划目标过低，不能引起目标公众的重视；计划目标过高，则会挫伤执行人员的积极性。因此，必须排除这些障碍，才能有效地实施计划。

消除计划目标障碍的方法是要求计划部门或人员修正、调整计划目标，使之科学、明确、具体。计划实施人员应在开展工作之前，就计划目标是否切合实际、是否可以进行比较和衡量、是否指出了期望结果、是否规定了完成的时间、是否超越了实施者的职权范围等方面进行认真的检查，并将发现的有关问题主动、及时地反映给有关部门，以保证目标得以在计划实施前修订。

2. 传播沟通不畅带来的障碍

酒店公关计划的实施过程实质上就是进行传播沟通的过程。这一过程会受到许多因素的干扰，经常发生的传播沟通障碍有以下几种：

（1）语言障碍。语言是人类最重要的沟通工具，准确熟练地运用语言文字技巧是酒店公关人员的基本功。最常见的语言沟通障碍是：词不达意、模棱两可、语意不明、语言不通等。这些语言障碍必然会影响酒店公关活动的正常进行，甚至造成公众的误解，引起矛盾。

（2）观念障碍。观念是指一定社会条件下公众对于客观事物的根本态度和看法，是用以指导自己行动的理论和观点。这种理论和观点既可以构成计划实施的动力，也可以构成计划实施的阻力。一般情况下，封闭观念和极端观念往往成为沟通的障碍，会使酒店公关计划难以顺利实施。

（3）习俗障碍。习俗即风俗习惯，是指在一定的民族、文化、宗教、信仰等历史背景下所形成的具有固定特点的道德观、利益观、审美观等。习俗往往难以改变。在酒店公关计划的实施过程中，公众对象复杂，风俗习惯各异，酒店公关人员忽略或者缺乏对目标公众习俗的了解，就有可能影响酒店公关活动的开展，甚至引起公众的不满。

（4）心理障碍。心理障碍是指个人的认知、兴趣、态度、情绪、性格等心理因素对实施工作造成的障碍。在酒店公关计划实施过程中，实施工作能否能顺利进行，关键取决于酒店公关实施人员和公众心理是否相悦。心理相悦是酒店公关计划能够顺利实施的基础。认知不协调，双方易产生曲解；兴趣不高，会影响传播效果；情绪偏激，容易产生行为偏差；态度不诚恳，难以使人相信；性格孤僻，难以使人接近。

（5）组织障碍。酒店公关计划的实施需要酒店内部人员的团结协作、共同努力。精简、合理的组织结构会加速信息的传播沟通，而烦琐、不合理的组织结构会延缓甚至束缚信息的传播沟通。因此，合理的组织结构是酒店公关计划得以顺利实施的重要保证。

3. 突发事件带来的障碍

突发事件一般有两类：一类是指人为的纠纷危机，如公众投诉、新闻媒体的批评、反面舆论的冲击等；另一类是由灾害引发的危机。由于突发事件具有突然发生、来势迅猛、后果严重、影响面广的特点，因此，酒店必须要及时、妥善地处理，否则不仅公关计划难以实施，而且会直接影响企业的信誉和形象。

四、酒店公共关系效果评估

（一）酒店公关效果评估的含义

酒店公共关系效果的评估是指根据特定的标准，对酒店公关效果进行衡量、检查以判断其优劣的过程。进行酒店公关效果评估的必要性在于：第一，任何有目的的人类活动都是以追求既定目标为先决条件的，酒店公关活动也不例外；第二，从循环的角度看，酒店公关效果既是酒店公关活动追求的归宿，也是下一次酒店公关活动的出发点；第三，在目前的酒店公关研究和实践中，“效果评估”是一个薄弱环节。

（二）酒店公关效果评估的目的

酒店公关效果的评估是酒店公共关系工作的重要组成部分，对酒店公关活动的开展具有重要的意义。

酒店公关活动无论成功与否，对酒店来说都具有重要的意义。它是一笔可观的财富，因此必须对其进行分析总结，找出其中的成功经验和失败教训。酒店公关人员尤其要注意对失败原因的深入挖掘，以便指导以后的酒店公关活动的开展。

人类的实践活动总是在不断地总结前人和自身活动经验的基础上得以继续开展，所以它存在着一定的连续性和继承性。同样，酒店公关效果的评估对将进行的酒店公共关系活动具有明显的“效果导向”作用。借鉴以往的效果评估，有助于分析、论证新方案的可行性，也可以为新方案提供可借鉴的经验和教训。

（三）酒店公关效果的分类

对酒店公共关系的效果进行分类，可以使酒店更加准确地评估公关效果。酒店公关效果主要有以下几种分类形式。

1. 直接效果和间接效果

酒店公关效果是在酒店公关活动的不同方面、不同层次表现出来的。直接效果指的是在空间和层次上与酒店公共关系活动密切联系的结果及利益，带有直接性；间接效果指的是在空间和层次上与酒店公共关系活动间隔较大、中间环节较多的效果及利益，带有间接性。

2. 近期效果和长远效果

从获得时间的长短方面来说，酒店公关效果有近期与远期之分。近期效果一般指的是那些立竿见影、能够比较容易得到的效果；而长远效果则指的是对酒店具有深远影响、不容易察觉到的效果。在酒店公共关系活动中，既要考虑近期效果，更要顾及长远效果，近期效果必须服从长远效果。

3. 显效果和潜效果

根据与酒店利益的关联方式，酒店公关活动效果有显效果和潜效果之分。一般来说，酒店公关人员将获取“显效果”视为酒店公关活动的初步目标，“潜效果”则是在此基础上的进一步追求。

4. 局部效果和全局效果

根据酒店公关活动带来利益涉及的范围的大小，可以将酒店公关效果分为局部效果和全局效果。局部效果是部分的，全局效果是整体的，这是一对相对的概念，必须结合起来加以研究和分析。

（四）酒店公关效果评估的方法

酒店公关效果的评估方法主要有目标监测、公众反馈、专家评定、资料分析、传媒调查五种专业手段。

1. 目标监测

目标监测是将酒店公共关系活动的目标作为评价标准，按目标规定的具体项目，把活动结果与原定目标进行对照，找出二者之间的差距。目标监测能否有效实施，关键取决于酒店公关策划阶段是否制定了科学、合理、可行的目标及衡量标准。

2. 公众反馈

评估离不开对酒店公众的反复调查，调查可以帮助企业了解和分析公众的态度、行为的变化及其原因。酒店公关活动结束后，酒店领导要直接与主要公众见面，虚心地听取各方面公众对此次活动的意见，并认真地分析和比较活动前后公众态度的变化，进而准确评估酒店公关活动的效果。

3. 专家评定

在酒店公关人员拟定评估项目、制定评估标准以后，聘请有实践经验的酒店公共关系专家进行评估。评估时要保证专家的独立性和自主性。评估专家通过对计划实施对象的调查，与实施人员交换意见，最后撰写评估报告。

4. 资料分析

资料分析是指酒店公共关系部门把收集到的资料进行概括和分析，评估酒店公关效果。同时，酒店公关人员还要对酒店公共关系预算和酒店公共关系活动后得到的可计量的经济效果进行对比分析，科学地预测酒店公关活动的经济效益，准确地评价酒店公关活动效果。

5. 传媒调查

通过对传播媒介发布的本酒店信息的统计分析，评价有关信息的传播情况，包括传播的数量、形式、范围、影响，以及媒介的类型等。据此可以比较有效地分析和概括出酒店形象的变化情况，测量出酒店公关活动的效果。

（五）酒店公关效果评估的程序

由于所针对的具体目标不同，酒店公共关系效果的评估内容和手段也会有很大的差别。但其基本程序应是大同小异的，一般来讲有以下四个主要环节。

1. 重温酒店公共关系目标

重温酒店公关活动的目标，看看原计划想通过酒店公关活动要为酒店树立一个怎样的形象，达到怎样的传播效果，解决怎样的问题，以此与酒店公关活动的实施效果作对比。如果既定的酒店公关目标就是向旅游公众传达关于某一问题的信息，那么，“是否传达了这一信息”便是评价酒店公关活动成效的尺子，对此既不要提高标准，也不要降低标准。只有在既定目标明确的情况下，效果才是可衡量的。

2. 收集有关资料

将酒店公关活动中收集到的信息快速、准确、经济地传达到酒店公共关系部门。收集渠道主要有：

（1）公众的来信、来电、来访。反映的是公众对酒店公关活动的看法和评价。

（2）新闻媒介的评论、报道。这些报道能反映旅游公众对酒店的看法和要求。

（3）内部员工提供的信息。主要是向酒店的管理人员、公关人员、员工、股东等收集信息，了解他们自己与他人对组织的看法。

（4）组织已有的各种资料。资金平衡表、销售额、统计资料、财务活动分析、会议记录等都可以用来评估酒店的公关效果。

3. 选择评估标准，制订评估方案

由于每次酒店公关活动的目标不尽相同，除了力求从可观察与可测度的角度将目标具体化以外，还要选择适当的评估标准。如果一个组织将“让公众了解自己，支持当地福利机构，以改善自己的形象”作为酒店公关活动的目标，那么，评估这样的酒店公关活动的标准就不应是了解公众是否知道当地报纸哪一个专栏报道了这一消息，占用了多大篇幅，而应该是了解公众对企业的认识情况以及公众的观点、态度和行为的改变。根据所选择的评估标准，制订评估方案。

4. 形成评估报告

在分析研究各种资料和信息的基础上，形成正式的评估报告。评估报告不应该是一大堆数字的简单罗列，而应该陈述主要活动及其结果，包括与原定目标的比较以及与过去活动的比较、今后需要解决的问题、预测可能发生的问题等。

通过对酒店公关效果的评估，可以使酒店公关活动的每一个周期都有所进步，不断将酒店公关活动导向预定目标。酒店管理者运用评估结果，一方面可以保证对有关情况的及时掌握，有利于对活动的全面协调；另一方面可以加强对环境变化的认识，确保酒店公关活动能持续地与酒店目标、计划保持一致。此外，还可以丰富酒店公关人员自身的经历，进一步充实酒店公共人员的专业知识和提高酒店公关人员的实务水平，为以后的酒店公关活动提供指导。

典型案例分析

锦江之星“快乐畅游厦门”旅游产品介绍单

入住锦江之星可享受酒店精心设计的旅游线路，特惠价格111元/人（含门票、车费、导游费）。

线路1：厦门—鼓浪屿—日光岩—菽庄花园—环岛路—鳌园经典休闲一日游

7:45—8:45　自海沧乘车赴轮渡码头。

8:45—8:55　于码头乘轮渡约6分钟登上迷人的“海上花园、钢琴之岛”——鼓浪屿。

8:55—12:00　游览国家重点风景名胜区、素有“海上花园、钢琴之岛”之称的鼓浪屿，岛上环境优美，无车马之喧而偶有悠扬琴声，隔海与市区相望。远眺鼓浪屿最高点——日光岩；参观仿《红楼梦》中怡红院所建的私家园林菽庄花园（此园利用天然地形、借山藏海，分为藏海园、补山园两部分）；参观原英国、德国、美国领事馆以及哥特式天主教堂和林巧稚大夫纪念馆——毓园，在听涛轩中参观中国唯一的钢琴博物馆，到繁华的龙头路商业街自由购物。

12:00—13:20　乘船返回市区用午餐。（餐费自理）

13:20—14:50　乘车环游著名学府——厦门大学（参观外景），车游厦门最美的一条五彩路——环岛路（环岛路依海而筑，随海岸线延展，临海见海，绿化带、沙滩、岛礁、海景得到充分展示，游客可拍照留念，接着感受阳光、蓝天、大海、沙滩组合为一体的迷人风光），近观椰风寨以及造型独特的国际会展中心外景。

14:50—15:30　乘车前往陈嘉庚先生故乡集美。

15:30—17:00　游览被毛主席誉为“华侨旗帜”的爱国华侨陈嘉庚先生的故乡集美，参观归来堂、陈嘉庚先生铜像，后前往陈嘉庚先生的安息地鳌园。鳌园分为三部分，即门廊、解放纪念碑、陵墓，里面汇集了653幅精美石雕，由惠安艺人精心雕琢，全部为青石雕，工艺之精美，令人叹服。

17:00—17:15　前往锦江之星星连心茶餐厅享用晚餐。（餐费自理）

17:15—18:15　晚餐时间。

18:15—19:30　回房间休息。

线路2：厦门—鼓浪屿—日光岩—菽庄花园—胡里山炮台—南普陀寺经典休闲一日游

7:45—8:45　自海沧乘车赴轮渡码头。

8:45—8:55　于码头乘轮渡约6分钟登上迷人的“海上花园，钢琴之岛”——鼓浪屿。

8:55—12:00　游览国家重点风景名胜区、素有“海上花园、钢琴之岛”之称的鼓浪屿，岛上环境优美、无车马之喧而偶有悠扬琴声，隔海与市区相望。远眺鼓浪屿最高点——日光岩；参观仿《红楼梦》中怡红院所建的私家园林菽庄花园（此园利用天然地形、借山藏海，分为藏海园、补山园两部分)；参观原英国、德国、美国领事馆以及哥特式天主教堂和林巧稚大夫纪念馆——毓园，在听涛轩中参观中国唯一的钢琴博物馆，到繁华的龙头路商业街自由购物。

12:00—13:20　乘船返回市区用午餐。(餐费自理)

13:20—13:40　乘车前往拥有“世界炮王”之称的胡里山炮台。

13:40—14:30　参观世界上保留在原址上的最大海岸后膛炮（德国克虏伯巨炮，清朝时期)。

14:30—15:50　乘车前往礼佛参禅闽南千年名寺——南普陀寺，普陀寺在东南亚及台湾地区极负盛名，是闽南首屈一指的重点寺院。

15:50—17:30　乘车环游著名学府——厦门大学（参观外景)，车游厦门最美的一条五彩路——环岛路（环岛路依海而筑，随海岸线延展，临海见海，绿化带、沙滩、岛礁、海景得到充分展示，游客可拍照留念，接着感受阳光、蓝天、大海、沙滩组合为一体的迷人风光)，近观椰风寨以及造型独特的国际会展中心外景。

17:30—18:30　星连心茶餐厅晚餐。(餐费自理)

景点介绍：

鼓浪屿：碧海环抱中的鼓浪屿，岛上海礁嶙峋，岸线迤逦，山峦叠翠，峰岩跌宕，大自然的鬼斧神工造就了鼓浪屿明丽隽永的海岛风光，主要景点有日光岩、菽庄花园、皓月园，均为厦门名景。

菽庄花园：建于1913年，位于鼓浪屿岛南部，面向大海，背倚日光岩，原是地方名绅林尔嘉的私人别墅，利用天然地形巧妙布局，全园分为藏海园和补山园两大部分，各景错落有序，园在海上，海在园中，既有江南庭院的精巧雅致，又动静对比，相得益彰。园内还有四十四桥和十二洞天等景点。

普陀寺：在厦门岛南部五老峰下。始建于唐代，为闽南佛教圣地之一。寺内天王殿、大雄宝殿、大悲殿建筑精美，雄伟宏丽，寺后崖壁“佛”字石刻高4.7米，宽3.3米。寺后五峰屏立，松竹翠郁，岩壑幽美，号“五老凌霄”，是厦门大八景之一。登临远眺，山风海涛，尽收眼底。(25分钟车程)

鳌园：位于集美东南海边的鳌园原为一座小岛，形似海龟，故称鳌园。1950年，爱国侨领陈嘉庚先生回国定居时，将这一岛屿扩填成园，于1961年完工，历时十年，园中建筑和雕刻，均体现他“寓教于游、寓教于乐”的思想，包含中外古今、天文地理、科技文教、书法绘画、动物植物、工农业生产等诸多方面，博大精深，是个博物大观园。鳌园分门廊、集美解放纪念碑和陈嘉庚先生陵墓三个部分。(20分钟车程)

胡里山炮台：建于清光绪二十年（1894年)，被称为“炮王”的大炮从德国克虏伯兵工厂购进，是“世界上现仍保存在原址的最古老和最大的19世纪海岸炮”，被列入《2000年世界吉尼斯纪录大全》。(30分钟车程)

锦江之星厦门海沧店简介：

酒店位于峰峦藏秀、山水如画、鸟语花香的厦门特区西北部，按四代店标准全新豪华装修，您的一切需求酒店已经为您准备妥当。另有400人的会议室及可容纳80部车的大型停车场。

注意事项：

（1）以上解释权归锦江之星厦门海沧店所有。

（2）入住锦江之星厦门海沧店，每人只需付 111 元即可参加酒店组织的零利润厦门一日游活动，让你因锦江之星度过一个温馨浪漫的假日。

（3）咨询电话：13779937753/6806508/6206887。

（4）通过 400—820—9999 预订更可额外获得一份免费自助早餐！

问题：1. 你认为以上锦江之星畅游厦门的策划有何特点？

2. 请分析指出该策划的优缺点，谈谈你的改进建议。

思考与练习

1. 你认为酒店公共关系最重要的工作对象是谁？有何理由？

2. 举例说明至少五种酒店公共关系工作的模式。

3. 酒店公共关系调查主要有哪些内容？有哪些调查方法？试比较各种调查方法的优缺点。

4. 酒店公共关系策划有何重要意义？如何进行酒店公共关系策划？酒店公共关系策划要考虑的因素有哪些？

5. 你认为好的酒店公共关系策划是怎样的？试举例说明。

6. 如何实施酒店公共关系计划？酒店公关计划实施过程中应考虑哪些影响因素？

7. 酒店公关效果评估的主要内容有哪些？主要采用哪些方法？

实训项目

以所在地一家五星级酒店为调查目标，设计一套完整的调查计划；利用课堂或实地进行模拟操作，实施调查计划；分析调查结果，并以此为依据编制一份该酒店近期的公共关系活动策划书。

第五章 酒店形象设计与塑造

哲理格言

与人交谈一次，往往比多年闭门劳作更能启发心智，思想必定是在与人交往中产生，而在孤独中进行加工和表达。

——［俄国］列夫·托尔斯泰

学习目标

通过本章的学习，你将：

1. 熟悉酒店形象的含义与构成。
2. 熟悉酒店形象的主要类型。
3. 掌握酒店形象设计的内容与程序。
4. 掌握酒店形象塑造的策略及步骤。
5. 掌握酒店形象评价的主要方法。

第一节　酒店形象概述

酒店的公共关系目标，就是要建立酒店企业的良好形象。酒店形象的概念，是酒店公共关系理论的一项核心概念。一家酒店的形象可以通过知名度和美誉度来反映。酒店的公共关系活动，可为酒店提高知名度与美誉度，创造知名度与美誉度的和谐统一，从而为酒店企业的经营和发展创造良好的内外部环境。

一、酒店形象的含义

要了解酒店形象的含义，必须首先了解形象的含义。“形象”有三种含义：

形象的第一种含义，是指事物的外部形状。如我们平时所说的形象思维、形象教育中“形象”一词的含义，又如对长相好的人或扮相好的演员，我们也说他“形象好”。

形象的第二种含义，是指文艺作品中塑造的人物的精神风貌和性格特征。如贾宝玉、林黛玉的“形象”，播音员、主持人的“形象”等，这是一种艺术形象。

形象的第三种含义，是指人们对某种事物的形状、性状、形态的抽象，是从前两种含义中衍生出来的，组织形象中的“形象”一词应属于第三种含义。

这样看来，酒店形象就是指社会公众对酒店企业在经营活动中的行为特征和精神面貌的总体印象以及由此所产生的总体评价。

在现代社会中，企业形象直接作用于企业的生存和发展。可以说，它是企业最重要的无形且无价的资产。虽然良好的酒店形象不能直接产生利润，但它却可以间接开辟市场，通过良好的社会效益带来较高的经济效益。因此，酒店企业塑造良好的形象就显得十分重要。

酒店形象既是公众对酒店企业性状的抽象，也是对酒店特征和状况的抽象化的反映，又是一种和评价相联系的观念状态。如当我们说到南京金陵饭店的时候，观念中就会呈现出对这家酒店的抽象化的性状反映：这是一家五星级酒店，这是一家接待过许多国家元首和地区首脑的宾馆，这是一家“世界一流酒店组织”的会员酒店等，这就是金陵饭店的一些形象。至于金陵饭店在哪条大街上、有多少客房、有多少员工等这些细节或许知道，或许不知道，都无碍于公众对其作出客观的认识和评价。

美好的酒店企业形象能为酒店的顾客创造出一种消费信心，预先为酒店的产品作了保证，为吸引社会上的资金提供了保证，为保留和吸引人才创造了优越的条件，有助于增进与社区的沟通和了解，从而创造一种良好的酒店经营空间环境，有助于得到政府的支持。

二、现代酒店形象的构成

酒店形象是整体性的公众形象和评价，但公众在评价酒店时并非总是总体地进行评价，而是就酒店的各个方面去进行的，这样就有了形象构成的各种要素与内容。不同的公众或者同一公众在不同环境下所关心的方面、所获得的信息是不尽相同的，如餐饮消费者主要关心菜肴酒水和服务方面的状况，客房消费者主要关心客房的舒适温馨与安全卫生状况等。

（一）酒店形象的构成要素

根据公共关系理论，构成酒店形象的三要素是认知、信赖和好感。

酒店的经营活动通过对外界的信息传递而形成，酒店的信息传递首先必须得到消费者的认知，消费者通过对酒店的认知才能进一步产生好感和信赖。而只有产生好感和信赖的这一部分消费者，才最有可能成为购买酒店产品的稳定消费者。

1. 认知

认知就是认识和知道的过程，也就是首先让公众了解酒店产品（或服务）的存在。认知包括多种情况：知道得很详细、很清楚；只停留在表面的认识，而不清楚具体内容；没有亲身消费的体验，只听他人简单介绍；虽然不很了解，但在众多的商品中能发现它的存在等。

以上各种认知除了第一种以外，其他都是浅层次的认识，只是得到信息而已，还没有涉及对产品的感觉和评价，虽然只是获得某些信息，但也意味着已经把信息传入了人的大脑。这是一个从不知到认知的飞跃，实现的是一个质的飞跃。所以，无论是对客观事物的正确认识，还是对客观事物的一种似懂非懂的感觉，认知总是酒店形象中的第一基本要素。

在一般情况下，消费者在购买酒店产品之前，必须首先对酒店或酒店产品产生好感和信赖。消费者绝不会购买令其感到厌恶的商品。要使消费者对其产生信赖和好感，又必须先使他们了解酒店的存在和酒店产品的质量，所以认知是酒店形象中应该考虑的首要问题。

2. 信赖

信赖是酒店形象的另一个构成要素，是一种信任和依赖的结合。随着“认知”的不断加强，信息不断传入大脑，逐渐形成大脑的确定信号——信赖。当然，“信赖”的形成还有各种不同的程度和各个不同的阶段。但一般来讲，认识程度越深，就越加强了“信赖感”。

3. 好感

好感和信赖一样，同是酒店形象的构成要素。所谓好感，是指酒店或酒店产品已经得到了肯定的评价。认知程度越深，好感程度越强。好感和信赖有相似之处，有时两者可以产生相同的作用。只是信赖往往与酒店的客观实力互相呼应，而好感更多体现出一些消费者自身的主观感情色彩。

认知、好感和信赖是构成酒店形象的三大要素。酒店的“基本形象”与酒店在市场上的占有率以及销售额的大小等都有着十分密切的关系。因此，酒店要通过各种方式开展各种活动，让广大消费者认知并对其产生信赖和好感，最终达到扩大销售的目的，这也是树立酒店美好形象的根本目的。

（二）酒店形象的构成内容

1. 产品的形象

各类公众，尤其是消费者对酒店的产品（硬件、软件产品）的质量、性能、价格、包装等方面的看法和评价，就形成相应的产品形象。公众特别是消费者对酒店所提供的产品是极为敏感和挑剔的，酒店对此必须高度重视。

对于酒店而言，顾客是头等重要的，酒店塑造形象就是为了争取顾客，与顾客建立良好的关系。而良好的顾客关系又取决于酒店良好的产品形象。产品形象的好坏主要取决于：酒店为顾客提供的产品和服务的价值，也就是顾客对产品和服务的质量、价格是否满意等；酒店员工在履行接待服务工作的职责时所表现的责任心、道德水准和态度。

为了树立良好的产品形象，酒店一方面要抓好产品的质量管理，另一方面要经常了解公众的要求，听取公众对产品优缺点的评价及如何改进的建议。此外，酒店还要注意用不同的语言和方式向顾客及时传播有关本酒店产品以及为宾客服务的各种信息，使公众对酒店产品由认知到产生好感和信赖，再到购买。

2. 服务的形象

酒店是以提供专业服务为主的接待业，因此服务形象的好坏对酒店形象的塑造至关重要。酒店的服务形象主要是指消费者对酒店提供的服务是否热情、周到，服务项目是否齐全、便利，服务态度是否真诚、礼貌，服务质量是否有保证，服务是否让人满意的反映和评价等。

酒店服务形象的内容十分广泛，包括售前服务、售中服务和售后服务三大方面。这也是酒店接待服务中的三个基本环节。

酒店接待服务中的售前服务也称服务的预备阶段，是酒店在提供服务前所进行的一系列准备工作。售前服务质量的好坏与酒店的服务形象有着直接的关系。如客房的预订，餐厅酒水、菜肴原料的采购与贮存，宴会的布置准备工作等，都反映了酒店服务的形象。

酒店接待服务中的售中服务也称服务阶段，主要是指在直接接待宾客过程中的各项服务工作。其中包括总台的入住登记、房间分配、行李提送、客房清洁、洗衣服务、餐厅、迎宾等服务。售中服务质量会直接影响到酒店的服务形象。

酒店的售后服务也称服务的后阶段，是指酒店通过顾客意见卡、留言簿、投诉信、座谈会以及其他各种方式所收集到的宾客消费后的意见和反映，掌握酒店接待服务的反馈信息，分析研究提高酒店服务质量的方法和手段，积极采取有效措施以便在未来的服务中改进服务质量。

3. 员工的形象

公众对酒店员工的总体素质、能力、文化修养、道德水准、服务水平等方面的评价和看法，构成了酒店员工的整体形象。

在员工形象中，要注意正确理解个人形象与员工整体形象的关系问题。整体形象通过每个员工的具体形象表现出来，所以要提高员工整体形象，就必须提高每个员工的个人形象。但是，不同员工个体形象对员工整体形象的作用并不等价。一般来说，与外界公众或顾客接触较多的员工如前台服务人员、公关销售人员以及管理人员的形象具有更令人关注的意义。尤其是酒店的公关销售人员，通常被看作酒店员工的代表，是酒店整体形象的“镜子”。所以，在塑造员工形象时首先要注意提高公关人员的形象，同时又要注意提高一般员工的形象。

影响员工形象的因素有很多，其中起决定作用的因素是员工的素质和员工的凝聚力。实际上，凝聚力也能在一定程度上体现出员工素质。如果一个员工语言粗俗、举止不文明，人们会把他跟整个酒店联系在一起，认为酒店档次较差，从而影响酒店的所有员工甚至整个酒店的形象。再如接线员语言粗鲁、接待人员的一张冷脸、维修人员的失职等都会给整体形象带来危害。因此，酒店必须提高每个员工的素质，使他们认识到形象的重要性，认识到个人形象对员工集体形象的影响。

凝聚力大小表现在许多方面，如：共同克服困难的决心和信心，相互帮助和关心，关心酒店的发展，为领导献计献策，工作的激情、热情和创造力等。通常以员工间的凝聚力和向心力作为评价员工形象的重要指标。影响员工凝聚力的因素有：员工间人际关系的和谐程度、领导对员工重视和尊重的程度、实现个人价值机会的多少、工作环境、员工福利和待遇、组织的前景和现状等。

4．组织的形象

公众对酒店的内部职能机构设置、人员配置及其运转方面的综合评价，构成一定的组织形象。组织形象是酒店形象与口碑的重要构成要素之一。公众与一家酒店打交道，接触的是其内部具体机构（部门），如果对其组织机构的印象很糟，就会影响公众对酒店整体的印象。良好的组织形象具体体现在以下方面：

（1）机构设置要健全。酒店内部职能机构的设置要合理，应该有的部门必须设置，不应有的机构必须撤销。合理的部门数量本身就可以体现出一定的效率。

（2）人员配置要精简。合理的组织机构必须配备合理的员工人数，绝不能人浮于事。恰当的人员数量和质量能提高工作效率，给人们留下更美好的印象。

（3）组织运转要灵活。内部职能部门之间分工要明确，要做到各负其责，同时又要相互配合、协调一致，共同承担和完成酒店的预期目标。部门之间职责不清、各行其是，会严重影响酒店形象。公关工作的失调不仅仅是公关部的事情，也体现为各部门之间缺乏协作与配合。

（4）办事效率要高效。各部门能独立解决的问题应自行解决，绝不能遇事就要“请示一下”“与领导商量商量”或“内部开会集体讨论一下”等。尤其是对顾客的投诉和特殊要求，一定要及时妥善处理，绝不能拖延。

案例 5-1

山东大厦实施绩效考核管理

为全面及时、客观公正地评价员工的德才表现和工作业绩，进一步调动员工工作的积极性和创造性，山东大厦实施了绩效考核管理办法。

绩效考核作为人力资源管理的重要内容和现代企业管理的必要手段，已越来越多地被引入企业的实际管理操作之中，对于促进企业管理目标的实现，发挥着非常显著的“推进剂”作用。根据全年工作安排及大厦工作会议精神，经过酝酿、论证，制定了《山东大厦绩效考核实施办法》。通过确定目标、目标实施、自我评估、领导打分、交流反馈等步骤对主管以上管理人员以月为单位进行考核。考核实行百分制，由“任务绩效”和“周边绩效”两部分组成，考核分数直接与被考核者的收入挂钩。绩效考核结果将作为工作改进、培训计划制订、薪酬调整、奖金分配及职位等级晋升、降级和岗位调整的主要依据。

绩效考核的实施，对于改进和提高山东大厦的整体管理效能、增强管理效率、提高大厦的整体运作能力等方面将起到巨大的促进作用。

5．管理的形象

管理形象就是公众对酒店的管理水平、管理方式和管理行为的评价和看法。如果说产品形象、服务形象、员工形象、组织形象体现出酒店的已有成就和实力，那么管理形象则体现着酒店的发展潜力。即使其他形象不够理想，通过良好的管理，仍然可以很快得到改善。而管理形象不佳，就表明该酒店缺乏发展前景。事实上，产品形象、服务形象的好坏本身也包含管理的问题。管理形象的好坏体现在酒店行为的以下五个方面：

（1）经营决策。这是公众对酒店管理评价的主要内容之一，如决策是否科学、目标是否合理、方案有无可行性等。

（2）服务管理。如接待服务和活动组织是否恰当、接待服务计划是否完善、服务各环节的衔接是否严密等。

（3）销售管理。如市场预测是否准确、产品定价是否合理、广告宣传是否有效、吸引顾客有无技巧等。

（4）人事管理。如用人是否得当、考查聘用管理人员的标准是否合理、对员工的培训和教育是否重视等。

（5）工作环境管理。如内部工作条件的好坏，后勤服务完善与否，员工福利与保健、安全等情况。

酒店的管理形象最集中的体现是酒店的社会效益和经济效益，而且两种效益必须协调一致、共同发展。为了提高管理形象，必须健全内部规章制度并严格贯彻执行，注意创造良好的内部人际关系氛围，这是现代企业管理的主要特征。

案例 5－2

金陵饭店大力倡导环境保护

金陵饭店在业内率先打造国际化生态酒店，将生态文明融入“绿色管理”，大力开展以“拥抱绿色生命，热爱金陵家园”为主题的绿色环保活动，倡导“绿色”的消费观、生活观、环境价值观，与宾客共同致力于生态环境改善、自然资源保护、能源和原材料节约等，取得了良好成效。健全 HACCP 食品安全保障体系，不断丰富产品生态内涵，深入挖掘绿色生态食材，在溧水县建立了 50 亩“金陵饭店有机蔬菜基地”，并不断扩大范围和品种，推动金陵餐饮步入“有机时代”，打造了从餐桌到田间可溯源的食品安全供应链。从 2012 年 3 月起在江苏省酒店业率先停售鱼翅食品，得到国际环保组织、野生动物保护组织的高度评价和社会各界的广泛赞誉。

加大设备设施的预防性保养、计划性检修力度，确保了设备系统的安全高效和饭店设施的成新率。积极探索“低碳经营”模式，加强能源控制管理，采用智能空调、变频水泵、新型喷淋、余热回收、锅炉酸洗等节能减排措施，每年节电 110 万度，节约天然气 19 万立方米，节水率达 20%，被授予“创建绿色旅游饭店优秀组织管理奖”“全国宾馆（酒店）节水示范单位”“江苏省节水型企业”。

金陵饭店主动承担社会责任，配合提升南京“人文绿都”窗口形象，从正在建设的饭店扩建工程中腾出宝贵空间，不仅主动退让拓宽道路、地铁建设用地，还在寸土寸金的新街口 CBD 配套建设了 16 000 平方米的城市中心立体花园，种植草坪和观赏树木，设置喷泉等园林景观，被媒体称为打造南京“绿色心脏”。为配合南京地铁二号线的市政建设，金陵饭店努力克服地铁围挡施工对经营产生的影响，积极保持与地铁指挥部的密切联系，请专家就地铁施工对饭店安全性的影响反复论证，对相关水、电、气、通信管线等进行了重新调整和安排，对饭店前后门及道路两侧环境进行了绿化布置，在东花园专辟车辆通道，在经营、产品、服务和对外宣传等方面进行了大量细致安排，制定了一系列应对措施，为宾客提供了更加贴心、安全、舒适的服务环境。

总之，酒店形象由许多方面构成，整体形象的好坏取决于每一具体形象要素的好坏，它是一种概括性的组织概念或特征（识别标志）。但最能全面地反映酒店整体形象的是酒店的精神、方针和宗旨，它们与众不同，形成鲜明的组织识别标志。在进行酒店形象设计与塑造时，应使整体形象与局部形象相互兼顾，做到既不能只宣传整体形象，也不能片面地强调某一个方面。酒店形象构成图如图 5－1 所示。

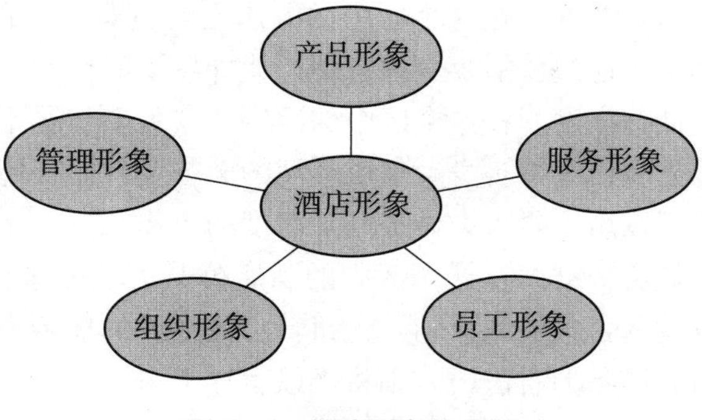

图 5－1　酒店形象构成图

三、酒店形象状态测量

酒店形象状态测量是针对公众（潜在和现实消费者）对酒店现状、特征、发展前景等的主观看法和态度倾向所开展的量化研究和调查，这是开展酒店形象筹划与推广必经的步骤。形象测量的结果是实施推广酒店形象策略的基本依据。其中，知名度和美誉度是评价酒店形象的两个基本指标。

酒店的知名度，是指社会公众对一家酒店的知晓与了解的程度，以及这家酒店社会影响的广度和深度。它是评价酒店名气大小的客观尺度。酒店的美誉度，是指社会公众对一家酒店的信任和赞美的程度，以及这家酒店社会影响的美丑、好坏。它是评价酒店好坏程度的指标。知名度主要衡量舆论评价“量”的大小，美誉度主要衡量舆论评价“质”的好坏。美誉度高不一定知名度高，美誉度低也不意味着知名度低。

测量公众对酒店形象的认知，主要围绕酒店知名度与美誉度进行。如果把这两项指标作为直角坐标的两个坐标轴，以知名度为横坐标，以美誉度为纵坐标，就可以构成一家酒店的形象坐标系。任何一家酒店的实际形象都能在这个坐标系中定位，找到自己的形象位置。酒店形象状态图（见图 5－2）分为四个区，分别表示四类不同的企业形象状态：Ⅰ表示众人皆知的好形象（美名远扬）；Ⅱ表示形象好，但不出名（知道的人都说好，但知道的人不多）；Ⅲ表示形象不好且不出名（知道的人都说不好，但知道的人不多）；Ⅳ表示众人皆知的差形象（臭名远扬）。

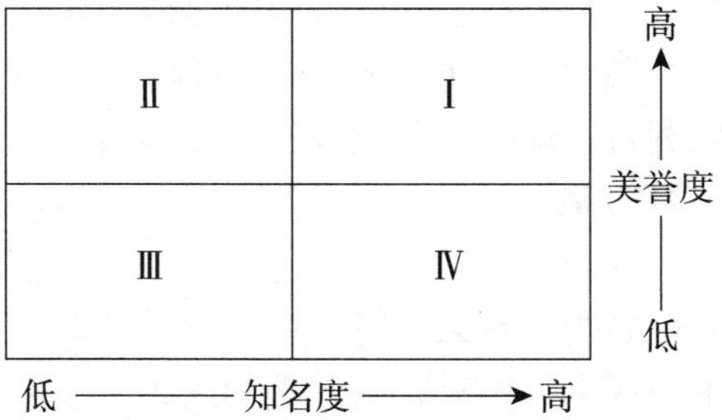

图 5－2　酒店形象状态图

从图 5－2 中可以看出：

Ⅰ区：高知名度、高美誉度。在这个区中的酒店处于最佳的公共关系状态，应保持和发扬原有成绩，继续努力。

Ⅱ区：低知名度、高美誉度。在这个区中的酒店已经具有良好的公共关系发展基础，应在维持美誉度的基础上，通过传播媒介的宣传，让外界了解自己，尽快提高知名度。

Ⅲ区：低知名度、低美誉度。在这个区中的酒店公共关系状况不佳，其公共关系工作甚至需要从零开始，首先应该完善自身，争取较高的美誉度。而在传播方面暂时保持低姿态，待享有较好的美誉度以后，再大力做提高知名度的工作。

Ⅳ区：高知名度、低美誉度。在这个区中的酒店公共关系处于臭名远扬的恶劣环境，必须通过整体工作的改进和公共关系活动，先扭转已经形成的坏名声，想方设法提高美誉度，尽快扭转公众对酒店形象的看法，否则将难以生存下去。

第二节　酒店形象的设计

国内外的酒店管理者们越来越感觉到，在现代科学技术飞速发展的条件下，酒店之间在设施设备等“硬件”方面的差异在不断缩小，甚至趋向于消失。酒店只有以独特的形象给公众留下深刻的印象，使公众产生好感和信赖，才能在激烈的市场竞争中生存、发展并取胜。

形象设计是酒店企业公共关系最艺术化的一个环节。酒店形象设计，是指采用新颖、独特、引人入胜的手段，通过新闻媒介的传播，使酒店企业的内在精神和外显特征给公众留下深刻的印象，促使公众对酒店企业产生信赖感和良好的心理效应，最终达到促销目的的公共关系专业活动。

一、酒店形象的类型

酒店形象由多方面的因素组成，综合来看，从不同角度或层面，按不同标准大致有以下几种形象分类。

（一）按酒店形象的内容分为总体形象和特殊形象

1. 总体形象

总体形象是指社会公众心目中对酒店的总的看法和印象。任何一家酒店都是社会有机体的一个组成部分，它必须关心自身在整个社会中的总体印象。酒店企业在重视主要公众对象的要求时，绝不可以忽视其他公众的利益。如果因为照顾某类公众的某种特殊要求，而损害了大部分公众的共同利益，那么据此设计出来的酒店企业形象，肯定要受到社会舆论的抨击，使酒店的公众关系失调。

2. 特殊形象

特殊形象也称局部形象，是指针对某些特定市场所设计形成的形象。如果酒店公关人员对各类公众的不同需求不加区别、不分轻重地平均兼顾，也可能会使酒店企业的总体形象有所提高，但在总体形象提高的同时，却常常伴随着酒店企业在某部分特定公众心目中实际形象的降低。

例如，一家中档宾馆，为了迎合部分高层次顾客的消费需求，提高了酒店产品和服务的档次，同时也提高了价格。虽然这样做使它的总体形象有所提高，但它在原来消费档次顾客心目中的实际形象却降低了，高价位使这部分顾客望而却步。如果这部分顾客是它的主要消费者，那么从长远来看是不利于它的发展的。

因此，树立特殊形象是建立总体形象的重要入口，也是构成总体形象的基础。酒店要争取树立最能反映自身特色和影响力的特殊形象并进行强化与扩大，给公众以鲜明印象，从而将特殊形象牢牢根植于公众头脑。酒店公关人员面对各类公众的要求，要有所侧重和选择，而不必面面俱到。一般来说，应该选择那些与本酒店的发展关系特别重要的顾客和团体作为公共关系的重点对象，并根据他们的要求设计酒店企业的特殊形象。因为酒店的发展需要依赖这些公众的理解和协助，倘若失去他们，将会使酒店蒙受重大损失。

（二）按酒店形象的现实性分为期望形象和实际形象

1. 期望形象

期望形象是指酒店期望在公众心目中树立的形象，是酒店的一种理想形象和努力方向。每一家酒店企业都会有一种期望形象，但并不都是人人明确的。因此，确立明确的期望形象，并使为达到目标所作的努力成为自觉，必须通过酒店公关人员的精心设计和广泛宣传。

2. 实际形象

实际形象是指公众普遍认可的酒店形象，是社会公众及社会舆论对一家酒店企业的真实印象和评价，它是进行形象塑造的基础和起点。可以用一定的方法测得酒店企业的实际形象，从而帮助酒店企业公关人员了解本酒店企业形象的真实状况，找出在形象方面存在的问题，并采取有针对性的措施加以改善。

（三）按酒店形象的可见性分为有形形象和无形形象

1. 有形形象

有形形象是指社会公众通过感觉器官直接感受到的所有与酒店有关的实体。一般包括以下几个方面：

（1）酒店提供的服务质量。这是酒店有形形象的决定性因素。

（2）酒店外观。现代化的旅游酒店与街头巷尾的小旅馆，给人的印象当然是截然不同的，这就是酒店外观形象上的差异。外观形象在一定程度上表现出一家酒店的实力与气魄。但成功的酒店，并不仅仅以外观豪华为标志，而总是努力使酒店的性质与外观达到和谐统一。同时，整洁的环境、优美的绿化也构成酒店外观形象的一部分。

（3）酒店的设施和功能。这是评定现代旅游酒店星级高低的重要依据。

（4）员工行为。员工的一举一动，往往成为一家酒店企业形象的标志。热情友好的门卫、彬彬有礼的总机人员等会给客人以愉悦感受，会使社会公众由此及彼地对整个酒店产生好感。

2. 无形形象

无形形象则是建立在有形形象的基础上，通过社会公众的记忆、思维等心理活动在人脑中升华而得到的形象，它主要体现酒店的内在精神和文化关怀，不是直接“感知”到的，而是用心“感受”到的。这种形象是无形的，它是有形形象的抽象，因而更加深刻、更接近于酒店企业形象中最本质的东西。具体由以下几方面构成：

（1）酒店的信誉。这是无形形象中的主体内容。信誉本身看不见、摸不着，却体现在酒店的经营活动之中。酒店信誉的好坏，一定程度上会左右公众对该酒店所采取的态度。

（2）酒店员工的精神面貌。这是酒店企业无形形象中另一个极为重要的方面。员工态度冷淡、作风松散，会给企业形象造成极坏的消极影响。

（3）酒店的企业精神和企业风格。每家酒店都会有意无意地形成自己的企业精神和风格。这种精神和风格作为一种企业文化，本身并无直观性，但却能有力地影响酒店企业在社会公众心目中的印象，以及由此而产生的评价。

二、酒店形象设计的内容

酒店形象是一种整体、系统的企业形象，酒店形象内容丰富意味着酒店企业形象设计是一项全面的系统工程。它主要包括理念识别、行为识别、视觉识别三大子系统。

（一）理念识别系统

意识形态的理念识别，是深层次的酒店企业文化，诸如酒店的经营战略、价值观念和酒店精神等。理念识别虽然比较抽象，但却是酒店形象设计的灵魂和原动力，属于思想、文化的意识层面。它由内向外地扩散酒店企业的价值观念和酒店精神，成为塑造酒店独特形象的源泉。

酒店企业的价值观念，是酒店在追求经营成功的过程中，所推崇的基本信念及奉行的行为准则，亦即酒店为获取成功而对企业行为所作出的价值取向。酒店企业的价值观念又是酒店经营管理者刻意追求酒店形象的结晶，是酒店长期经营管理活动的文化积淀与经验总结，是酒店形象中最有特征的表现内容。

酒店企业精神是现代意识与企业个性相结合而形成的一种群体意识。其中“现代意识”是现代市场意识、服务意识、竞争意识、信息意识、效益意识、文明意识和道德意识等汇聚而成的一种综合意识，而“企业个性”则是包括企业价值观念、发展目标、服务方针、经营特色等内容的基本性质的总和。酒店企业精神的表达形式，能以简洁而富有哲理的语言加以概括，也能用店歌、店徽、店标等方式来表现，这些形式简单明了、利于传播，容易使内外公众留下深刻印象。

在酒店企业中，如果精心培育起来的企业精神深入人心，就会在酒店内部形成一种强烈的向心力、凝聚力和战斗力。这种力量一方面能激发广大员工的职业自豪感、集体荣誉感和主人翁责任感；另一方面又能调动广大员工工作的积极性、主动性和创造性，激励士气、催人奋进，鼓舞员工为实现酒店的经营目标齐心协力、建功立业，使酒店在纷繁复杂的市场竞争中立于不败之地。因此，培育出富有个性的企业精神，是酒店形象设计的重要内容，是建立良好酒店形象的巨大内在动力。

案例 5-3

我们的信仰——锦江的核心价值

“追求一流的服务”这句话体现了锦江酒店一直以来信仰的理念。我们的理念是无论是作为个人还是置身于团队，锦江人必须精诚合作，为顾客提供满意的服务。在“锦江”，这一价值被阐述为追求卓越和热情服务。

一、追求卓越——“共同的团队，如一的热情，不变的目标”

共同的团队：无论身在哪一个岗位，每一个“锦江”人都会对顾客的印象有正面或负面的影响。作为一个团队，每一天我们都承担着共同的责任和共同的使命。

如一的热情：荣誉和成功离不开优质的服务，更来自始终如一的热情。

不变的目标：精益求精是“锦江”人不变的目标。

二、热情服务——“温馨、体贴、专业”

我们致力于追求卓越，同时我们更追求符合国际水准的一流服务。我们热情服务，因为我们珍惜“锦江”的荣誉和成功。

我们要给顾客以宾至如归的温馨感。用灿烂的微笑、真诚的眼神、温馨的言语由衷地欢迎每一位光临“锦江”的顾客。

我们致力于提供体贴周到的服务。每一个“锦江”人都应该做到善于倾听、善解人意，以更好地满足顾客的需求。

我们努力做到设身处地为顾客着想，想顾客之所想，急顾客之所急。最后，在完成本职工作、传递我们的热情和诚意的同时，我们始终致力于提供专业化的服务，包括专业化的问候、行为、语言和身势语。同时，我们始终努力，不断地使客人更好地了解“锦江”自己的产品、服务和我们的祖国。

（二）行为识别系统

动态形式的行为识别是理念识别的直接体现，包括酒店的企业行为和员工行为。

(1) 酒店的企业行为，表现为酒店的行为准则、经营决策、管理方法、酒店制度、服务特色等方面。

(2) 酒店的员工行为，表现在两个方面：一是领导者的行为，如经营思想、工作作风、办事效率、民主意识等；二是员工行为，如服务意识、服务态度、待人接物的行为准则、职业道德水准等。

行为识别的切入点，主要是以高素质的文化服务取悦于公众，并以一整套的行为规范制约员工，从而使酒店企业的理念深入每一位员工头脑中，形成一种群体意识和竞争优势。所以，行为识别是酒店形象设计十分重要的一项内容。

（三）视觉识别系统

静态符号的视觉识别，是指酒店企业的识别标志、品牌商标、广告宣传和酒店的主色调等。视觉识别是酒店形象识别系统中最具传播力、感染力，并且可接触面最为广泛的要素。它通过具体可见的视觉对象，经由组织化、系统化的视觉识别计划，对外传播酒店企业的经营观念和创新活动信息，从而快速而明确地达到使公众了解与识别酒店的目的，塑造出酒店独特的良好形象。

视觉识别作为酒店形象的子系统之一，可以分为两大类：一类是基础层面的内容，包括酒店名称、店徽、颜色、字体和广告口号等；另一类是应用层面的内容，包括酒店的建筑与环境、广告策划和公关礼品、宣传资料及员工服装等。

酒店形象的视觉识别设计，是将酒店企业的理念视觉化，将酒店的管理意识、营销策略，通过视觉的再现艺术传递给公众。因此，视觉识别在酒店形象设计中，有先“声”夺人、先“形”夺人和先“色”夺人的效果。

酒店企业形象识别系统中，理念识别比较抽象，行为识别比较具体，视觉识别比较直观，三者相互促进、相互补充。理念识别赋予行为识别和视觉识别以精神内涵，并通过行为识别和视觉识别传达酒店的宗旨和经营思想。如果行为识别和视觉识别不能体现理念识别，就等于失掉了灵魂，使行为识别陷于无价值目标的状态、使视觉识别失去创新动机和冲动力。行为识别是视觉识别的基础，因为社会公众评价酒店的形象，不仅要“听其言”，更重要的是“观其行”。高素质的酒店行为，是塑造酒店良好企业形象的前提和基础。如果酒店缺乏良好的行为，既会使理念识别成为空头口号或一纸空文，又会使视觉识别缺少美誉度。酒店行为不佳，还可造成酒店企业形象愈是独特，愈是臭名远扬的结果。视觉识别是酒店形象识别系统中的外显要素，再好的经营观念和酒店行为，如果不经过视觉识别的推衍运行，就很难把酒店良好的形象和素质变为社会公众心目中的独特形象。

总的来看，在酒店形象设计中，必须正确处理理念识别、行为识别和视觉识别三者之间的相互补充、推衍运行、共生互助的关系，才能产生理想的公关效果。

案例 5-4

锦江国际酒店启用新的品牌识别系统

根据来自锦江国际酒店管理有限公司（锦江国际酒店）的消息，这家中国最大的酒店集团正在推广新开发的品牌标识。为统一成员酒店的市场形象，同时又使定位于不同细分市场的成员酒店相互有所区分，锦江酒店委托亚洲知名专业公司用 1 年时间开发设计了新的品牌识别。

新设计的品牌识别的主标志以中国驰名商标“锦江”的汉语拼音的首字母 JJ 和中国宫殿的飞檐为主要构成元素，JJ 右下部与中国宫殿的飞檐浑然一体，隐约似中国宫殿的一角。该标志以便于国际化人士所识别的字母 JJ 表达锦江酒店服务全球市场的理念和国际化战略发展方向；同时，依照中国传统，宫殿为尊贵的居所，喻示品牌旗下的酒店以符合国际标准的中国的待客之道予客人以嘉宾之礼遇。

锦江星级酒店品牌标记如图 5-3 所示。

图 5-3 锦江星级酒店品牌标记

新设计的品牌识别在主标志的基础上，以不同颜色和星号区分酒店的不同等级和市场定位。设计和推广新的品牌识别是锦江国际酒店品牌战略的第一步。其目标是在 3～5 年内建立一个拥有 5～7 个不同定位品牌，清晰、协调、平衡的自主品牌家庭。

为实现这一目标，锦江酒店集团下一步将从以下几方面塑造品牌：一是在品牌架构上为并购国际品牌预留空间，通过并购国际酒店管理公司获取具有一定国际知名度的国际酒店品牌；二是斥巨资打造关键酒店，提升锦江酒店高端品牌的形象；三是利用和平饭店等一批具有深厚历史文化底蕴的老饭店资源，提升锦江酒店品牌的国际影响力；四是提炼体现中国文化和锦江特色的品牌元素，并研究其与国际产品标准的完美结合，进一步塑造民族自主品牌特色；五是利用奥运会、世博会、重大接待任务等活动，策划、实施大型公关和市场推广活动，提升锦江品牌的国际声誉；六是启动实施“忠诚客户计划”，在五年内发展数十万会员；七是通过酒店资产置换、发展境外酒店管理合同等形式，在中国公民的主要商务旅游目的地拥有数家投资或管理的酒店。

三、酒店形象设计的原则

靠形象吸引顾客群，靠口碑留住并扩大顾客群，是现代酒店公关工作的重要指导思想。如何设计良好的形象及口碑，是摆在酒店公关人员面前的一道亟待解决的难题。只有破解了这道难题，企业才有兴旺发达的可能。我们认为，酒店形象的设计必须遵守五大原则。

（一）总体性原则

总体性原则也称整体性原则，是指把酒店中不自觉的、分散的、不连续的公关工作系统化、统一化、整体化和科学化的原则。酒店要树立自己的形象，就必须改变公关工作中各部门分头负责、各自为政的局面，做到统一观念、统一政策、全面规划、协调行动。如北京长城饭店注重把全面计划与细小周到的服务相结合，使公关工作走上轨道，自成体系。该酒店的公关负责人曾经是职业记者，他和助手们结识了许多国内外新闻界的朋友，对外及时向他们提供有关长城饭店的各种设施和服务情况，通过他们的笔连续对外报道，经过反复刺激而在人们的头脑中逐步形成“长城印象”。酒店对内推行周到的“预防维修”服务，替顾客想在前面，做在前面，让顾客感到亲切、温暖，切身体验到优质的“长城服务”。

（二）统一性原则

统一性原则是指酒店形象设计的公关活动所追求的工作目标要统一，不要偏向任何单一方面的原则。统一性原则包括：

（1）知名度与美誉度的统一。知名度必须以美誉度为基础，才能充分显示酒店的社会价值。

（2）公众利益与组织利益的统一。满足公众利益是提高酒店利益的前提。

（3）总体形象和特殊形象的统一。酒店公关的目标是，既要照顾各类公众对象的一般要求，又要特别突出酒店在首要公众对象心目中的特殊形象，以形成独特的风格。

（4）创名牌产品与创名牌企业的统一。创名牌产品是创名牌企业的基础，创名牌企业是创名牌产品的开放与加强，可以使酒店立于不败之地。

（三）竞争性原则

在激烈的市场竞争中，酒店通过及时收集其他酒店和相关企业的有关信息，比较分析彼此整体形象的优劣及其原因，并博采众长，为我所用，力争赶上并超过对手，这就是树立形象的竞争性原则。

酒店要使自己的形象“捷足先登”，首先，要积极地寻找机遇，参与竞争，主动进行自我宣传，追求自我发展；其次，酒店形象的设计要防止“同质化”倾向，努力做到独树一帜，新奇别致，富于特色和魅力，从而引起公众的注意和兴趣，增加吸引力。这就需要在掌握环境信息的基础上，经常进行比较分析。另外，还要善于设计酒店形象的出现频率，通过重复刺激，使酒店的完整形象在公众的大脑中不断强化，从而提高酒店的知名度和美誉度，进而使酒店立于不败之地。

（四）有效性原则

有效性原则是指通过酒店形象设计中的公关活动，力求实现最佳预期效果的原则。酒店形象设计中的公关是酒店发展的一种策略，其目标是促进酒店的发展。因此，在设计酒店形象的过程中，必须努力贯彻有效性的原则，要注意酒店形象设计中的公关活动的实效，而不是摆形式、摆空架子、走过场。

酒店要努力提高形象设计中的公关活动的效率，力求实现酒店形象设计中的公关活动的最佳效果，也就是使公众在与酒店的互动过程中持有良好态度，并不断进行“顺向强化”，使公众对酒店的不良态度得到转变，从而在公众中树立起酒店的良好形象。同时，要明确酒店面临的主要公众和公众的主要需求。如果不加权衡区别，不分轻重缓急，只顾面面俱到，使自己在所有公众中享有一种“平均印象”，那么，酒店的形象设计将无法做到卓有成效。

（五）形象性原则

酒店形象设计一定要“形象化”，通过设计简洁、鲜明、形象的酒店标志及其产品标记，使酒店及其产品形象易于传播，便于记忆。如店标、店名、店徽、店服是酒店的重要标记。应用象征性的标记来宣传酒店的形象，是酒店形象设计中的一种直接且有效的方法。

四、酒店形象设计的基本程序

（一）前期准备阶段

酒店形象设计是一项比较复杂的工程，必须做好设计前的准备工作，主要包括：形象导入动机的确定、导入工作的提议、工作机构的设立和工作计划的拟订等。筹划前，要明确目标和所需要输入的信息，目标就是消除公众的成见和不良印象，筹划有吸引力的酒店形象，并能使顾客获得满足，留下深刻印象，产生口碑效应。

酒店形象筹划与导入主要有以下几类问题：形象定位不准确（模糊、过高或过低）；知名度过低；缺少统一标志；形象不好，员工士气低落；市场竞争激烈，处于形象“阴影或灰度区”，需要突出差异和个性；形象陈旧，需要重新树立；形象受损无法挽回；不适应新市场需求，赶不上国际化形象潮流；拓展多元化经营，统一形象丧失等。

针对以上情形，酒店有以下几种筹划目标：形象模糊——筹划鲜明形象；形象不利——改造不利形象；形象陈旧或丧失——坚持强化形象；形象过时——筹划崭新形象等。明确的筹划目标可以引领具体的筹划操作。

（二）调查分析阶段

酒店形象调查是针对酒店形象导入而进行的，因此其调查内容相对较为固定，主要包括以下六个方面的调查内容。

1. 酒店认知度调查

认知度调查主要调查酒店在外界的知名度，以及外界认知酒店的途径，为酒店宣传工作提供依据。

2. 酒店基本形象调查

基本形象调查主要测定调查区内及调查区外对于酒店形象的基本看法，如是否喜欢、是否满意、是否有信赖感等。

3. 酒店辅助形象调查

辅助形象调查主要了解酒店在各个方面的具体形象，如酒店的建设、规划、管理和文化发展等。

4. 酒店理念调查

理念调查的内容主要包括酒店的功能定位、发展战略、发展方针、管理原则、行为准则、宗旨等。

5. 酒店行为规范调查

行为规范调查的主要内容是对酒店内外部的行为进行调查，包括对外宣传、公关活动以及内部行为准则、工作程序等。

6. 酒店视觉形象调查

视觉形象调查主要是对酒店内的现有标志、信息符号、标准字、标准色、组合规范等的实际应用情况的调查了解。

（三）设计综合阶段

这一阶段就是对酒店形象系统中的三个子系统（理念识别系统、行为识别系统和视觉识别系统）的设计及综合筹划过程，是一项专业性较强的工作。

酒店的理念与一般企业理念有相似之处，是一种组织、经营理念，主要由宗旨、使命、经营思想、行为规范和活动领域等组成。酒店行为识别系统规划着酒店内部的组织、管理、教育以及对社会的一切活动，是支撑酒店形象识别系统的第二大支柱，主要由服务行为识别、社会行为识别两部分组成。视觉识别是酒店的一种外在静态表现形式，它能准确快速地传递酒店的信息和形象。

（四）实施推广阶段

落实酒店形象筹划方案，就是要将设计内容和操作细则以文本的形式编制出来，做成手册，作为酒店的一种纲领性文件。当筹划开发取得阶段性成果后，就应有计划、有目的地对内、对外进行酒店形象的公关传播活动了。酒店形象的传播途径很多，主要有网络传播、社会传播（非商业性传播）、文化传播（酒店介绍、图册、画册、电子出版物等）、人际媒介传播（邀请专家学者、权威人士参观访问、组织各类明星协助宣传等）、常规媒介传播、公共活动媒介传播、户外媒介传播等途径。

（五）评估改进阶段

这一阶段是指在酒店形象筹划实施过程和实施完毕后，实施效果信息反馈、评价、总结及改进提高的过程。评估方法有以下两种。

1. 经营实绩测评

经营实绩测评主要是对酒店市场占有率、销售额、利税指标等的一种计算比较。

2. 识别度测评

识别度测评主要包括对酒店知名度、美誉度、认可度等的一种计算比较。

知名度主要指顾客（包括潜在顾客）对本酒店识别、记忆的状况。

知名度＝知晓本酒店的人数/总人数×100％

美誉度主要指顾客（包括潜在顾客）对本酒店褒奖、赞赏、喜爱的情况。

美誉度＝赞誉本酒店的人数/总人数×100％

认可度主要指顾客把本酒店纳入自己消费对象或消费目标的程度。

认可度＝行为人数/知晓人数×100％

总之，一家酒店企业就是社会的一个“细胞”，它必须本着向公众负责、向社会负责的原则，才能得到社会各界和公众的支持与合作，进而获得信誉。信誉是酒店企业的经营之本，酒店形象设计应把建立和维护酒店的信誉置于至高无上的地位。酒店企业在与公众交往过程中，要抱着真诚的态度，避免虚情假意。要向公众讲真话、讲实话，做到言行一致。尤其要注重公关宣传的真实性，绝不要进行夸张和自吹自擂的不实宣传。这是公关人员进行酒店形象设计的基础。

第三节　酒店形象的塑造

酒店形象的建立绝非一朝一夕之功，需要经过长期的努力。酒店形象塑造要以建立完善的企业形象、争取酒店的长远利益为着眼点，首先要依靠酒店自身良好的行为，但仅此是不够的，“酒香也怕巷子深”，所以还必须重视宣传自己、传播自己，绝不可自我封闭。通过信息的沟通，使酒店的良好形象为公众所知晓，这是酒店企业形象塑造中极为重要的内容。

一、酒店形象识别策略

每一座大中型城市或旅游胜地，都是酒店林立。如何在百花齐放中一枝独秀？在酒店公关活动中，酒店的形象是传递信息、沟通酒店与顾客之间关系的重要工具。酒店形象的塑造过程，实质就是顾客对酒店认知、产生好感和信赖的过程，是以顾客的需求为导向、以顾客的反映和评价为结果的过程。因此，酒店形象的塑造，就是从研究个性化时代的消费者的需求出发，以顾客的需求为导向，从理念识别、活动识别、视觉识别三个方面来研究和塑造能为消费者接受和理解的酒店形象。下面我们结合酒店形象塑造工作对这三大系统进行分析。

（一）理念识别

理念，就是企业经营管理的观念，也称为指导思想。它属于思想、意识的范畴。对酒店而言，它的内容包括酒店企业文化、企业道德、企业伦理等方面。目前，企业文化、企业伦理、企业道德已成为酒店中最时髦、最深入人心的概念，并在酒店市场的竞争中起着不可低估的作用。

在酒店业中，酒店的声誉和形象已经作为一种酒店资产（和固定资产一样）而存在。企业理念的重要任务就是要利用各种方式来塑造好酒店形象，管理好形象资本。也就是说，竞争的形势迫使酒店必须通过培养一种企业理念来引发、调动全体员工的责任心，并以此来约束和规范全体员工的行为。

理念识别包含两层含义：一是“统一性”。理念的统一性就是指酒店内外、上下的理念必须一致。如果在同一酒店中，同等级的两个部门负责人，在对外界发表谈话时的观点不一样，就是缺乏理念的统一性。再如，酒店中经理和员工对酒店共同的思想、理念、价值观念的理解经常出现分歧，也是理念缺乏统一性的表现。二是“独立性”，也就是说，每个企业的理念要有区别于其他企业的特性，只有具有独立性才能达到识别的目的。因此，每家酒店在确定企业理念时，不能千篇一律地都表述为“顾客至上”或“服务第一”。当然，这并不是说树立这样的理念是错误的，而是说这样的理念缺乏识别的“独立性”，没有体现出酒店独特的个性，也就不能使消费者从众多的酒店中识别出个性。

1. 酒店理念识别的内容

酒店理念识别的内容包括酒店使命、经营观念、行动准则、活动领域四个部分。

（1）酒店使命。它是指酒店要依据什么样的社会使命来进行活动，酒店使命反映了社会对酒店的责任要求。

（2）经营观念。它是指酒店依据什么样的思想观念来经营，实质上反映了酒店管理者的价值观念和思想水平，同时也反映了酒店对管理者的要求，具体表现在其所采取的经营方针和指导思想上。酒店经营观念包括的内容很多，主要有：酒店企业精神的建立、职业道德的培养、质量意识的提高、企业凝聚力的形成等，这些都构成了经营观念的内容。

（3）行动准则。它是指酒店内部员工应该以什么准则行动，它体现了酒店对员工的要求，也就是指酒店在正确的经营观念指导下，对员工的言行所提出的具体要求。如：服务标准和程序、劳动纪律、工作守则、行为规范、操作要求等。

（4）活动领域。它是指酒店应在什么样的技术范围内或者在什么样的市场领域中开展活动。如果说酒店使命、经营观念和行动准则是属于酒店理念的抽象理论，那么活动领域就为酒店理念提供了具体表现的场所。也就是说，为了达到理念识别的目的，酒店必须以活动领域为基础，在酒店的活动领域里打上酒店使命、经营观念和行动准则的“烙印”，这样才能真正起到理念识别的作用。

2. 酒店企业理念的表现形式

酒店企业理念主要表现在内在的和外在的两个方面。

酒店企业理念的内在表现，就像一个人一样，它的气质和精神形成了酒店企业的基本框架。酒店企业理念的内在表现具体包括：

（1）对人对事的公正态度。其中，公平的产品和服务价格最为重要。

（2）经营管理的特色。酒店应有一套适合于本企业的管理章法，让同行称赞，也让员工接受。

（3）对产品或服务质量的追求。很多酒店提出这样的口号：“追求完美！”“追求卓越！”

酒店企业理念的外在表现需要一定的载体，把企业内在追求与共同价值观表现出来，具体体现在后面提到的活动识别与视觉识别中。

案例 5－5

宣传广告语

洲际酒店：We know what it takes. 明白所需，满足所想。

Marriott：Thinking of you! 全心为你！

Hilton：Travel is more than just A to B. 旅行不仅是 A 地到 B 地。

Conrad：The luxury of being yourself. 做高贵的你！

Howard Johnson：Go anywhere. Stay here. 不管您去哪里，请在这里停留。

Days Inn：The best value under the sun. 天下最划算的地方！

The luxury Collection：Collect the world's experience！精选世界的风采！

Accor：We built smile！我们创造微笑！

香格里拉酒店：Where will you find your Shangri-la？哪里是你的香格里拉？

3. 酒店企业理念的形成条件

酒店企业理念识别是酒店在对所处环境和竞争对手的情况以及酒店自身特点进行充分了解的基础上，经过反复斟酌后才形成的。其形成条件有外部条件和内部条件两个方面。

（1）外部条件。酒店企业理念形成的外部条件强调对酒店的了解。具体有：

1）对酒店所处的环境进行了解。包括：社会公众对酒店的印象如何？与其他酒店比较，本酒店最重要的特点及优势是什么？社会公众舆论对酒店的评价，哪些方面高？哪些方面低？其根据是什么？与本酒店保持联系的其他企业对本酒店有什么看法？最希望本酒店能提供哪些服务？目前酒店的竞争情况如何？有哪些竞争对手？其特点及优势是什么？社会公众对各竞争对手的评价如何？酒店领导对酒店的未来发展有哪些规划？根据是什么？酒店领导对员工有什么要求？要培养一支具有什么素质的员工队伍？

2）对酒店自身的特点进行了解。包括：酒店能提供哪种软、硬件产品？有什么特点？酒店提供什么样的服务？是什么等级的？酒店的现状（包括设施的完好程度、员工素质高低）如何？和其他酒店比较有哪些优势或劣势？酒店以往的发展历史，曾有过哪些贡献或失败？酒店未来还准备开发哪些产品？提供哪些项目的服务？酒店领导班子成员的素质怎样？有无进一步开拓的信心和决心？有什么样程度的认识水平？

（2）内部条件。形成酒店企业理念的内部条件，主要是强调酒店企业理念的形成要充分体现出酒店的独特个性。酒店独特个性主要表现在以下两个方面：

1）酒店的定位。酒店定位是指酒店在变化中找出其自身不变的原理，也就是独特而统一的特性，这样才能形成酒店独特的理念，最终传达出独特的、统一化的酒店整体形象。例如，国际连锁酒店集团排名第三的“华美达”（RAMADA）酒店集团，留给世人的独特的、统一化的酒店整体形象就是：价格适中、质量上乘、深受家庭旅游者欢迎的世界连锁酒店集团。独特的、统一化的特性，除了可以表现出酒店与酒店的不同之处，同时也成为酒店企业理念识别的基础。

2）酒店的本质。例如世界第一大连锁酒店集团——假日酒店集团为体现其一直以中等市场为目标的酒店市场本质，把其连锁酒店明确分成四种类型，分别服务于某一特定市场，以区分中等市场这一大概念。这四种类型包括：假日旅馆——皇冠型，服务于中等市场的上层消费者；假日旅馆——旅馆型，服务于中等市场中最基本的消费者；假日旅馆——快捷型，服务于中等市场中比较精打细算的公务旅游者和中下层消费者；假日旅馆——庭院型，服务于中等市场的下层消费者。

确定酒店定位和本质包含着深奥的智慧和思想，它不仅决定了酒店的理念，而且也决定了酒店的形象。

综合以上分析可知：第一，酒店形象的塑造必须通过一系列的有目的活动才能体现出来，所以说酒店的活动应该是酒店企业理念的具体化，或者说，酒店的活动应充分反映出酒店的理念。第二，酒店的活动应具备“识别”功能，既具有统一性，又具有独立性，使广大消费者在各种活动中能“识别”酒店。

（二）活动识别

塑造酒店形象应该从确认酒店企业理念开始，也就是首先要明确酒店的使命、经营观念和行动准则等内容。当酒店的理念得到确定之后，就要通过一切方式把信息传递出去，让社会公众通过信息的传递认识、了解酒店，对酒店产生好感，逐步在消费者心目中树立酒店的良好形象。

传递酒店企业理念的信息渠道主要有两条：一是视觉识别（静态识别）；二是非视觉识别（动态识别），即活动识别。

活动识别是一种动态的识别形式。它以理念识别为原动力。作为识别的一种，活动识别和酒店的理念识别一样，也包含两层含义：一是活动识别的统一性。这里是指酒店的一切活动应该上下、内外都一致，也就是酒店的全体员工和各个部门所进行的各种活动都为着一个目标——塑造酒店良好的形象，绝对不允许酒店中的任何人、任何部门与活动识别的一致性相违背。因为只要出现某些不一致的情况，都会损害酒店的整体形象。当然，一致性还表现为活动识别与理念识别必须保持一致的内容。二是酒店活动识别的独立性。一切活动识别应体现出“独立精神”，也就是要显示出与其他酒店不同的个性，这种独立于其他酒店的个性，正是社会公众进行“识别”的基础。广大消费者也正是通过这种个性化的活动来识别不同酒店的。

活动识别规划着酒店内部的组织、管理和教育以及对社会的一切活动。因此，活动识别可分为服务活动识别和社会行为识别两大类别。服务活动识别是社会活动识别的基础，社会活动识别则是服务活动识别的延伸。

1. 服务活动识别

在酒店内部对全体员工的教育和培训以及创造良好服务的工作环境以保证提供优质产品和优质服务的活动称为服务活动识别。

酒店是提供服务产品的企业，为顾客提供优质的服务是酒店的使命，也是酒店形象和口碑塑造的基础。酒店优良形象的树立首先要依靠上至高层管理人员下至一线普通员工的共同努力。酒店每一位员工的一切活动，包括接待顾客的礼貌用语、服务技巧、仪表仪容等，都与塑造酒店的良好形象有着密切的关系。可见，这是一种整体的合力，单靠几位高层管理人员和几十位优秀员工的努力是远远不够的。作为酒店的管理者，必须清醒地认识到，要树立酒店形象，就必须提高服务水平，而要提高服务水平，就必须重视培训和教育，只有通过长期有效的培训和严格管理，才能使酒店在提供优质服务方面形成一种风气，养成一种习惯，并且得到广大顾客的认可。这样的酒店才能真正树立起良好的形象和口碑。

酒店为顾客提供优质服务的含义很广，内容十分广泛，涉及酒店接待服务的方方面面，既要在标准化服务上提供优质的服务，也要在个性化服务中提供优质的服务内容，以满足各种顾客的各种需求。

案例 5-6

以提供优质服务为荣

新加坡东方大酒店对员工实施了一项“顾客至上，以人为先”的训练计划，目的是使每位员工以向顾客提供优质服务为荣。

一天，酒店咖啡厅来了四位顾客，他们拿着资料文本在讨论问题。但咖啡厅里的人越来越多，人声嘈杂。当一位服务人员走过那四位顾客身边时，听见其中一位在大声讲话："什么？再说一遍！天啊，吵死了！听不清楚！"按理说此事与服务人员毫无关系，但这位服务人员想到酒店的宗旨是"顾客至上，以人为先"，关心顾客是每一位员工的责任。于是她拿起电话找到客房部经理，说明情况后询问此刻是否有空的客房，可以借这几位顾客临时用一下。客房部经理立即答应提供一间客房。当这四位顾客得知，是为了让他们安心讨论问题，免受干扰，酒店向他们免费提供一间客房时，先是惊讶，随后是感激不已。

只要看一看那四位曾在东方大酒店享受过优质服务的顾客两天后写给总经理的感谢信，就可以理解酒店提供优质服务的内涵以及其所产生的效果。感谢信的内容如下："感谢贵酒店前天提供的服务，我们受宠若惊，并体会到什么是世界上最好的服务。拥有如此优秀的员工，实在是贵酒店的一大骄傲。我们四人是贵酒店的常客，从此，我们除了永远成为您的忠实顾客之外，我们所属的公司以及海外来宾，亦将永远为您广为宣传。"

这一案例告诉我们，酒店员工每次所提供的优质服务，都可以引起消费者的信赖和好感，从而成为塑造酒店形象最有效的措施。

2. 社会活动识别

在塑造酒店形象的各种活动中，如果把直接为顾客服务的活动看作服务活动识别的话，那么除此之外，酒店为塑造酒店形象而面对社会的一切活动就称为社会活动识别。酒店的社会活动识别主要包括促销活动、公益性活动、公关活动、广告活动、市场策划活动、展示活动、宣传活动等。

酒店的社会活动识别是服务活动识别的延伸。如果说服务活动识别仅限于以直接接触酒店的消费者作为活动的对象，那么社会活动识别则是以更多的间接消费者作为活动的对象。通过社会活动识别，可以吸引更多的人认知酒店，对酒店产生好感和信赖，从而达到树立良好的酒店形象的目的。

整个社会活动识别具有非常强的目的性，这样，酒店在对社会开展各项活动时有一个非常明确的目标。为了加强目的性，所制定的社会活动识别目标就要非常具体和清晰，应尽量避免抽象和含糊。如某酒店对社会活动识别制定如下目标："提高酒店知名度，树立良好形象。"这样的目标就过于笼统了。如果我们将这一目标具体化为"将原来5%的知名度提高到10%，并为商务顾客树立酒店是他们家外之家的服务形象"，其目的性就得到了加强，该酒店社会活动识别目标也就很明确了。

社会活动识别还要注意整体性。社会活动的内容十分广泛，形式多种多样，而且是一个逐步积累的过程。社会活动不能一次就达到目的，它需要多次的连续积累。同时，每次社会活动又都不是孤立的，而是连续相关、相互促进的。因此，在安排社会活动时，要有一种宏观和发展的观念，要考虑到各项活动的安排是否全面周到、是否相互衔接。总之，要把各项活动放在一个整体中去安排，使得上下、前后的各项活动能互相呼应、互相补充，以达到塑造酒店良好形象的目的。

在酒店的社会活动识别中，公关、广告、富有特色的专题活动对于酒店良好形象的树立起着重要的作用。

（1）公关是一个社会组织运用传播手段的活动。

公关活动是树立酒店良好形象的重要手段之一。酒店形象的树立要依靠酒店开展各种活动，使公众对酒店产生好感，进而使公众对酒店产生良好的印象。而公关活动正是酒店与公众之间的“润滑剂”，它不仅能使酒店与公众之间减少摩擦，而且能促进和谐。

公关的作用表现在以下四个方面：首先，守望和监视环境。酒店的公关人员要全面、准确地分析研究环境现状及其发展变化趋势，根据本酒店的利害关系对可能造成的影响作出准确判断。从这个意义上讲，他们是酒店的“耳目”和“哨兵”。其次，传达、联络和解释。酒店的公关人员将代表酒店把有关决定、措施和政策传达给公众，与公众保持良好的关系。从这个意义上讲，公关人员又是酒店的“喉舌”。再次，协调关系。协调好酒店内部员工的关系和酒店与公众之间的关系是酒店发展的基础。公关人员不仅要通过各种活动使广大员工对酒店产生一种归属感和向心力，而且要使公众对酒店也产生一种参与感，使公众能时时关心酒店的动态和发展。最后，组织社会活动。酒店要利用社会这个大舞台，通过组织各种社会活动，来提高酒店的知名度和树立酒店的良好形象。如美国总统里根访华时曾在长城饭店举行答谢宴会。酒店公关部提出：租用转播场地打折收费，条件是在转播中提到长城饭店。转播开始后，播音员说：“这是在中国长城饭店进行的实况转播……”长城饭店的形象就这样在公众中推广开来，从而吸引了大批慕名而来的国内外宾客。所以说，酒店公关活动是塑造酒店形象活动识别的重要内容。

（2）广告是向大众传播信息的手段。

一般广告的目的仅仅在于直接促销，其实这仅仅是广告的目的之一，实际上广告更重要的目的在于树立企业形象。因为直接促销的目的是暂时的，而只有树立企业形象之后，才能真正实现长期的促销目的。

酒店的广告可以分为两种：一种是战略性广告，其目的是树立产品的形象和提高酒店的知名度及声誉。因此，这类广告的立足点不在宣传具体的产品上，而是宣传产品和酒店的形象，其宣传主要突出以下内容：现代先进的硬件设施、优良的服务等。另一种是战术性广告，其目的是通过广告宣传，达到打开销路的目的，以提高市场占有率。不管是哪一种广告，对酒店而言，其最终的广告目的是让广大消费者认知、产生好感和信赖，从而使酒店占有更大的消费市场，从中产生更多的经济效益。

（3）举办专题活动是树立良好形象和口碑的有效途径之一。

首先，酒店举办的专题活动要吸引公众的注意就必须具有特色。其次，举办专题活动要注意选择时间。逢年过节、开张吉庆等都是举办专题活动的好时机。酒店可以利用这些时机举办联谊会、颁奖会、纪念会等，有意识地把活动搞得隆重一些，并邀请社会名流参加，吸引记者为酒店报道盛况，从而为宣传酒店形象提供良好的时机。如北京香格里拉酒店在春节前夕为北京社会福利院和四季青敬老院的孤寡老人举办的爱心活动，就取得了很好的社会效应，树立了良好的酒店形象。此外，举办的专题活动要多样化，如有奖征答知识竞赛、英模报告会、讲演比赛等，只要是有益的、有特色的活动，就能吸引消费者的注意力，就有利于酒店形象的塑造。

（三）视觉识别

视觉识别既是一种静态的识别形式，也是一种具体化、视觉化的传达形式，它经过组织化、系统化的视觉方案，传达酒店的经营信息。由于这方面所包含的内容多、层面广，所以效果也最直接、最明显。通过视觉识别，能够充分表现酒店的基本精神及其独特性，使社会公众能一目了然地知道所传达的信息，达到识别的目的。

酒店视觉识别系统的建立以酒店的理念识别为基础。视觉识别的内容一定要反映出酒店的理念，事实上，它是理念识别在视觉上的具体化。视觉识别与活动识别都是酒店企业理念识别的具体表现形式，所不同的一个是采用静态的表现手法，一个是采用动态的表现手法。酒店理念识别、活动识别、视觉识别三者的关系可用图 5-4 来表示，图 5-4 中三者的交会就是最完整的酒店形象。

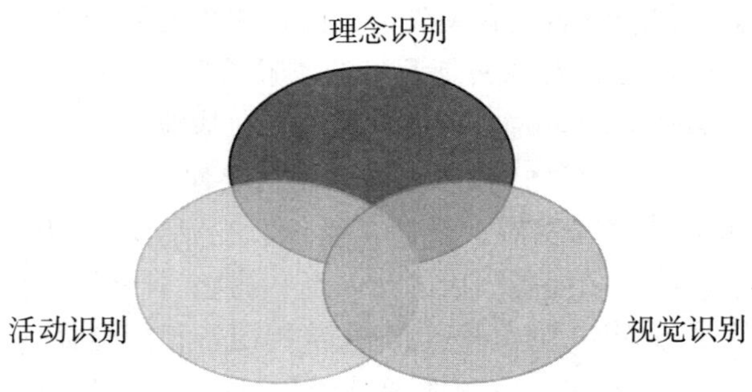

图 5-4 酒店企业形象识别系统关系图

1. 视觉识别的内容

酒店形象塑造中的视觉识别包括以下内容：

（1）店标与店徽。

（2）酒店建筑物。包括大楼、庭院、大堂的格调、装饰风格等。

（3）宣传用品。包括酒店的介绍册、服务指南、菜单、房卡等。

（4）制服。员工的制服要赏心悦目，要与酒店的风格和特色保持一致。

（5）展览和展示。应努力使户外广告及橱窗销售专柜及展览、展销会的设计、布置等做到系统化、统一化。

（6）广告。把传播内容、手法及形式加以系统化，以作为所有广告的制作依据及参考。

（7）其他。包括酒店的汽车型号、办公用品、在社会活动中的位置、电话号码、标语、口号等。如香港半岛酒店由 10 辆奔驰小轿车组成的迎宾车队，香港丽晶酒店迎送宾客所使用的两辆金色劳斯莱斯小轿车，都有强烈的视觉识别效果。

2. 视觉识别的作用

企业的视觉识别是当今国外企业普遍重视的一种经营战略。世间万物都有自己独特的形象，酒店也是如此。怎样使公众从视觉上感受到本酒店与其他酒店的不同，并且通过某种视觉认识，形成对酒店特性的强烈印象，这就是视觉识别的任务。

视觉是人们获得信息的主要渠道。一个人在接受外界信息时，眼睛（视觉）接受的信息占信息总量的 83%。人是凭着五官的感觉来接受外界信息的，而认知又是形象构成的第一要素，所以在酒店形象塑造的过程中，视觉识别具有非常重要的地位。由于识别包括“统一性”和“独立性”两个概念，因此在塑造酒店形象时，视觉识别的一个重要任务，就是要使酒店在市场竞争中采用一贯并统一的视觉形象设计，并通过所有视觉传播媒体传播出去，才能有意识地造成一种个性化、独立性的统一视觉形象。这样既便于公众认知，又有利于为公众所信赖。视觉识别的作用主要表现在以下两个方面：

（1）统一的视觉识别能消除信息传递中的差异。

由于与酒店来往的对象甚多，因此信息的互相传递就显得更加重要。在酒店内部，负责发出信息的部门很多，信息发送的途径也不止一条，内容也不相同，如果缺乏完美的识别系统，就容易造成形象混乱。在酒店外部，酒店每天也向外界发送许多信息，所以有人说“酒店活动就是在制造信息”。如送货收货、收取文件、发送信件、和顾客交涉等，这一切活动都直接或间接地涉及信息的传递。如果酒店传出的信息不统一、不一致，甚至发生互相抵触的现象，不仅会浪费经费，而且可能会引起公众的困惑，造成无法弥补的损失。所以统一酒店的视觉识别，不但有助于酒店形象的树立，而且能增加信息的可信度。

（2）酒店的良好企业理念要有完美的表达方式。

酒店必须通过一定方式，把抽象的酒店理念加以形象化，也就是把储存于头脑中的酒店企业理念，转化成标语、口号、色彩、形状、声音等，以便制作成标准字及店标，让凡是看到过这些视觉形象的人都能过目不忘，达到意念沟通的效果。

这里必须强调的是，如果直接用语言和文字来表达企业的理念，常常会因为过于明显、露骨而引起人们的反感，反而达不到沟通的目的。但是用视觉识别的方式，用图形、色彩、声音等各种基本要素与公众进行沟通，往往会收到意想不到的效果。

二、酒店形象塑造的方针

（一）统一认识

统一思想认识是指统一酒店所有员工对树立酒店形象意义的看法和认识，这对塑造良好的酒店形象至关重要。

达到统一思想认识的标准一般有两条：一是使全体员工都明确树立酒店形象对提高酒店的知名度和扩大销售额所具有的重要作用，并且懂得树立酒店形象的三大支柱，即理念识别、活动识别和视觉识别组成一个有机整体，三者缺一不可。二是使全体员工认识到，树立酒店形象与酒店每个员工自身都有密切关系，而不仅仅是某些专业部门的事。因为，上至经理，下至员工，人人都是酒店形象传递给外界的重要媒介。

统一思想认识表现在酒店对内对外的口径、动作要一致。只有统一思想认识，全体员工才能自觉地以维护酒店形象为核心，时时处处维护酒店的形象。

案例 5－7

信任，建立在真诚沟通之上

2008 年 7 月 2 日，山东大厦总办会议室里气氛热烈，笑声不断，总经理沟通会已经进行了两个多小时了，员工们仍然意犹未尽，畅所欲言。总经理一边认真听，一边用心解答员工的提问，诙谐、幽默的语言拉近了他和大家的距离，使整个沟通会在愉悦、融洽的气氛中进行着。

建立沟通会制度是酒店的又一个新举措，而总经理沟通会也是自大厦开业以来首次召开。参加本次沟通会的7名员工代表分别来自不同的部室，在会上，他们争先恐后，踊跃发言，畅谈了大厦发生的一切可喜变化，并对大厦的未来充满信心。同时，他们将事先整理好的员工意见、建议，在会上一一向总经理提出，这些问题包括了员工生活、福利待遇、激励机制、人事问题及对大厦发展的建议等各个方面。

总经理时而聚神倾听，时而埋头记录，还不时插话，详细询问有关情况，对员工提出的问题、意见、建议一一给予答复，并根据问题涉及的方面和性质召集相关部门负责人到现场给予解答，现场办公、现场落实。对于员工描述不清楚的问题，散会后，老总亲自同员工一起到现场查看，提出解决意见；对于一些现场不能解决的问题，总经理责成相关部室，落实责任人、督办人，限定期限给予员工答复。

会议持续了3个多小时，员工提出意见、建议26条，总经理现场解决8条，并对其他问题做了相关安排，收到了较好的效果。此次沟通会的召开，给员工提供了表达心声的机会和平台，使总经理和员工真正实现了零距离接触，为大厦及时发现问题、找出症结，打造凝聚力强的现代化管理团队，促使大厦快速稳健发展，打下了坚实基础。员工们纷纷表示，总经理在百忙之中和大家坐在一起，倾听大家的心声，这是酒店以人为本最好的体现，让员工非常感动；总经理不以员工提出的问题为“小问题”，亲自答复，现场解决，使员工的许多疑虑、误解等问题在沟通中自然得以化解，让员工受到了很大的鼓舞。

（二）和谐一致

和谐一致是指在树立酒店形象的过程中必须保持上下一致、言行一致、前后一致、内外一致。

一旦了解了消费者的需要、消费者对酒店的看法、消费者对酒店在市场上的定位反应，也知道了酒店该怎么做的时候，酒店就应该保持一致性。酒店只有保持一致性，才能展示出酒店的整体形象，不一致的印象会给消费者带来困扰，造成不良后果，也会使消费者不能对酒店产生信任和好感。

酒店一旦定位，就必须使产品和服务的每一方面都能有助于加强印象，有助于树立酒店形象。而保持一致性的形象就相当于向顾客说：“请您相信我们！”

（三）因地制宜

树立酒店形象就是在激励酒店全体员工的基础上，通过确立酒店的理念、行为和活动，充分展示酒店的特性和魅力。但是，酒店形象的树立绝不是一朝一夕就能完成的，它需要一个长时间的累积和培训过程。同时，由于每个员工的素质、经营者的水平、业务状况、竞争策略和营销手段等都各不相同，在树立酒店形象的方法、手段上，必然会有所差异。因此，在选择采用哪种形式树立酒店形象时，必须因地制宜，不能生搬硬套，东施效颦。具体操作时应注意以下几点。

1. 在酒店内部做好员工的沟通和教育工作

进行沟通和教育就必须要统一思想认识，调动全体员工的积极性。这里要强调的一点是，在进行教育时必须有针对性。同时，要注意克服以下几种错误倾向：认为树立酒店形象就是做广告；认为树立酒店形象就是使用标志和标准字；认为树立酒店形象就是搞公共关系活动等。

2. 在酒店外部做好市场调查研究和分析

要通过调查，了解酒店的特点和酒店所处的环境，以便结合酒店实际情况作出长期规划，使酒店逐步树立自己的良好形象。

3. 对酒店整体进行正确的市场定位

酒店市场定位是指酒店的产品和服务在市场中所占有的位置。酒店市场定位十分重要，绝不能盲目进行。为酒店的产品和服务进行正确定位，能清楚地让消费者明确区分本酒店与其他竞争者之间的不同，能增强消费者对酒店提供的产品与服务的信心。

酒店的定位以酒店对市场的调查研究为基础，越了解市场，就越懂得怎样满足消费者需求。一项产品开发与研制过程，必须建立在为广大消费者提供“有用”的商品和服务之上。而这个“有用”的内涵包括两个方面：首先，它是指酒店提供的商品和服务能够满足消费者的需要。其次，它还包括理性的（如低价格、质量可靠等）和感性的（如外观、色彩、高品位等）两方面的内容。

一个正确的酒店定位方案，必须产生在酒店的市场调查之后。酒店定位是酒店的专长加上顾客的特别需求，因此，酒店定位不是为迎合每个人，酒店定位的效果也不可能在短期内产生，但是长期累积之后的效益却是十分惊人的。定位一旦确立，便比其他竞争者占据更多优势。

（四）时不我待

树立酒店形象是酒店长期的经营策略，而不是临时性的、短期性的活动。任何酒店在树立形象的过程中，都要注意把握住树立酒店形象的各种有利时机。

（1）要把握好内部时机。内部时机主要包括：新酒店开业或合并成酒店集团之时，酒店周年庆或重大活动之时，酒店高层人事大变动、欲创新作风之时，酒店体制变化或经营理念改变与重整之时，消除不良影响、统一酒店形象之时，评星或晋升高一星级酒店之时，等等。

（2）要把握好外部时机。酒店在塑造形象过程中，可以把握的外部时机主要包括：进军国际市场、向国际化经营管理转变之时，新产品、新服务项目的开发与上市之时，竞争的产品个性不明显之时，酒店规模扩大、朝多样化经营方向转变之时，酒店对外宣传出现危机和分歧之时，等等。

三、酒店形象塑造的步骤

（一）制定酒店理念及战略

当前，酒店市场竞争日益激烈，要想在激烈的市场竞争中求得生存和发展，必须具备洞察时机的慧眼和超越时代变化的远见。只有这样，才能有助于酒店树立正确的理念和战略目标。酒店制定理念时必须注意两点。

1. 要突出酒店理念的差异性

在计划经济的时代，酒店的发展往往要受到“非技术因素”的牵制和影响。在市场经济时代，“非技术因素”的影响力逐渐缩小，而“技术因素”的作用在不断扩大，哪家酒店掌握了先进技术，哪家酒店就具有更大的竞争力。但随着生产力水平的不断提高，单纯依靠技术因素，无法达到脱颖而出的效果。因此，必须强调酒店形象的“差异化”，形象“差异化”的核心又是指理念的“差异化”，而酒店理念的差异化又决定于酒店经营者是否能以有远见的新眼光来重新审视经济、技术和社会等因素对酒店的综合影响，以建立一种独树一帜的酒店理念。

2. 要强调酒店目标的超前性

在树立酒店的形象中，还包括制定明确的酒店目标。具有专业实力和敬业精神的酒店公关人士应善于透过各种现象，富有远见，制定出具有超前性的目标，并且能独具慧眼，果断实行。

（二）酒店理念“视觉化”

视觉化包括两层含义：一是把酒店理念应用于酒店基本要素的设计，就是酒店的标志、标准字等内容能够反映出酒店的理念；二是把基本要素用于各种应用要素上。

做酒店的标志、标准色和标准字等基本要素的设计时，应把酒店的理念通过色彩、图案、形状、声音等手段，制成标志和标准字。这些视觉形象不仅能加深消费者对酒店理念的理解，而且可以使消费者过目不忘，产生双重效果。把酒店的基本要素用于各种应用要素（如广告、刊物、办公用品、运输工具等）的目的，就是要通过这些媒介来传递酒店的信息，这种信息传递的量越大、越持久，酒店形象在消费者心目中的地位就越牢固、越重要。

（三）全员塑造一流形象

树立酒店形象，当然离不开全体员工的共同努力，要使酒店的理念成为全体员工的共识。酒店公关人员的职责不仅要确立酒店的公关理念，并且要把这种理念变为现实。因此，对员工进行教育培训时要想获得成功，必须要实现三个目标：一是把酒店的理念用最精准的语言和最通俗的形式表达出来，并为广大员工所理解和接受；二是要扫除一切有碍于树立酒店形象的因素，以保证全体员工的统一认识；三是要认识到，在力排众议之时，就是酒店理念深入全体员工心中的大好时机。

（四）内外保证良好信誉

就酒店的内部活动而言，每个员工都要有良好的信誉。酒店良好的形象来自良好的信誉，而良好的信誉要靠优质的产品和服务，这就要依靠每个员工的共同努力来实现。同时，每个员工的言谈举止，也是传递信息的一种重要方式，所以员工在待人接物方面，也要时刻注意维护酒店的形象。以上这些都要靠酒店的正确理念来维持，通过教育，把酒店的理念变为实际行动。

就酒店的外部活动而言，酒店在开展各种业务活动时，必须与供应商、厂家和广大消费者打交道，酒店的良好形象就是通过提供优质产品和服务建立起来的，酒店对外的各种广告宣传和公共关系活动也必须和酒店理念保持一致。

典型案例分析

洲际集团旗下品牌官方介绍

发现国际奢华体验——洲际酒店及度假村是全球首个真正意义上的国际酒店品牌，旗下的五星级酒店遍布世界60多个国家，60多年的丰富经验可让我们洞悉每一个目的地。从传统的高贵优雅，到大都会的摩登时尚，再到热带海滨的轻松与恬静，每一家酒店都有各自独特的风格，为品味独到的旅行者们带来万种风情。

开启灵感旅行之旅，与众不同的入住方式——Kimpton所有酒店和餐厅均设有获奖无数的餐厅和酒吧、举办过鼓舞人心的会议和活动，并配备贴心周到的福利设施。我们希望借由以上酒店特色为您打造个性化、终生难忘的体验。诚挚的个人服务辅以落拓不羁、复杂精妙的设计风格使得 Kimpton 酒店不仅仅是下榻之所，更重新定义了入住方式。

尊享中华待客之道——华邑专注于提供高端豪华、接近自然的环境和无微不至、体贴周到的服务，帮助我们的客人耀享成功。我们拥有蜚声国际的卓越品质和享誉全球的中华待客之道。

工作、沟通、放松——在皇冠假日酒店及度假村，我们确保您在商务旅行时轻松掌控取得成功所需的一切。我们的每一家酒店都提供全方位的综合会议设施，皇冠假日酒店领先睡眠品质体验，24 小时商务服务和设备齐全的健身中心可确保您随时处于高效状态，顺畅完成工作。

体验引人入胜的本地风情——现已遍布全球众多城市的英迪格酒店以其清新的设计、个性化的服务和融合本地风情的特色，为宾客提供无尽的灵感和愉悦的住宿体验。我们值得信赖的品牌带来诸多优势，提供真正的精品酒店体验。每一家酒店的设计都匠心独运，充分展现出我们所在社区的全方位特色。从墙上的艺术品，到当地特色餐饮，无不令人耳目一新。

您的健康旅伴——EVEN 酒店品牌为重视健康的宾客提供全新的旅行方式。在整个旅途中，我们帮助宾客保持活力、轻松休息、均衡饮食、成就更多，从而让他们在旅途中也能保持身心健康。我们酒店拥有深谙健康之道的员工和现代化的自然空间，为宾客提供有益于健康的选择和宁静舒缓的生活空间，让宾客在旅行中依然能按自己的方式保持日常的作息规律。

感觉与众不同——清新，现代，前所未有。今天的假日酒店提供舒适、熟悉的氛围，宾客们在这里可以尽情放松和享受各种便利设施，如高速无线网络、餐厅、健身中心和舒适的酒廊以及儿童免费餐饮与住宿。商务与休闲的完美融合，适合当今寻求舒适感受的旅客。

智选，智慧之选——简单温馨的酒店，供您休息、放松和从事工作，实为智慧之选。无论您是前往某地还是入住一个星期，您都会喜欢上我们的智选假日酒店，它为您提供您所需的一切。

您的家外之家——Staybridge Suites 酒店，宽敞的套房配备了设施完备的厨房和宽敞的工作空间，让您能够轻松下榻、完成工作。此外，我们还提供免费自助早餐、随处可用的免费无线网络和黄昏社交酒会，让您身在旅途时也能尽享生活。

宾至如归——Candlewood Suites 酒店提供单间公寓和有更多活动与放松空间的卧室套房，致力于为您带来融合舒适、空间与价值的体验。设施完备的厨房、超大工作区和免费洗衣服务让您无论住多久，都能拥有一种回到家的感觉。

问题：1. 洲际集团为什么各品牌都有自己的定位和特色？

2. 你最欣赏洲际集团的哪一个品牌？为什么？

思考与练习

1. 如何理解酒店形象的含义？在酒店公关工作中确立完美形象的意义是什么？

2. 酒店形象的要素有哪些？它主要由哪些内容构成？

3. 酒店知名度与美誉度的含义是什么？二者有何关系？

4. 酒店形象设计的内容可以包括哪几个方面？

5. 酒店形象塑造的主要工作有哪些？

实训项目

教师指定一家本地著名较高星级酒店并提供主要信息；学生分四组，运用不同方法对该酒店进行形象评价，要求有调查、有分工、有根据、有报告、有介绍；教师对学生评价手段及效果进行点评，并引导学生分析各种方法的优缺点和适用方向。

第六章 酒店产品的经营与创新

哲理格言

花繁柳密处拨得开，才是手段；风狂雨急时立得定，方见脚根。

——（明）陈继儒

学习目标

通过本章的学习，你将：

1. 熟悉酒店产品的构成、生命周期与特性。
2. 掌握酒店产品的组合、定价、定位等公关策略。
3. 掌握酒店产品创新的原则与程序。
4. 熟悉酒店品牌的构成、结构、延伸策略。
5. 掌握酒店品牌化公关战略。

第一节　酒店产品概述

一、酒店产品的含义

现代企业的一切经营活动都是围绕着如何以其产品来满足顾客和社会的需要这个中心进行的。产品是指在市场上为消费者或用户提供的一切有形和无形的利益，是为了满足消费者或用户的需要而设计提供的。它可以是一种物质实体（如菜肴），也可以是一种无形服务（如斟酒），还可以是上述两者的有机结合，如麦当劳产品既包括工业化标准和生产方式，也包括规范化服务和独特的商业文化。那么公关人员应该怎样理解酒店产品呢？

（1）从酒店产品的功能来看，为了满足客人多方面、多层次的需要，酒店产品已经从单一的住宿功能或简单的食宿功能逐渐发展成为包括住宿、餐饮、商务、会议、健身、娱乐等多项功能在内的综合性产品。

（2）从酒店产品的形式来看，酒店拥有大量有形的设施设备、实用产品，但这些设施设备、实用产品能否有效地发挥作用，体现出它们的价值，又依赖于酒店员工提供的服务，因此酒店产品是有形的实物产品与无形的劳务服务的组合。

（3）从酒店产品的档次来看，酒店为了吸引更多的客源，为客人提供更多的选择，产品的档次往往是多层次的，既有较低消费水平的大众型产品，也有较高价格水平的高档产品。以酒店客房产品为例，在星级酒店里，既有大众型的标准间，也有高档的套房，标准间又有普通标准间和商务标准间甚至豪华标准间之分，套房也有普通套房、商务套房、特色套房、豪华套房和超豪华的总统（皇家）套房等不同的档次。

将以上三方面结合在一起，我们可以得出这样的结论：酒店产品是一种以满足客人多层次的消费需求为特征，提供多种实物产品和劳务服务的综合性产品。

二、酒店产品的构成

酒店产品作为一种综合体，包含的因素较多，也比一般的产品复杂。它是如何构成的呢？通常我们将酒店产品从里到外分为核心产品、外形产品和延伸产品三个部分。酒店产品构成如图 6-1 所示。

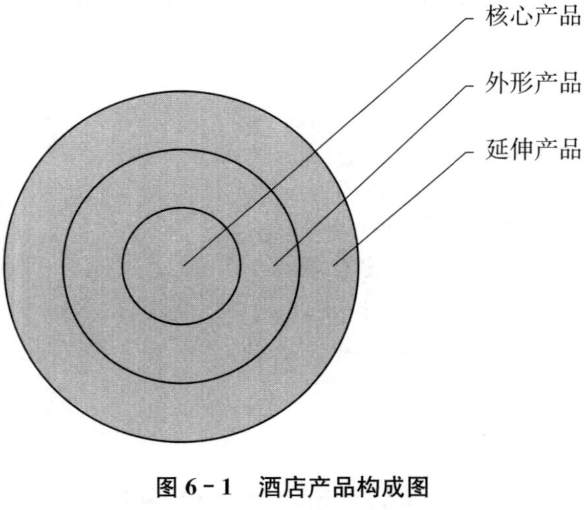

图 6-1 酒店产品构成图

（一）核心产品

核心产品是指酒店产品的基本功能，即产品提供给客人的基本效用或利益。酒店产品中，能为客人提供基本效用或利益的应当是服务。高星级酒店的核心产品是为客人提供食宿、娱乐、健身、商务、会议等综合服务，低星级酒店的核心产品是为客人提供基本的清洁、简单、便利的食宿服务。

酒店的设施设备无论再豪华、再高档，也有赖于“服务”才能正常地发挥作用；同时，酒店能否为客人创造一种舒适温馨的环境与氛围，也与酒店的服务水平息息相关。因此“商业酒店之父”斯塔特勒有一句名言：“酒店从根本上来说只销售一样东西，这就是服务。”假日集团的创始人凯蒙斯·威尔逊说过：“服务是酒店取得最终胜利的因素。”希尔顿酒店提出“Minimum Charge for Maximum Service”，即让客人以最少的费用享受最多的服务。这些都说明了服务在酒店产品中的核心地位。

（二）外形产品

外形产品是指酒店产品功能价值的载体，即产品向市场提供的实体和形式，是扩大化了的核心产品。这是酒店产品中最为直观的部分，包括可以感知的酒店的地理位置、建筑特色、装饰装潢、设施设备、实物产品和环境氛围等，也是一家酒店的产品与其他酒店产品的明显区别所在。

因此，要树立良好的酒店形象，酒店必须要重视外形产品的设计、布置。例如在确定酒店名称、设计酒店标志时要力求简洁明了，易读易记，比如希尔顿酒店的“H”（Hilton）；喜来登酒店的“S”（Sheraton）；设计最佳的是麦当劳的“M”金色拱形门标志，主题色采用红色和黄色，鲜明抢眼；威斯汀酒店“Westin Hotels”就是从“Western International Hotels”简化而来，最终更简化为“W”。

（三）延伸产品

延伸产品是指客人在购买酒店产品时得到的附加利益的总和，是由酒店另外附加到产品上去的，能给客人带来更多的利益和更大的满足，如酒店为客人提供的优惠条件、价格折扣、超常服务、信息服务、对儿童和残疾人的特殊服务等。延伸产品对客人来说并不是必不可少的，但它对酒店产品的完整性和吸引力有很大的影响。在激烈的市场竞争中，它往往成为客人选择酒店产品的一个重要砝码。许多酒店为了保住老客户、开拓新市场，都把目光瞄准了延伸产品，在各种优惠折扣、特殊服务上大做文章，用一句俗语形容就是“放长线，钓大鱼”。一些著名酒店集团采用会员制、俱乐部制，就是想用延伸产品的形式“拴”住老客户，“留”住大客户，使其会员无论到哪儿都尽量选择集团属下的酒店入住，以获得不断累积的附加利益。

案例 6－1

喜达屋优先顾客计划

喜达屋集团（Starwood，旗下拥有圣·瑞吉斯、豪华精选、喜来登、威斯汀、福朋、W旅店六个品牌）主要针对商务客人，投资4 700万美元启动了喜达屋优先顾客计划（Starwood Preferred Guest，SPG）。客人参加这一计划成为会员后，将拥有个人客史档案和消费记录。只要在喜达屋集团所属六个品牌的酒店里有效消费，均可获得积分奖励“star point”，达到一定积分后就可以享受免费住房、周末奖励、酒店房间/套间的升级、半价优惠、飞行里程等奖励，而且积分永不失效。

会员卡的种类有初级卡、公司雇员卡、金卡、白金卡、VIP卡和员工卡，同时采用“升降级”制度。所有SPG会员都有机会根据住店的次数或者间/天数升级到金卡或白金卡。初级卡或公司雇员卡一年里达到10～24次住店或者25～49间/天即可升级到金卡，一年里达到25次以上住店或50间/天以上可升级到白金卡。但如果客人当年不能保持他所在级别的住店要求，其会员档次就会自动下降一级，享受的优惠及服务也会随之减少。

初级卡（Preferred Card）会员不收会费，不设最低条件，可享受以下优惠：A. 有效消费 1 美元，获得积分 2 分；B. 个人档案包括对楼层、枕头、床、是否吸烟及报纸种类的偏爱；C. 每天（除周日）报纸；D. 不住店时在酒店餐厅每次消费 10 美元以上，可获积分；E. 在客人抵店前准备好钥匙。金卡（Gold Preferred）会员一年内要住 10～24 次或 25～49 间/天，可享受以下优惠条件：A. 有效消费 1 美元，获得积分 2 分，另奖励 50%，共得 3 分；B、C、D、E、F、G 等项同上述初级卡会员；H. 每次可用支票兑现 300 美元现金（酒店可提高此限额）。

类似的还有希尔顿集团的荣誉会员计划，成为其会员后，入住参加该计划的2 000多家酒店可以同时获得积分和超过 55 家航空公司的航空里程。一年内只需 4 次入住参与此计划的希尔顿酒店，就可以成为希尔顿全球荣誉会员的银卡成员。如果成为更高级别的金卡或钻石卡成员，入住酒店时可以享受房间升级。会员积分可用作免费住宿、机票、游轮或旅游，特别奖励是到马尔代夫和埃及旅游。万豪集团的礼赏奖励计划是目前全球拥有会员数量最多，并且历史最悠久的奖励计划。2004 年是万豪集团成立 20 周年纪念，只要在万豪入住 7 晚即可获得 1 万分的积分奖励。

总的来说，酒店产品的这三部分密切结合，构成了一个有机整体。其中，酒店核心产品的效用要通过外形产品加以体现，外形产品则要通过延伸产品加以完善。酒店在进行产品管理与创新时，应当注意发挥产品的整体效能，在核心产品上形成自己的品牌，在外形部分形成自己的特色，在延伸部分形成自己的竞争优势。现在国内很多酒店都把提高产品及服务质量作为吸引客人、应对竞争的主要手段，而对为客人提供众多附加利益，对客人有着独特吸引力的延伸产品关注不多。其实随着酒店核心和外形产品的竞争差异日益缩小，从公关意义上说，未来酒店产品的竞争将主要集中在延伸产品方面，酒店公关机构必须关注这一发展趋势。

三、酒店产品的生命周期与特性

（一）酒店产品生命周期

根据经济学的研究成果，产品的生命周期是指新产品从投入市场到退出市场的整个过程，这一产品的生命历程大体上会经过导入期、成长期、成熟期和衰退期四个阶段。

在导入期，由于新产品刚刚投放市场，酒店公关存在两方面的困难：一方面，消费者与中间代理商对新产品不了解、不信任，存在戒备心理；另一方面，这一时期的酒店产品无论是所使用的设施设备、员工操作技术的熟练程度，还是服务程序和规范、服务技巧等，都还没有定型，产品的质量不稳定，成本偏高。如果此时酒店经营管理跟不上，有些产品就可能一蹶不振，甚至夭折。要顺利度过这一阶段，酒店必须加大培训力度，加强管理，保证产品质量，同时进行有效的公关与营销活动，以打开销路。

在成长期，酒店产品由于成功地度过了导入期，已经逐渐被消费者和中间代理商所接受，市场局面已经打开，只要稳扎稳打，深入开发，销售额与利润额都将不断增长。

在成熟期，酒店产品成为市场上的主打或主流产品之一，销售量逐步达到顶峰，此时的销售量主要依靠消费者的重复购买来保持，销售增长速度缓慢，市场净增长率微乎其微。

在衰退期，又有更新、更好的酒店产品出现，促使消费者的需求发生转移和变化。此时，旧的酒店产品销售量逐步减少，到最终无利可图的时候，酒店将放弃老的产品，转而开发新的产品。这一酒店产品也就走完了自己的生命周期，完成了自己的历史使命。

根据产品的生命周期变化，我们的公关活动必须注意以下两点：一是产品的生命周期是有限的；二是产品的盈利能力是不稳定的。由于这两个特点，任何一家酒店在日常经营中都不能"迷信"成熟期的产品，不能被动地受制于产品的生命周期，切忌"看天吃饭"或者说"看市场吃饭""等市场吃饭"。酒店应当不断地创新和开发新产品，去满足甚至创造消费者的新需求，也就是说"找市场吃饭"或者"创市场吃饭"。

（二）酒店产品的特性

酒店不同于一般的工商企业，它的生产程序、产品种类和销售形式都有其自身的特点。酒店的生产与一般企业最明显的区别是酒店的主要产品——客房，是一次性投资、一次性生产的。酒店这座建筑物或建筑群本身既是工作母机，又是产品之一。具体来说，酒店产品不同于一般产品的特点有以下八个。

1. 高消费性

由于酒店业是一个高投入、高成本、高档次的行业，要维持正常运转并逐步收回投资，经营管理的开销是相当大的，酒店产品的价格自然也比较高。要使客人感到物有所值甚至物超所值，我们的服务必须格外精心。

2. 高气氛性

气氛是特定环境中给人强烈感觉的景象或氛围，也是客人对酒店的一种重要感受。它取决于酒店的硬件条件，也取决于酒店中的人包括客人自己的活动，更取决于酒店员工的服务行为。要创造良好的酒店气氛，我们必须注意一切能创造酒店美好环境的细节因素。

3. 高服务性

服务是酒店的核心产品，是客人选择酒店的主要因素之一，其项目的多少、质量的优劣和水准的高低是目前酒店在行业竞争中相互一争高下的重要环节，为此我们必须为客人提供以热情周到、细致温馨的服务为内核的产品。

案例 6－2

睡眠关爱计划

在金陵饭店行政楼层连续住了两个晚上的金女士给饭店的客务关系主任发来了一封电子邮件，邮件上说由于她背痛导致长期失眠，这次来南京出差入住金陵饭店后，居然一觉睡了8小时。"我都不敢相信自己能睡这么久，太舒服了！"当时客房服务员为她挑选了一床特别柔软的褥子和一个特制的"减压枕头"，——"要知道，我的睡眠质量一直非常不好，现在能睡得那样好，真要感谢金陵饭店，太有创新精神了！"

这是金女士在服务员推荐下尝试的一项即将推出的睡眠关爱计划。在此前长达半年多的时间里，金陵饭店针对现代商务人士进行了睡眠关爱计划的调查，调查涉及个人睡眠习惯、影响睡眠质量的关键因素、睡眠亚健康症状，等等。调查结果显示，超过45%的宾客存在不同程度的睡眠质量问题，其中处于睡眠亚健康状态的客人均表现出入睡困难、睡眠浅、疲乏等症状。

睡眠健康如此亟待关爱，金陵饭店由此萌发了为宾客赠送美梦的心愿，让宾客了解床垫与睡眠的密切关系，并且更加关注自己的睡眠健康，倡导科学睡眠。金陵饭店订制了

“享梦金陵”——睡眠关爱计划，斥巨资对所有房间的床垫、枕头及被子进行了全面升级换代，并联手世界领先的专业健康床具及床上用品品牌，为商务客人提供舒适的枕头，柔软的床垫，贴心的服务……尤其是精心选择的国际品牌床垫，在缓解身体压力等方面都有突出表现。

如此大成本的举措，在酒店行业比较少见，不仅为解决睡眠问题作出了有效尝试，更是一种难得的社会责任感。在饭店22～28楼的所有客房，使用的全部是“金可儿”品牌的床垫，它是具有国际脊骨神经科学协会颁发的全球唯一“ICA”认证证书的独立袋装弹簧床垫。其首创的分区支撑系统赋予床垫全新的分区支撑理念，无论侧躺、平躺，皆顺应人体曲线，改善接触部位的血液循环，矫正睡姿，让身心得到充分的放松，帮助人们更快更好地入睡并改善睡眠质量。

另外，经过全新改造后的金陵饭店客房，床用棉织品全部采用新型的“40ST单经双纬”编织方法，配合膨松透气的被芯，带给客人清新舒适的睡眠体验，让睡眠变得更加愉快而轻松。同样，饭店还为客人准备了柔软的鸭绒枕、不造成过敏的仿鸭绒枕、保暖性好的木棉枕、治疗失眠多梦的荞麦枕、减压宁神的薰衣草枕、明目保健的决明子枕等6款不同功能的枕头免费供客人选择。只要一个电话，服务人员就可将枕头送至客房。另外，当客人再次入住的时候，服务人员会根据该客人专属的客史档案，为他准备好一切。

“享梦金陵”——睡眠关爱计划的温馨和神奇，让前来入住的宾客倍感尊荣。体验细意浓情，从享受美梦开始，这是客人们给予金陵饭店最高的褒奖。

4. 不可专利性

酒店管理者聘请他人或者自己开动脑筋设计的设施、菜肴、装饰、布置、服务方式、氛围等是不可能申请专利的，唯一能够申请专利的只有酒店的商标与名称。这种产品的不可专利性带来的直接后果是酒店之间会互相模仿和克隆在市场上销路好、受欢迎的新产品。因此在产品设计上，酒店必须贯彻“人无我有，人有我特，人特我优，人优我创”的竞争策略，这是酒店管理者必须加以悉心研究的问题。

5. 生产与消费同一性

一般商品的生产过程和顾客的消费过程是分离的，顾客看到的和购买使用的就是最终产品。但酒店产品的生产过程和消费过程几乎是同时、同步进行的。只有当客人来酒店消费时，酒店产品的生产才真正开始；只有当客人购买并消费时，酒店的有形实物与无形服务相结合才能形成完整的酒店产品。这一特性要求酒店应根据目标市场的大小设计接待能力，同时加强培训，强化管理，营造良好的消费氛围。

6. 价值不可储存性

一般商品都可以储存，当天没有销售出去，第二天可以继续卖，价值不会缺失，而酒店产品不行，如果当天没有销售成功，当天的价值就将失去，再也无法收回。以容易引起混淆的客房产品为例，它不能库存，也不能搬运，如果今天不能出租给客人，到了第二天，即使它是完整无缺的，即使第二天有客人入住使用了，这间客房前一天的价值还是不复存在了。因此，酒店必须不遗余力地推销其产品，努力提高宾客的满意率和回头率，把酒店产品不可储存的价值尽可能多地转化为可以储存的财富。

7. 质量不稳定性

由于酒店产品的生产者即酒店从业人员本身的复杂性，造成产品的质量不太稳定；同时，酒店产品的消费者即酒店顾客的情况也是千差万别，使得他们对产品质量的评价也很难稳定。这些主要都是由人的主观因素造成的。酒店应当制定严格的程序规范与质量标准，从管理、培训、教育与激励等方面着手，把产品质量的波动稳定在一个合理的范围之内。

8. 综合性和季节性

旅游需求的多样化决定了酒店产品的综合性。酒店除了为客人提供基本的食宿服务外，还要提供商务、会议、休闲、娱乐、购物、信息等多种服务。因此酒店产品必然是一种能够满足客人多方面、多层次的消费需求的综合性产品。旅游业具有明显的季节性，酒店业也不例外，一年之中酒店经营有淡季和旺季之分。淡季时，酒店应做好人员培训和设施设备的维修保养，并举办一些有特色的促销活动，力争“淡季不淡”；旺季时，不愁客源，应当配齐必需的人员及设备，最大限度地挖掘现有硬软件的接待能力，获取最大收益，保证“旺季不乱”。

第二节 酒店产品的公关策略

酒店要制定整体经营战略，首先要明确酒店能提供什么样的产品和服务去满足客人的需求，也就是要解决产品的公关策略问题。

酒店要想在市场竞争中立于不败之地，就必须根据目标市场的需求及特点，结合本酒店的资源条件、经营能力等制定符合经营目标的产品公关策略。不同类型、不同等级的酒店所制定的产品策略肯定有所差异，但从一般角度来说主要包括产品特色策略、组合策略、多角化策略、定价策略和定位策略。这里重点给大家介绍的是实践成果比较多、可操作性比较好的产品组合、定价和定位策略。

一、酒店产品特色策略

当今酒店业竞争十分激烈，酒店产品如果没有自己的特色，就没有了竞争的动力，酒店也就失去了发展的生命力。因此，酒店应当根据目标市场的需求，设法在目标消费群中树立起本酒店产品的特色，这种特色要力求鲜明，有吸引力，有区分度，不太容易被模仿，从而占领顾客的“心理市场”。

当处在有同类市场的情况下，酒店可以通过开发新的服务项目，提高服务档次和水平等多种手段，来增加其产品的特色；当处在有同类竞争者的情况下，酒店可以在产品和服务的质量、规模和成本控制上做文章，提高其产品的市场竞争力和地位；当处在提供同类产品的情况下，酒店可以通过发展“缺口”产品、“组合”产品、“延伸”产品等来创特色，从而吸引更多的客源，在竞争中胜出。

案例 6－3

酒店的“大瀑布”

桂林漓江大瀑布酒店是桂林新评定的一家五星级酒店，其位置非常好，漓江、象鼻山、叠彩山等近在眼前。最为人称道的是其人工瀑布景观，在酒店上部宽 2 米、下部宽 75 米、落差高达 45 米的大型人造瀑布，已被列入吉尼斯世界纪录。每天晚上 8:30 以后 15 分钟的瀑布景观，已经成为旅游者必看的一个特色项目。大瀑布酒店全年出租率为 62.8%，营业收入全年近 1 亿元人民币，良好的业绩说明当初投资改造的决策是正确的，也说明其酒店产品特色策略是成功的。

二、酒店产品组合策略

近年来，为了挖掘酒店产品的潜力，提高产品的吸引力，满足不同层次客人的需求，很多酒店都开始采取产品组合策略。所谓产品组合，就是把两个或两个以上的酒店产品或服务项目有机地结合起来，以综合包价的形式及适宜的价格销售给客人，又被称为酒店包价产品。

（一）产品组合的分类

根据酒店开发的产品组合侧重点不同，产品组合可以以两种形式进行分类。

（1）酒店针对特定目标市场，结合产品的特色，以客人的消费活动为主线将多种产品进行组合。常见的产品组合分类有：

1）商务产品组合。即将酒店客房和某些其他服务组合在一起提供给商务客人。例如入住商务楼层三晚，可以得到免费自助早餐、房内水果一篮、免费洗衣服务、随意使用康乐中心内的设施器械、免费参与酒吧娱乐或迪斯科舞厅活动、免费租用电脑及离店结账时间延长至下午 2 时等。

2）会议产品组合。一般包括使用会议厅（室），会议休息时间免费供应咖啡、茶水和点心，使用会议设备如幻灯、投影仪，以及会议期间的工作午餐，有的酒店还提供会议秘书服务、会议协调服务等。

3）家庭产品组合。其常以经济、实惠来吸引观光度假的家庭旅游者。产品中包括为小孩提供的优惠服务项目，如 18 岁以下的未成年孩子与父母同住免加床费，提供看管小孩服务，小孩免费使用康乐设施和游戏室，免费组织客人去动物园游览，餐厅提供儿童菜单和儿童餐椅等。

4）婚宴产品组合。主要针对当地居民市场，通过酒店提供的多种服务尽量减少婚礼给新人及其家庭带来的麻烦。例如新加坡文华酒店的婚宴组合产品包括：豪华京式或广式筵席，免费提供软饮料，四层精美结婚蛋糕一座，以鲜花和双喜横幅隆重布置婚宴厅，用干冰效应制造婚宴气氛，播放婚礼进行曲，免费赠送婚宴请柬，免费提供一夜新婚套房，内有鲜花、水果和香槟酒，次日免费床前美式早餐。该婚宴组合产品既很热闹又很省心，深受新加坡华人消费者的欢迎。

（2）酒店为提高淡季客房出租率而进行产品组合设计，强调以价格优势和超值服务来吸引客源。常见的产品组合分类有：

1）度假产品组合。为了促进酒店产品的淡季销售，将 7～10 天的住宿加膳食以包价形式提供给客人，并提供免费的娱乐活动。如意大利某酒店位于避暑胜地，冬季时为促进销售，推出了“白雪周”组合产品。这个 21 万里拉的包价产品包括：7 天食宿、免费接送客人去滑雪地、免费使用滑雪地缆车、滑雪教练提供免费培训。结果这套产品吸引了不少滑雪爱好者，使酒店冬季的客房出租率大大上升。

2）周末产品组合。主要是吸引客人在一周工作之余来酒店休息和娱乐，达到放松身心的目的。这类产品一般除食宿外，还包括娱乐或体育活动，如周末晚会、烧烤聚餐、钓鱼划船、综艺节目表演等。商务型酒店将休闲活动加上食宿服务组合成价格实惠的包价产品进行销售，可以提高周末的客房出租率。

3）节日产品组合。这类产品主要是结合当地的传统节庆，把节日期间的食宿和节庆活动组合在一起，使客人既能了解当地的传统风俗习惯，又能亲身体验节日期间的喜庆气氛，如龙舟节、中秋赏月、西方情人节、圣诞节等产品组合。我国酒店业近年来出现了一种典型的节日产品组合，就是新年（春节）产品组合，主要包括除夕大餐（年夜饭）、除夕晚会、标准房或套房住宿、自助早餐等内容，颇受广大消费者的青睐。

（二）产品组合的要素

1. 目的

酒店必须明确开发某一产品组合的目的，比如是为了增加产品的销售量，或是提高淡季设施的利用率，还是为了开辟和开发某一目标市场。

2. 对象

酒店必须明确产品组合所针对的特定的目标市场。如福建泉州建福大厦考虑到当地许多企业家因忙于业务而无暇收看新闻，但又很关心、很想看新闻，就推出了“新闻早茶套餐”，将最新的新闻录制下来于早茶时间在餐厅播放，还发送当天的报纸。此项组合迎合了目标市场的需要，因而大获成功。

3. 内容

为了满足客人的需求，刺激消费，酒店要合理设计产品组合的内容。既要满足目标顾客的需要，也要考虑成本费用问题以及酒店在经营操作上的可行性。如某酒店在设计商务产品组合时，曾考虑过免费提供秘书服务、打印服务、电传服务等，但测算后发现成本太高，会导致产品的直观价格较高，此外并非所有的商务客人都需要这些服务项目，因此最终将这些内容撤下。

4. 价格

产品组合要制定具有诱惑力的价格，一般应比客人购买这些单项产品时所需的费用之和略低，使客人感觉比较合算，同时酒店也有利可图，还要考虑竞争对手的价格。

5. 命名

所取名称既要清楚明确，也要好听好记，要能引起公众的注意，并能迎合目标市场的购买动机。

6. 时间

产品组合推出的时间一般应选择在酒店需要增加营业量或市场出现新机会的时候。

7. 媒介

要正确选择产品组合的宣传媒介，根据不同的消费对象采用不同的促销方法和策略。如针对不同的目标市场最好采取不同的信息传递方式，商务产品组合主要采取销售人员访问即人员推销的形式，婚礼产品组合应以当地报纸、电台为主要推广媒介，餐饮产品组合可采用大幅户外广告、标语来吸引顾客等。

三、酒店产品多角化经营策略

酒店产品多角化经营策略，是指酒店为提高市场竞争能力和应变能力，根据市场消费需求经营和提供多种产品及服务的一种经营策略。

从短期来讲，多角化经营是在酒店现有设施设备、服务水平和管理能力的基础上，以现有产品及服务为中心，从其规模、品种、用途等方面不断创新，从而满足市场多样化的需要，提高酒店产品的吸引力。

从长期来讲，多角化经营是以市场需求变化为导向，全面分析市场供求和竞争状况，以及酒店所面临的机遇与挑战，通过酒店资源深度挖掘，扩大酒店产品和服务项目，扩大酒店的经营范围，从而提高酒店的竞争能力。

四、酒店产品定价策略

价格是制定酒店市场营销策略的关键因素。酒店产品的价格是由酒店产品所包含的社会必要劳动时间的耗费，即有形物质和无形服务的价值量共同决定的。除此之外，酒店产品的价格还受产品成本（生产成本、销售成本、环保成本等）、市场条件及环境、同业竞争、汇率变动、政府干预等诸多因素的影响和制约。酒店产品的价格制定得是否合理、恰当，直接关系到酒店产品及服务的销售情况，更关系到酒店的生存与发展。因此，科学而不盲目、灵活而不轻率地做好定价工作，在酒店产品的经营策略中有着特殊的意义。

（一）定价目标

价格在市场上起起落落，千变万化，是酒店整体营销组合策略中最活跃的因素，也是酒店实现营销任务的重要手段。但不管价格如何涨跌起落，不管它的变化是主动还是被迫，在其背后总是有一定目的和缘由的。定价目标就是指酒店通过制定特定水平的价格以实现的预期目的。一般来说，酒店有以下五种定价目标。

1. 利润目标

利润目标是建立在财务分析基础上所确定的定价目标。其特点是价格定在“条件极大值”上，以利润作为定价的主要导向。由于很难找到“最优价格点”，因此常常还是凭借经验定价。

2. 销售目标

销售目标是指暂时不考虑利润，而将扩大销售量作为其定价的主要导向。由于酒店业本身固定成本较高而变动成本很低，所以这种定价目标在酒店业中比较盛行。

3. 竞争目标

这是一种比较稳健的定价目标，以在市场竞争中处于上风或者至少不落下风为目的。酒店对自身和对手的实力要有清醒的认识，对整体市场状况和变化的趋势要有准确的判断，才能制定出符合实际的差异价格。

4. 顾客目标

顾客目标是指能对顾客形成有利于他们的影响的定价原则，如通过稳定的价格培养顾客的忠诚度、为顾客提供良好的价格/价值关系、进行差异定价以及增加服务或设施等是很多酒店常常采用的定价目标。

5. 形象目标

形象是酒店的无形资产，它直接代表着酒店所提供服务的质量及在客人心中的价值定位。一家具有良好知名度和美誉度的酒店哪怕价格再高，仍能在竞争中处于优势地位。因此，许多高档酒店、老牌酒店把维护企业的良好形象作为定价目标。

（二）市场成交价格

对酒店经营者来说，酒店产品的市场成交价格包括以下五种形式。

1. 正常价格

酒店产品的正常价格是指酒店产品需求等于酒店产品供给情况下的价格，它能使酒店投入的资金获得平均利润。

2. 超额利润价格

酒店产品的超额利润价格是指酒店产品是创新产品、垄断产品或者酒店产品需求远远大于供给情况下的价格，它能使酒店获得超额利润。

3. 保本价格

酒店产品的保本价格是指在酒店产品的需求小于酒店产品的供给情况下的价格，它能使酒店的经营不亏不盈。

4. 停业价格

酒店产品的停业价格是指在酒店产品的需求远远小于酒店产品的供给情况下的价格，一般仅等于甚至低于单位产品的变动成本加营业税，此时酒店不仅不能获得任何利润，而且也不能减少固定成本的损失。

5. 亏损减少价格

酒店产品的亏损减少价格是在酒店产品的需求小于酒店产品的供给情况下的价格，这一价格一般低于保本价格但高于停业价格。由于这一价格高于单位产品的变动成本加营业税，因此可以减少已经投入的固定成本的部分损失。

（三）定价策略

为了实现酒店产品的定价目标，就要采取合适的定价策略，以便最终实现既定的目标。常用的酒店产品定价策略主要有以下四种。

1. 新产品定价策略

当酒店推出一种新产品或一项新服务时，应根据市场需求、市场竞争状况和该产品或服务的特色，合理地制定产品价格。常用的方法有：

（1）撇脂定价法。酒店为了迅速收回投资，采用高价推出新产品，或为了防止竞争者进入，采用降价的方法。采用这种定价方法，要求酒店提供的产品具有无可比拟的优质性或独特性。

（2）渗透定价法。在酒店形成买方市场的情况下，新开业的酒店一般以低于预期的价格进入市场，以期获得“薄利多销”、打开局面的效果。

（3）满意定价法。吸取撇脂定价和渗透定价两种方法的长处，选取一种比较适中的价格，这样既能保证酒店获得一定的初期利润，又能被广大消费者所接受。

2. 生命周期定价策略

这种定价策略主要针对酒店产品所处的生命周期阶段而采用不同的价格策略。当酒店产品处于投入期时，应采用新产品价格策略；当酒店产品处于成长期时，应采用稳定价格或略低于正常水平的价格，以刺激需求增长，并阻碍其他酒店竞争者进入；当酒店产品处于成熟期时，在稳定价格保持酒店产品形象和声誉的同时，可以采用一些让利、折扣、优惠条件吸引回头客或潜在顾客；当酒店产品处于衰退期时，为了减少损失和有利于产品的销售，可以适当降低价格。

3. 优惠价格策略

该策略主要是指酒店为了扩大产品及服务的销路，提高市场占有率，而对客人采取各种不同形式的优惠价格，包括折扣价格、赊销价格、附赠价格、差价等。

（1）折扣价格是为了鼓励客人多消费酒店产品及服务而给予的一种让价。

（2）赊销价格是对那些有支付能力而暂时不能付现的客人，给予其一定程度的赊销优惠，允许其每隔一段时间结算一次。

（3）附赠价格是指当客人消费酒店产品及服务时，以不同的形式给予客人一定的馈赠，以刺激其在本酒店消费的欲望。

（4）差价则是按照不同产品及服务、不同季节、不同地区制定不同的价格，以满足不同客人的需求。

4. 心理定价策略

心理定价策略是一种针对客人的心理习惯和行为倾向而制定价格的技巧型策略，也是利用酒店服务的无形性赢得客人的手段之一。其主要方法有尾数定价、整数定价、声望定价、招徕定价等。

（1）尾数定价，是指专门对价格尾数加以心理暗示的一种定价策略，如标准客房每间168元、自助早餐每位28元、厨师长推荐特色菜每份58元等，这种方法容易使客人产生价格相对便宜而且幸运吉利的心理效应。

（2）整数定价，是指对于一些高质量、高档次，能够显示消费者高地位、高品位的产品及服务，往往制定不带尾数的价格，给人一种“一分钱一分货”、优质优价的心理暗示。

（3）声望定价，通常是高档或老牌酒店按照“价高质优”的原则，对酒店产品及服务制定较高的价格，以满足客人在消费中产生的受到尊重、地位尊贵、自我实现等心理需求。

（4）招徕定价，则是酒店有意将产品及服务的价格降低到一般市价以下，个别甚至低于成本，以达到吸引顾客、刺激消费的目的，这样可以增加消费者的连带性购买，促进和扩大酒店的整体销售。

五、酒店产品定位策略

酒店产品的定位策略是指酒店为在目标顾客心目中寻求和确定最佳位置而设计和提供相应的酒店产品的对策及活动。

采取酒店产品定位策略是为了塑造出能为目标顾客高度注意、认同和乐意接受的、个性鲜明的、独特的产品形象，以便在目标顾客的心目中拉大与竞争者的差距，形成差别优势，赢得市场竞争的主动权。酒店应通过开发适销对路的产品，在适当的时间和场所，以适当的产品形式、价格、途径及沟通方式将产品快速有效地提供给消费者，满足其需求。只有这样，才能更好地实现酒店的短期经营与长期发展的目标。

（一）定位步骤

酒店产品的定位一般包括以下6个步骤：

（1）确定酒店的经营范围。即选择并确定酒店的类型、功能与经营项目，回答“我们经营什么最合适?”

(2) 确定目标市场。即回答“我们主要的服务对象是谁?”

(3) 研究目标市场的特征。即回答“目标顾客需要什么?最需要什么?他们的需求有何特点?”

(4) 研究竞争者的市场定位。即回答“竞争者能提供什么?其产品、品牌形象及市场策略有何特点?”

(5) 确定本酒店产品的定位。即回答“我们能够提供什么?与竞争者相比有哪些差异性特色?能否比竞争者更好地满足目标顾客的需求?”

(6) 实施产品定位。即对目标顾客进行促销与沟通,宣传本酒店的产品、品牌形象及经营特色,使他们认可、偏爱并选购本酒店产品,从而实现预期的定位目标。

(二) 定位方法

酒店的产品定位要服从于市场竞争的需要,尽管各酒店的产品定位千差万别,但是从市场竞争的角度分析,主要有三种定位的方法。

1. 对抗性定位方法

对抗性定位方法即紧逼主要竞争对手的定位方法。酒店业是一种较容易进入但又富有竞争性的行业。大多数酒店的产品之间差别很小,吸引的都是同一细分市场的客源,因此他们在许多情况下采用的是与竞争对手定位基本相同,在同一市场内争取更多市场份额的方法。这一方法的要点在于拥有竞争对手的优势,再加上自己独特的优势,从而使本酒店在市场上处于领先地位。但这种定位势必会导致酒店间爆发激烈的正面竞争,实力雄厚或在某些领域优势明显的酒店实施这一方案成功的可能性比较大。

2. 差异化定位方法

这是与主要竞争对手适当拉开距离的定位方法。酒店的目标市场、产品及市场策略富有自身特色,与竞争者形成显著差异,这就避免了与竞争者之间的恶性竞争,使酒店赢得了更大的生存与发展空间。这种方法是众多普通酒店乐意选择的产品定位,成功的案例不胜枚举。

3. 补缺型定位方法

补缺型定位方法即市场有潜在需求,但竞争者没有或不愿意或没有能力提供相应的酒店产品,而本酒店却有能力和专长提供相应的产品时的定位方法。酒店可以定位于这样的市场“空白”地带,迅速占领这一细分市场。成功实施补缺定位的关键,一是该空白市场有足够大的市场容量,进入这样的市场有利可图;二是酒店要迅速在空白市场建立知名度和美誉度,牢牢占领市场。因为如果进入该细分市场的门槛不太高而又利润丰厚的话,很可能导致竞争者蜂拥而至,竞争也会更加激烈。那些经营机制比较灵活的新型酒店,对市场变化反应灵敏且富有创新精神和开发能力,常采用这种见缝插针的定位方法开拓市场。

第三节 酒店产品的创新

在过去的50年里,世界500强的排名频繁发生变动,近10年内的变动更为剧烈。在落伍的企业中，只有少数在成本控制和营运管理中犯了错误，它们之所以丧失名列前茅的地位，主要是由于没能使其产品或服务保持必要的创新。事实说明，没有产品创新，就没有企业的发展。企业界从来没有像今天这样切身体会到产品创新已经成为决定企业生存和发展的关键因素。

由于旅游消费需求的日趋多样化、多层次，同时由于酒店产品本身存在生命周期，酒店企业需要不断地研究和开发新产品，以取代那些已经或者不久将要退出历史舞台的老产品。酒店产品创新，是确保酒店销售增长和利润增长的需要，是适应消费需求变化、全面满足顾客需求的需要，是适应市场竞争、保持和开拓市场、增强公关能力的需要，也是吸收新的理论及技术成果、保持酒店活力的需要。

一、酒店产品创新的含义

在现代酒店经营中，创新是至关重要的。美国著名学者彼得·杜拉克讲过这样一句名言："在变革的年代，经营的秘诀就是没有革新就意味着死亡。"酒店的发展需要不断创新，创造新的产品、新的服务、新的管理，从而使酒店不断获得新的推动力、新的增长力、新的生命力。由于酒店产品是酒店经营管理的出发点，因此酒店产品的创新是酒店创新的最基本内容。

著名经济学家熊彼得于1912年在其所著的《经济发展理论》中最早提出了经济学意义上的创新理论，他认为：创新是经济发展的根源。所谓创新，就是把一种从来没有过的关于生产要素的"新组合"引入生产体系。这种新组合主要包括：引进新产品、引用新技术、开辟新市场、控制原材料新的供应来源、实现产业的新组织等。那么如何理解酒店产品创新呢？

酒店产品创新是指把与老产品在功能、结构、技术、规格、实物、符号、服务等方面具有显著差异的产品引入酒店生产经营体系的过程。

"新产品"可能是"局部新"，也可能是"全部新"，无论哪种"新"，都给这个产品带来了"新卖点"。也就是说，也许这个新产品是客户司空见惯的一种形式，但由于创新因素的存在，比客户熟悉的老产品多了新的功能，或是新的用途，或是有了不同的物理、化学成分等。酒店新开发的产品，哪怕是产品整体概念中任何一步的创新、更新，都应属于新产品之列，包括对现有产品的改良、对竞争者产品的仿制、产品系列的形成以及对原有产品的重新组合等。所有这些创新或者更新都会给顾客带来新的利益和满足。就旅游酒店而言，整个酒店的装修改造、等级提升是新产品，推出的新服务项目也是新产品，而酒店产品组合中某一组成部分的变更也应视为新产品，如更新装潢、更换工作人员服饰、更新菜肴的菜单、改善服务等。

二、酒店新产品的类型

根据对酒店原有产品的创新和改变的程度不同，酒店新产品一般可以分为以下三类。

（一）首创型新产品

首创型新产品是指原来酒店市场上从未有过的，能给酒店带来一种全新感觉和利益的新产品。这种产品的出现通常会给酒店的经营格局带来重大影响。例如，汽车旅馆（Motel）在美国诞生时就是一种全新的产品，因为它的服务对象、经营设施和经营方式都与原来的商业酒店截然不同。汽车酒店最初十分简陋，就是在田野里搭几个帐篷让人过夜，后来是简单的小屋，里面只有一张大铁床，旅客须自备铺盖。1925 年，在美国加利福尼亚州出现了一家叫“迈尔斯顿”的汽车酒店，据说它最早使用了“Motel”这个名称。4 年后迈尔斯顿倒闭了，但更多的汽车酒店却在各地不断涌现。

再如 1829 年美国的特里蒙特酒店，它也是当时世界上现代化酒店的首创，为整个新兴的酒店业确立了明确的标准。这座酒店第一个设前厅，客人不再在吧台登记入住了；房门可以加锁，钥匙交给客人保管；客房里备有脸盆、水罐和肥皂，客人再也不必到酒店后院接水洗澡了；餐厅第一个使用菜单，供应法式菜肴，服务人员都经过训练。特里蒙特酒店作为一个首创型新产品的典范，可以说是世界酒店发展史上的一个里程碑。

开发此类产品是一种主动式的开发策略，以未来需求为着眼点，投入研究经费来保持市场领先，具有一定的风险性。

（二）改进型新产品

改进型新产品指的是对酒店原有产品的某些部分进行改进变更。如酒店大堂布局的调整、客房设施的增加、餐厅菜肴的改良与服务时间的延长等。很多酒店的客房装修改造就是改进型新产品。推出改进型新产品，是酒店增强对顾客的吸引力，保持和拓展市场份额的一种重要手段。例如，上海锦江集团率先在星级宾馆与社会旅馆之间找到一个平衡点，其购买或建造的冠以“锦江之星”品牌名称的酒店对产品规格及标准进行了改进，以清洁、方便、舒适、安全的食宿环境为目标，走经济型酒店的发展之路。

案例 6-4

Sheraton Towers

喜来登的“贵宾楼”（Sheraton Towers），是酒店改造若干高档楼层形成的“店中之店”。它有自己的前厅（提供入住登记和结账服务）、客房和餐饮，提供“贴身”管家（Butler）服务，还提供十一项优惠，包括：免费欢迎茶、果盘、延迟退房、全天茶水、洗衣、擦鞋、早餐或房内用膳、下午茶、2 小时会议室、软饮和报纸。改进后的特色有：(1) 房间色调以黄色为主，地毯、纱窗帘、床罩选料优质；(2) 房间内配有别致的小装饰品；(3) 房间内所有客用品按 VIP 配备，棉制品、杯具为 3 套，并配有全套酒水；(4) 房间内配备传真机。这一产品对锁定该集团的高档客户群起了重要作用，成为喜来登的特色品牌产品之一。

（三）仿制型新产品

这是指本酒店原来没有，而其他酒店已经存在的产品，酒店通过仿制或稍作改变后作为一种新产品推向目标市场。也就是说，酒店以市场首创者推出的新产品为示范，通过“边仿边学”，即通过观摩、学习、选择、借鉴、引进购买的方式，吸取首创者的经验教训，并在此基础上进一步开发出来的新产品。

仿制是酒店的一种重要的竞争策略。因为全新产品投资大，风险高，为消费者所认可有一定难度，而仿制新产品可以借鉴其他酒店的成功经验，借助于其他酒店的销售成果，减少投资风险，也有利于对本酒店现有的产品体系进行补充和改进。酒店在仿制时要抓住时机，快速进入并保证质量，因为仿制新产品进入市场时，该产品可能已进入了成熟期或高峰期，只有抓紧时间经营才可能在其衰退前获得更大的收益。

仿制不是单纯的复制。“复制”较为简单低级，指的是原样不动地照搬照抄。例如，我国沿海的酒店复制国外、港澳地区的酒店，内地的酒店复制沿海的酒店，从南到北功能结构基本雷同，标准间几乎一样，组织与部门设置也差不多。“仿制”则是一个学习的过程，通过学习而获得仿制对象的特点，为我所用。例如，外资或合资酒店为不同部门员工设计了不同款式的西式工作服，很多国有酒店受此启发，为中餐服务设计出了具有民族特色、美观大方而又便于工作的旗袍。实际上，通过从国内外酒店集团或专业的酒店管理公司引进设计和管理技术，对于较快地消化吸收其先进经验十分有利，而且在仿制过程中还能获得必要的指导。

案例 6－5

先仿后创的明星酒店

经过对国内外酒店业的调查，南京金陵酒店意识到，要与先进的国际酒店管理接轨，不仅要靠自己“边摸索边总结”，一年一年积累经验，更要引进整套先进成熟的管理经验。经江苏省委批准，金陵酒店采取走出去、请进来的方式，培训自己的管理干部，学习国际先进的技术和管理方法。通过对美国、瑞士、日本等国家和地区酒店的比较，金陵酒店最终选择了文华东方酒店集团作为仿效的目标。香港文华酒店集团是世界公认的酒店品牌，所管理的酒店在“世界十佳酒店”评选中总是名列前茅。该集团在新加坡、泰国等国家和地区经营管理的酒店颇具东方色彩，易为中方仿效。目标确定后，金陵酒店在开业前就“成建制”地派出 13 名干部到文华集团去学习受训，同时重金聘请文华酒店集团的资深人士担当经营管理顾问，请来由 6 人组成的指导小组培训酒店所有的中高级管理人员，并帮助酒店开业运转。此后，金陵酒店在学习“文华”的过程中始终坚持“全方位学习”，每年都派出管理队伍到文华集团系统接受培训。正是这样的仿制学习，使金陵酒店在开业十年后摘取了五星级桂冠，成为“中国酒店管理的一颗明星”“全国旅游酒店的一面旗帜”。

三、酒店产品创新的原则

酒店产品的创新是一项复杂的工作，工作难度较大，为了获得较高的成功率，降低风险和避免失败，酒店产品的创新应遵循以下五条基本原则。

（一）市场导向原则

酒店产品的创新能否满足消费者的需求，能否获得较好的经济效益，市场最有发言权。只有符合市场需求和社会需求的酒店产品，才能获得广阔的市场和强大的生命力。因此，在新产品开发之前，酒店必须进行细致周密的市场调研，了解市场需求的真实情况，进行新产品开发的可行性分析，并根据调研结果作出新产品开发的决策。

（二）主题性原则

酒店产品创新必须有明确的主题，不能追求“大而全、小而全”，企望把顾客的需求一网打尽。酒店产品只有有了鲜明的主题，才能在市场上树立鲜明的形象，才能更好地避免或减少重叠性的市场竞争，从而有利于酒店产品的市场定位和市场营销。因此，在充分调查和研究的基础上有创造性地确定产品主题，是酒店产品创新获得成功的重要因素。

（三）特色性原则

酒店产品创新要有特色和新意，尽量做到“人无我有，人有我特”，这样才能达到开拓和占领市场的目的。新产品如果没有特色，就会缺乏竞争力和吸引力。因此，酒店必须充分发挥自身优势，努力在酒店的环境设施、实物产品和服务管理等方面形成自己的特色。当然，这里所讲的“特色”，并不是强调标新立异，甚至去追求怪异，而是指能以鲜明形象区别于竞争对手，并被广大消费者甚至竞争对手认可的酒店产品的某一组成部分。

（四）参与性原则

现代旅游者消费心理的一个重要变化就是追求一种令人难忘的独特经历并且渴望参与。酒店产品的创新应尽可能适应宾客的这种参与性要求。这种参与不仅体现在宾客消费过程中，甚至在产品设计过程中就要体现，如按顾客的要求布置会议室、客房、餐厅和宴会厅，请顾客参与菜单、请柬、席卡的设计等。

（五）可行性原则

酒店新产品能否获得良好的经济效益，是否具有操作的可行性，是衡量其开发成功与否的重要标志。只有带来良好经济效益和社会效益的酒店新产品，才有广阔的发展前景。同时，酒店产品的创新要考虑到酒店的生产和销售能力，既不能脱离酒店本身的资源条件，也要能得到销售代理商（如连锁集团、旅行社、网络订房中心）的支持，便于消费者了解及购买这些新产品。

四、酒店产品的创新过程

酒店产品的创新是一个有目的、有计划、有步骤的过程，一般要经历以下六个阶段。

（一）方案的构思

酒店新产品的构思不是凭空想象的，而是有一定的基础和条件的。这需要来自本酒店内外部的信息资料。酒店营销人员通过对酒店内外环境的观察与思考，对竞争市场和目标市场进行研究与分析，就会产生许多关于酒店产品的新点子、新想法，以它们为源头就可以形成多种创新方案。

（二）方案的筛选

各种创新方案并非都是可行的，酒店营销人员还要对其做进一步筛选，从中挑选出高发展潜力与低市场风险结合度比较好的方案。在方案筛选过程中，应当充分考虑新产品开发的有利和不利因素，尤其是企业形象和声誉、销售能力、研究和开发力量、员工素质、财务能力、生产能力、地理位置、酒店设施和采购供应等因素，通过综合评价，最终剔除不适当的方案，选出最佳的产品创新构思。

（三）方案可行性分析

方案可行性分析是指对选定的新产品开发方案，从技术、营销、经济、社会、资金、资源、法律等多方面进行系统研究，目的是最终确定这一方案是否是酒店可以采取的最佳的新产品开发方案。

这项工作要比前一步骤的筛选工作更加复杂，是整个新产品开发过程中最重要的一个阶段。为了能有效地选出最佳方案，酒店经营者应对方案进行全面系统的分析，包括新产品开发初期的各种条件、新产品的宣传促销、投入营业前的费用支出以及新产品的具体经营方式等内容。

新产品开发方案的可行性分析可以采用两种方式：一种是由酒店内部营销人员和专家负责分析，许多酒店或酒店集团都采用此种方法，成本较低但结论易受内部因素影响；另一种是聘请酒店外部的专家或专业研究机构来进行分析，结论比较客观公正，但费用偏高。

（四）新产品设计开发

新产品的开发方案经可行性分析决定为可行的话，就进入具体产品的实际开发阶段。新产品的设计开发是指按照新产品的开发方案进行资金筹集、新产品设计、设备安装、员工组织直至新产品的制作等具体工作。

（五）新产品试营业

这一阶段的工作是将已开发出来的新产品小规模地投入市场进行实验，也就是酒店在新产品正式投放之前做一些试销活动。这样一方面可以帮助酒店经营者更加明确新产品的目标市场，另一方面也能帮助营销人员及其他管理人员有效、有序地分配资源，并降低风险。

酒店新产品试销的目的包括：确定新产品销售量和市场占有份额；检查新产品的主要市场构成；更清楚地了解新产品潜在的客源；估计新产品的开发效果及目标市场的大小等。

（六）新产品正式营业

酒店新产品开发过程的最后一个阶段就是新产品正式投放市场，正式开始经营。新产品通过试销取得初步成功后，酒店就可以正式投入生产了，还要制定适当的酒店营销组合策略，主要包括确定新产品的各种规格和质量标准、新产品的价格构成、新产品的销售渠道及促销活动等。

值得注意的是，上述酒店产品创新过程的描述只是给大家一个借鉴和参考，绝不能机械地遵循以上步骤，否则墨守成规，亦步亦趋，这就不是真正的创新了。不同的酒店面对的目标顾客不同，决定开发的新产品特点不同，应根据本身的实际情况选择适当的开发程序。但是，酒店产品的创新都要遵循市场导向原则、主题性原则、特色性原则、参与性原则和可行性原则，都要寻求新产品的高发展潜力与低市场风险的最佳结合，这一基本出发点是相同的，也是不变的。

案例 6－6

主题客房

客房产品是酒店之所以成为酒店的重要标志之一，抓好客房产品的创新就是抓好酒店产品创新的战略重点。现代客房产品的创新主要由设施与装饰、管家服务、客房与酒店其他部门服务的连接三个方面组成。对于高星级酒店来说，客房产品的各个方面都应是尽善尽美的，创新应该是酒店客房产品永无止境的追求。如今，顾客已经明显感觉到“标准房”的单一与乏味。为满足客人的需求，主题客房正成为客人的新宠。

主题客房产品具有独特性、针对性、浓郁的文化气息等特点，它有很多种分类方法，比如以某种时尚、兴趣爱好为主题，可分为汽车客房、邮票客房、足球客房、电影客房等，还有以某种特定环境为主题的客房，像太空客房、海底客房、监狱客房、梦幻客房等。美国比华利山希尔顿酒店推出自己的特色概念——“睡得香客房”。客房中有加厚的床垫、高雅而不透光的艺术窗帘，闹钟铃响时台灯自动开启，按客人生活习惯设置的生物钟可调灯箱等。

总之，创新源于细节，美国管理专家费拉尔·凯普说：“不要忽视细节，差距从细节开始，1%的错误可能导致100%的失败。”许多酒店产品的闪光点就在于细节上的创新，如酒店卫生间通常配备两把相同牙刷，同住一个房间的两位客人很容易混淆，一些酒店就配备两把不同颜色的牙刷，轻而易举地解决了这一问题。创新也源于用心，用心才能把事情做对、做好。某酒店举办一次重大宴会，员工提前进行了细致准备，他们将菜肴的名称加以创新，全部以来宾事业上所获的成就命名，结果给客人带来了意外的惊喜和感动。创新还源于有效的激励。一切事物的创新，都需要内在或外在的动力。建立有效的创新激励机制，掀起酒店创造个性化产品的热潮，对酒店的经营管理将是一个极大的促进。

第四节　酒店品牌化公关

一、酒店品牌的含义

美国市场营销协会（AMA）把品牌定义为：“品牌是一个名称、术语、标记、符号或图案设计，或者是它们的不同组合，用以识别某个或某群生产者、服务者或销售者的产品和服务。”

由于酒店本身具有服务行业的特性，所以酒店品牌应该是以服务质量和企业信誉为核心内容，以商标、符号、词语等要素为表现形式，它具有形象化、个性化的特点，并且浓缩了关于服务的重要信息，它易于被消费者感知或识别，并能给消费者带来安全性感觉或附加价值或利益。

酒店品牌一般是指酒店为了识别其酒店或产品，并区别于其他竞争者所用的一种具有显著特征的标记。品牌的外形要素通常由名称、标志和商标组成，而品牌的内涵要素则是酒店的经营理念、经营方针、经营方式、服务理念、服务特色、服务质量等方面的有机组合。

酒店品牌是能给客人带来独特精神享受的一种利益承诺，它建立在高质量的酒店软件、硬件产品基础上，同某个具体酒店产品产生关联，并且表明了此项承诺的来源与标准。一个完整的酒店品牌应包含六层含义：（1）属性。酒店品牌可带给酒店客人特定的属性。（2）利益。客人购买酒店产品，并不仅仅针对属性，而是追求某种利益。对属性的需求可转化为功能和情感利益。（3）价值。酒店品牌还应体现酒店企业的某些价值观。如“希尔顿”体现了高水平的服务、可靠的承诺、宾至如归的感觉和对人性的关怀。（4）文化。酒店品牌也可象征一种独特的酒店文化，如广州白天鹅宾馆注重亲情的“家乡水”。（5）个性。被美国《品牌周刊》誉为“品牌资产的鼻祖”的大卫·艾格认为品牌有五大个性要素，分别是纯真、刺激、称职、教养、强壮。个性化的品牌更容易让消费者亲近和接受，可以说，酒店品牌是联系酒店与客人之间情感的纽带。（6）客人。酒店品牌还体现了入住这一酒店的是一类客人。

总的来说，一个酒店品牌除能满足客人的实际需求外，还满足了特定目标顾客群的精神需要，如体贴的、尊贵的期望值。当酒店顾客意识到某一品牌能给他提供一些独特的价值时，他们愿意为品牌支付更高的价格而很少被其他酒店的折扣所吸引。提供承诺的高质量的产品和服务是酒店提高声誉的关键，而有着高质量声誉的酒店通常又能享受溢价带来的利润。

酒店品牌是吸引消费者重复购买酒店服务产品的一个主要的决定因素，其基本职能是把本酒店的产品和服务同其他酒店区分开来。但是，现代品牌已经超越了区别的功能，成为企业形象和文化的象征，消费者从形象和文化中能感受到消费该品牌产品或服务带来的心理上的价值利益。因此，品牌最持久的含义是其价值、文化和个性，它们构成了现代酒店品牌的实质。酒店品牌丰富的内涵能使旅游者通过其提供的有效信息来识别特定的酒店及其产品和服务，在酒店业的营销中，酒店品牌是形成酒店服务特色，取得企业竞争优势的重要手段。

二、酒店品牌的结构

从广义上来说，酒店品牌可通过以下三个方面来显示：

一是酒店所有者的品牌，如香格里拉酒店集团的产权拥有者郭鹤年，当年创建全球最大连锁酒店——假日集团（Holiday Inn）的威尔逊先生等。他们的创业精神、管理水平和对企业文化的缔造，无疑对其企业品牌的质量和声誉起到了决定性的作用。

二是酒店的品牌，通俗的理解也就是酒店的名称，如万豪国际酒店集团（Marriott）、喜达屋国际酒店集团（Starwood）等。

三是具体产品或服务的品牌，如四季酒店（Four Seasons）、东方君悦大酒店（北京）、丽思·卡尔顿酒店（Ritz-Carlton）等。酒店品牌与产品品牌有的是一致的，如希尔顿酒店集团旗下是希尔顿（Hilton）酒店，我国凯莱酒店集团旗下的酒店采用“凯莱”作为品牌。但纵观全球各类企业，酒店品牌与产品品牌不一致的情况也很多，如万豪集团（Marriott）旗下的酒店和度假村有万豪、万丽、万怡等10多个不同的品牌，雅高集团（Accor）下也有索菲特（Sofitel）、诺富特（Novotel）、Ibis、Formule 1、Motel 6等诸多品牌。

有些酒店集团的名称易于与其他同类名称混淆，因而另行确立品牌。如中国最大的酒店管理公司之一东方酒店管理公司，因“东方”一词各行各业都用，缺乏个性，不易形成差异化特色，因而该公司确定其服务产品品牌为“嘉柏”，其英文为Jasper，意即“碧玉”，展示碧玉纯洁之色，凸显高雅品质，也是选择大自然绿色的本意，这些理念都是对“嘉柏”品牌的最好阐释。

根据以上分析，酒店集团品牌结构并不是完全孤立的，它们之间形成了一个完整的序列。这可以用酒店品牌关系谱（见图6-2）表示出来。每一种品牌结构都反映了在顾客头

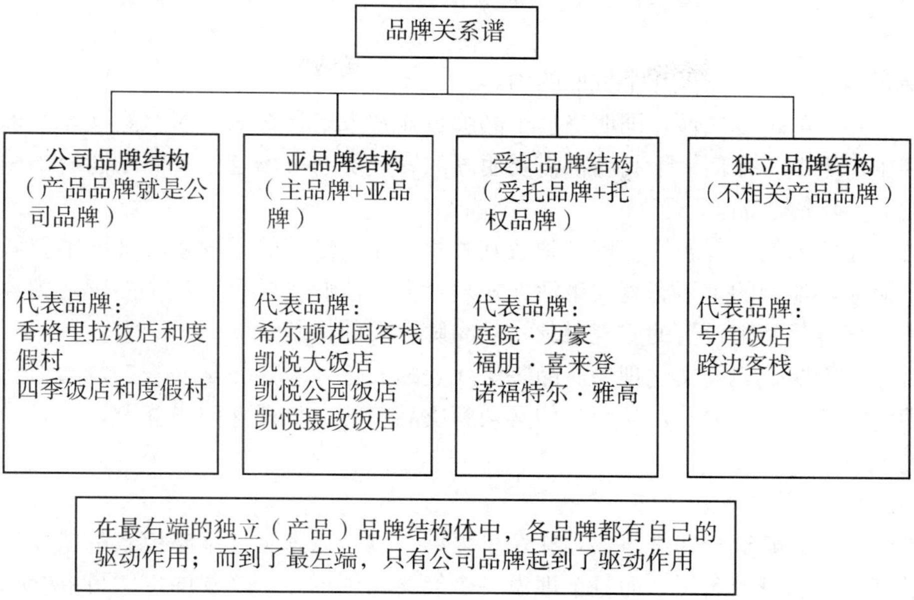

图 6－2　酒店品牌关系谱

资料来源：邹益民，戴维奇. 我国酒店集团品牌结构的战略选择. 北京第二外国语学院学报，2002（4）：1-5.

脑中公司品牌和独立（产品）品牌的分离程度。最大的分离出现在关系谱的右端，各品牌各自为政；向左移是托权品牌和受托品牌的关系，两品牌仍然分得很开；再向左移，主品牌和亚品牌的关系就比较密切；而在品牌关系谱最左端，只有单一的公司品牌。该图所示的关系谱与驱动者的关系密切，从右至左，随着独立品牌向公司品牌的过渡，独立（产品）品牌的驱动作用逐渐减弱，而公司品牌的驱动作用逐渐增强。

西方酒店集团经过半个多世纪的成长，业务规模庞大，产品种类众多，其相应的品牌数量也很可观。而这些品牌之间关系的确定也是综合考虑多方面因素的结果，因此西方酒店集团的品牌结构是相当复杂的，使用单一的品牌结构的公司是非常少见的，更多的是根据不同的情况使用多种品牌，以形成一个和谐的品牌组合。

三、酒店品牌的延伸

（一）酒店品牌延伸的内容

品牌延伸，是指将某一著名品牌或某一具有市场影响力的成功品牌使用到与成名产品或原产品不同的产品上，充分发挥成名产品的“名牌效应”，以形成系列名牌产品的一种策略。有人形象地称之为“搭乘名牌列车”策略。

酒店企业可以通过利用品牌资产来发展自己的战略，也就是利用品牌名来渗透新市场。例如假日集团由旅馆向豪华酒店及其他领域延伸，目前已发展壮大为一家拥有包括食品、住宿、交通旅游多行业的综合性公司，其属下的酒店注重产品的层次性开发，针对客源市场的商务、休闲、度假旅游或消费层次上的豪华、经济、大众性需求，开发了针对不同层次顾客的多样化酒店品牌，成立了针对不同目标市场的子集团。又如雅高集团有 Accor Sofitel，Accor Novetel，Accor Mercure，Accor Ibis 等多个品牌，分别面向豪华、中档、经济型住宿市场。我国上海锦江酒店集团也利用其品牌资产延伸出锦江假日旅馆等品牌。

品牌延伸应当涵盖以下几个方面的内容：

第一，品牌的市场属性，即明确这个品牌目前及未来存在的理由及意义，明确它的使用价值和生命周期。任何一个品牌都需要明晰的、坚实的市场定位，而不能搞出一个空中楼阁式的非市场需求品。

第二，品牌的消费者属性，即品牌及其关联产品卖给谁的问题。品牌的消费者应该是怎样一个群体，他们的生活态度与生活方式是什么，他们怎样看待这个品牌，为什么要买它？毕竟消费者是品牌价值的实现对象，是品牌存在的根基。

第三，品牌所代表的文化理念。品牌所代表的文化理念往往是品牌的魅力所在，也是支持品牌内涵的核心。因此，品牌延伸必须解决品牌的文化理念归属问题，这是最容易引起混乱的地方。

（二）酒店品牌延伸的策略

品牌延伸的策略选择非常重要，在这里强调一点：品牌延伸策略模式的错误选择不仅会导致品牌本身的身败名裂，而且会埋没一个经典的创意。一个新的创意可能会为品牌开拓出一片更加广阔的空间，但是由于策略选择失当，天才创意如果被错误地定位，创意的价值则会大打折扣。

简单地说，品牌延伸的策略模式主要分两大类：纵向延伸和横向延伸。其中纵向延伸又可分为向上延伸和向下延伸，横向延伸又可分为绝对横向延伸和相对横向延伸。

1. 纵向延伸模式

（1）向上延伸策略。所谓向上延伸，就是在产品档次上的提升，比如由大众品牌延伸至经典品牌。向上延伸的动力主要是由于品牌经营者要么被高档市场的诱人利润率所吸引，要么想提升产品的品牌形象。向上延伸的绝佳机会是消费水平的普遍提升或是消费者对高品位产品的喜好增加。

一个明显的例子就是当前不少世界知名的中低档酒店品牌进入中国市场后，都延伸为高档、豪华型酒店。笔者认为造成这种现象的主要原因是中国消费者对这些国际知名品牌存在的认识误区，即：凡是知名的都是高档的，从而使得酒店业主为迎合中国消费者的心理预期而将原有品牌延伸至高档品牌。表 6－1 列出了“万豪”这一原本是中档酒店的品牌在中国的品牌延伸。

表 6－1　　万豪酒店在中国的部分酒店联号

延伸品牌名称	英文名称	星级
北京金域万豪酒店	Beijing Marriott Hotel West	☆☆☆☆☆
重庆万豪酒店	Chongqing Marriott Hotel	☆☆☆☆☆
中国万豪大酒店	China Marriott Hotel Guangzhou	☆☆☆☆☆
上海万豪虹桥大酒店	Shanghai Marriott Hotel Hongqiao	☆☆☆☆☆
万豪行政公寓	Marriott Executive Apartments	☆☆☆☆☆
明天广场金威万豪酒店	JW Marriott Hotels Shanghai at Tomorrow Square	☆☆☆☆☆
沈阳万豪酒店	Shenyang Marriott Hotel	☆☆☆☆☆

资料来源：邹统钎. 酒店经营战略. 北京：清华大学出版社，2005：343.

向上延伸难度相对较大，这是因为母品牌在人们心目中的原有形象较难使新的高档消费群体产生。不过一旦向上延伸的品牌获得成功，反过来会促进原有中低档消费群体扩大对母品牌产品/服务的消费，当然，母品牌的价值也将更大幅度地随之提升。向上延伸策略对品牌价值的影响如图 6－2 所示。

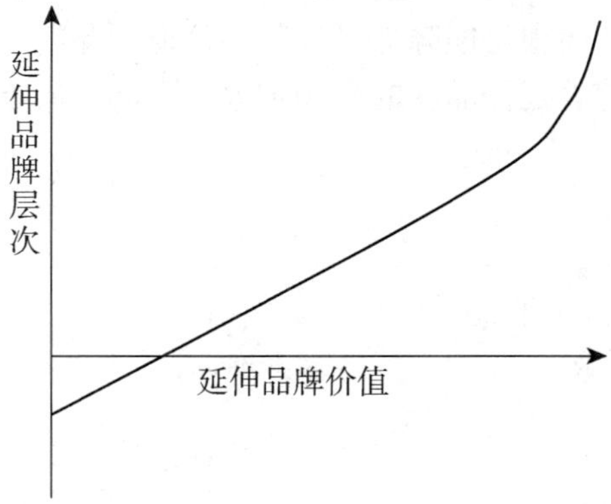

图 6－3　向上延伸策略对品牌价值的影响

（2）向下延伸策略。所谓向下延伸，就是指产品在档次上的平民化、大众化。当前不少世界知名的中高档酒店品牌都有向下延伸的品牌，如表 6－2 所示。

表 6－2　　部分世界著名酒店集团的经济型酒店品牌

品牌名称	母品牌名称
Days Inn of America	圣丹特（Cendent Corp）
Howard Johnson Franchise System	
Super 8 Motel	
Travelodge	
Villager Lodge	
Wingate	
Park Inn	
Red Carpet/Master Host Inns	
Passport and Scottish Inns	
Sleep Inn	精品国际（Choice International）
Comfort Inn	
Quality Inn & Suites	
Clareion Inn	
Rodeway Inn	
Econo Lodges	
Rodeway，Flag	

资料来源：邹统钎．酒店经营战略．北京：清华大学出版社，2005：344-345.

向下延伸的动力要么来自诱人的中低档市场的份额，要么是出于扩大品牌知名度的考虑。品牌向下延伸的机会一般来自相关领域大众消费的崛起，以至于品牌经营者能够使高档产品/服务市场的损失在中低档市场上得以弥补。

向下延伸的品牌相对较容易被新的消费群体所接受，这是因为他们往往会感觉以较低的花费享有了较高档的产品/服务。不过，原有市场的消费群体可能会对所消费的产品/服务产生档次下降的感觉，从而很可能降低母品牌的价值。此时，是否选择向下延伸的策略则取决于品牌总价值是否随着延伸品牌的市场扩大而降低。向下延伸策略对品牌价值的影响如图 6-4 所示。

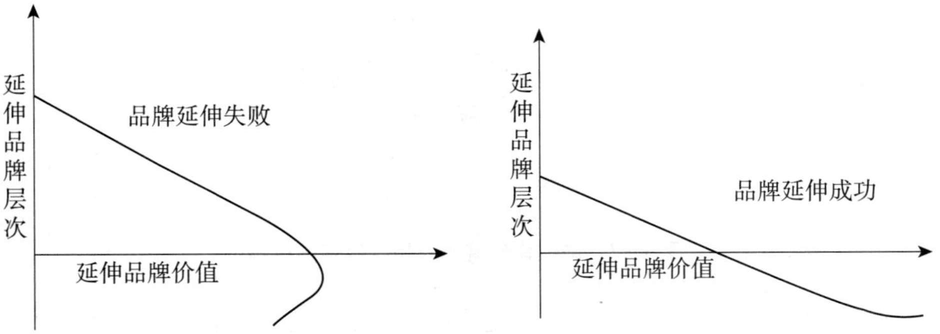

图 6-4　向下延伸策略对品牌价值的影响

2. 横向延伸模式

（1）绝对横向延伸策略。所谓绝对横向延伸，是指在跨度较大的领域，甚至是不同的行业中沿用原有的品牌。如马里奥特这一品牌由最初的路边餐馆延伸为美国有名的航空公司和机构与社团的食品供应商，到后来延伸至全球知名的酒店品牌。

20 世纪 20 年代，墨西哥风味的食品在美国的西南部颇受欢迎，当时年轻的约翰·威拉德·马里奥特和他的妻子随即在 1927 年 9 月开设了第一家名为“Hot Shoppe”的路边餐馆，到 1931 年时，马里奥特就将自己的名字正式作为他的餐馆联号的统一品牌。截至 1939 年，马里奥特餐馆已经因其服务员的热情服务、亲切的微笑、大众化的食品、公道的价格、随叫随到的方便而被美国社会普遍接受了。

20 世纪 30 年代后期，美国民用航空事业逐渐发达起来，然而航空食品的供应几乎还是一片空白。于是，马里奥特公司就让其中的一家餐馆为东方航空公司准备食品，而这种做法立刻受到了航空公司的青睐，大家纷纷找上门来，与公司洽谈航空食品的供应业务，马里奥特公司就与美国当时的联合公司、美国航空公司、国民航空公司、东北航空公司、西北航空公司以及太平洋航空公司签订了航班食品供应合同。第二次世界大战期间，马里奥特公司又开拓了为大企业、医院、大学、政府部门、军队以及其他社会团体、机构提供食品的业务。20 世纪 50 年代，马里奥特这一品牌首次向住宿业延伸，到了世界住宿业快速发展的 80 年代后期，该品牌在酒店业的份额已超过公司总收入的 40%，利润更是占据了总利润的一半以上。到了 1990 年，公司更是宣布，卖掉与酒店无关的几乎所有资产，集中力量发展其住宿业，而这也标志着“马里奥特”已成为酒店的专有品牌。

由上例可见，当品牌所对应的产品所在的市场处于萎缩状态或者是该品牌的知名度很高而同时企业又拥有相对丰富的资源时，品牌的绝对横向延伸不失为一个延长品牌生命、寻求企业发展、壮大品牌声势的好策略。

（2）相对横向延伸策略。所谓相对横向延伸，是指品牌在相似或密切相关产品上的延伸。如喜来登国际俱乐部的成立就是品牌相对横向延伸的一个例子，该俱乐部不仅为喜来登酒店集团赢得了更多的回头客，而且使入住该酒店的所有客人由于成为喜来登品牌的支持者而感到自豪。

喜来登国际俱乐部的成立是国际酒店业的一个创举。凡是该俱乐部的正式成员，都有机会得到喜来登酒店集团的奖励。即根据成员在喜来登酒店的花费而赢得一定的积分，这些积分可用来在世界各地的喜来登联号酒店中度假，或者换回自己需要的商品。俱乐部成员还可以受到优待，比如自动提高住房等级、延长离店结账时间到下午 4 点、快速结账等。总之，客人在喜来登的花费越多，赢得的积分也越多，享受的优惠也就越多。

上述划分是一种比较直观而且简单的方法，值得一提的是，在横向和纵向之间并不存在严格的排斥，相反，这两个方向的品牌延伸常常是交织在一起进行的。如何在不同的品牌延伸战略之间作出合理的选择，取决于酒店所处的内部、外部环境。

四、酒店品牌化公关战略

（一）中国酒店业品牌化的发展

从中国酒店业品牌化发展的历程来看，大体上可分为下面四个阶段：

第一阶段是不需要品牌的年代，那个时候存在就是品牌。比如，北京原来的十大酒店，就不需要品牌。当然这个时代较早，基本上在 20 世纪 80 年代前半期，而且那个时候市场上反映出来的也是这样一种态势。

第二阶段是引入品牌的年代。那个时候形成的概念就是“洋”的就是好的。所以在 20 世纪 80 年代中期以后到 20 世纪 90 年代前期，洋品牌进来的很多，但是进来之后真正立住脚的并不多，这也反映了我国市场发展的过程和特点。

第三阶段是创造品牌的年代。从 20 世纪 90 年代后半期到现在，公众对品牌的认识逐步提高，也开始进入创造品牌的年代。这个时期的酒店业应该说还是不成熟，还只是在追求一个品牌的外在化，比如：LOGO 怎么设计？怎么形成好的标识？在市场上酒店的广告怎么能多做一点儿？这大体上是一个早期的运作方式。但是，这里本质性的问题就是品牌的核心价值如何凸显。

海尔集团提出“真诚到永远”，这是它的核心价值；诺基亚公司提出“科技以人为本”，这也是它的核心价值。围绕核心价值从事一系列工作不动摇，这个品牌才能真正树立起来。那么我们酒店的品牌是什么呢？具体到某家酒店，它独特的核心价值何在呢？我们可以说出很多很泛化的东西来，比如说“以人为本”，比如说有的酒店把“我的酒店温馨浪漫”作为核心价值。这个核心价值本身是矛盾的，温馨是什么？温馨是家庭概念，浪漫不是家庭概念。所以要研究酒店品牌的核心价值。

第四阶段即品牌融合的年代。品牌融合的年代是在品牌细分激烈竞争过程中突现大品牌，而且这种大品牌进一步就是国际化发展问题。所以，如果从发展过程来看，我们现在已经开始了第三个阶段，下一步就将进入第四个阶段。

（二）中国酒店业品牌化的现状

1. 品牌运作现状

（1）一、二星级酒店企业品牌竞争力较弱。长期以来，我国低星级酒店在经营管理上缺乏市场运作和品牌竞争的观念，处于较低级的经营状态，即使有些酒店产生了一些朦胧的竞争意识，开始向品牌经营、资本运作的领域深入，也往往因其品牌形象不突出，主营业绩较弱，无法发挥品牌效应。这些专门为国内客人服务的一、二星级酒店，由于服务的对象消费水平不高，酒店自身要求也不高，所以还没有意识到品牌的重要性；另一方面，一、二星级的酒店自身总觉得在酒店领域中低人一等，上级领导也不重视，更使他们缺乏优秀品牌观念和创品牌的动力，服务质量和经济效益均不理想。因此，此类低星级酒店难以让人形成深刻印象的品牌，自身在经营思想、服务质量、管理水平上还存在差距。

（2）三星级酒店企业品牌竞争力参差不齐。在三星级酒店企业领域，有些酒店具有较强的品牌公关意识，在经营管理、服务质量、服务意识、人员形象等方面非常重视，特别是一些新崛起的酒店。由于我国的三星级酒店占全国总酒店将近一半，市场竞争激烈，迫使它们不得不重视自身的品牌建设，但是在对品牌的推广和保护方面显得有些欠缺，这主要是由我国旅游起步较晚、对品牌的管理缺乏经验所致。另一方面，沿海与内陆地区、大城市与小县城之间，对品牌的重视程度不同。一般来讲，沿海及一些大城市，诸如北京、上海、广州等地区的品牌意识远远超过内陆地区及小县城。

（3）四、五星级酒店企业品牌竞争力有所增强。四、五星级酒店作为我国酒店业的龙头企业，有相当一部分已具有较强的品牌公关意识。一大批知名度较高的酒店，如上海锦江饭店、广州白天鹅宾馆、北京王府饭店、南京金陵饭店，它们所长期提供的优良产品和服务赢得了消费者的信任和青睐。例如锦江集团名列世界最大旅馆联号前列，在国际上具有一定的知名度和美誉度。还有像金陵饭店、建国饭店、长城饭店、白天鹅宾馆等五星级酒店品牌的竞争力有明显的提高。虽然相对于国内其他星级的酒店来讲，我国的四、五星级酒店品牌竞争力有所增强，但是同欧美等名牌酒店相比仍然存在很大的差距。

（4）整个行业品牌化发展处于初级阶段。我国酒店企业虽然已经步入了品牌竞争时代，但品牌发展仍处于初级阶段，具体表现为：第一，我国品牌发展总体水平不高，除了锦江饭店、白天鹅宾馆、南京金陵饭店等高星级酒店外，大多数中小型酒店企业品牌意识不强；第二，酒店品牌地区发展严重失衡，相对而言，沿海开放地区品牌意识较强，而在内陆和边远地区，品牌发展明显落后于沿海地区；第三，大多数酒店企业品牌发展尚处于创品牌阶段，缺乏对品牌的保护和延伸；第四，区域性酒店品牌得到认可较多，全国性品牌较少，国际名牌就更少。

2. 品牌运作中的问题

虽然我国酒店企业对品牌的重视程度已加强，品牌的建设、经营、管理等方面取得了一定的成效，但是与国外相比，仍存在以下问题：

（1）我国酒店企业普遍缺乏品牌意识和经营观念。首先，我国酒店命名大多沿用“地名＋酒店/宾馆/大酒店/度假村”等套路，缺乏艺术性，不利于旅游消费者的识别和记忆。其次，一店多名、一名多译现象屡见不鲜，比如，以“华侨大厦”命名的酒店很多，不利于品牌的传播。最后，很多酒店持品牌建设是花钱开支的观念，是短期行为的观念。

(2) 大多数酒店缺乏树立品牌、宣传品牌的意识。许多酒店经营者仍停留在产品概念上，对酒店的宣传促销缺乏持久性、统一性。拿广告来说，我国现有涉外酒店在各种媒体上做广告的十分有限，能在电视、报纸上做广告的大多数是那些有较雄厚的财力做后盾的酒店企业。广告在制作上仍显得十分粗糙，对于消费者最为关心，也最能体现产品差异、服务质量、服务技巧、价格等酒店信息的介绍却难见只言片语，这种广告对于宣传品牌、创造品牌起不到应有的作用。

(3) 重视品牌创立，缺乏品牌保护。在实际的操作过程中，很多酒店企业由于过分追求自身能够形成“品牌”，在短期内投入大量资金、人员进行品牌的无序性炒作，或者由于缺乏必要的条件和过程准备，即使形成所谓的品牌，但是没有长期、持久地保护和加以创新，也很难从容应对下一步的竞争，而使自己走入品牌的误区。另外，政府和企业对品牌保护意识较差。企业商标不注册，无法对其进行保护；而政府只注重靠名牌来增加地方收益，却不注意用政策和法律来保护酒店品牌的合法权益。

(4) 没有形成品牌规模，无法发挥品牌效应。规模是酒店品牌“创名夺优”的支柱。如果规模扩展不开，不能有效地辐射市场，便不能为广大消费者所熟悉，要成为知名品牌就非常难。目前，我国酒店企业大多独立经营，各自为战，行业内部缺乏必要的有机联系，造成信息闭塞；另一方面，由于经营实力单薄，无法利用规模经济的优势，难以突破经营上的局限性和分散性，自我发展能力受到限制，缺乏进军和开拓国际市场的能力。像“白天鹅”“金陵”这种国家级名牌酒店，尚未完成品牌的扩张和实行集团化联号经营，无法与国外著名联号集团展开有效的竞争，无法完成向国际名牌酒店转化。没有规模，就没有竞争力，没有竞争力就没有名牌效应。缺乏品牌规模，制约着我国酒店向外扩张的潜力。国外知名酒店企业集团加速成长，就是通过品牌扩展实现的。

(5) 没有长期的品牌决策，没有稳定的品牌组织。品牌运作是一个科学性和艺术性高度结合的过程。而我国酒店企业的品牌运作对决策的科学性重视不够，其战略的制定缺乏长远性和连续性。绝大多数中高档酒店企业发展到一定的时期，即使树立了品牌观念，有了品牌决策，但这些决策都是出于某些决策人的想法，尽管也的确取得了一定成功，但是仍然没有设立品牌组织结构和专职的品牌管理人员。特别像“白天鹅”“锦江”这类龙头企业，更需要科学的决策和品牌组织管理，这样才能保证品牌战略的顺利实施。

总之，我国酒店企业在品牌运作过程中仍存在诸多问题。由于这些问题，再加上管理方面的失误、对品牌寿命周期认识不足、法制不健全、政府的支持力度不够等原因，不少起初势头强劲的酒店企业很快陷入停滞和衰退，有的还不得不退出市场竞争。

(三) 中国酒店品牌化的定位

品牌定位是指建立（或重新塑造）一个与目标市场有关的品牌形象的过程与结果。成功的酒店品牌，必须坚持以一种始终如一的形式将酒店品牌的功能与消费者心理上的需要联系起来，通过广告宣传和各种营销活动将酒店品牌的定位信息明确地传递给消费者，从而使这一品牌在消费者心目中确立一个理想的位置。例如：马里奥特酒店给人以豪华、高贵的印象，假日酒店以周到体贴的服务而深受消费者喜爱，和平酒店以深厚的文化底蕴而出名等。

酒店品牌定位的选择与酒店服务特征的强弱点密切相关。一个酒店品牌不可能每个部分都非常优秀，所以酒店要分析确定酒店品牌所表现的理性特征与感性特征，扬长避短，考虑如何将酒店资源最优地利用，以支持其品牌。即抓住一项最能强化的特点，而不是试图去表现所有品牌个性的影响力。因此，选择品牌定位所遵循的原则是：（1）对消费者而言，定位必须是能切身感受到的。（2）以酒店服务设施的真正优点为基础。（3）表现竞争优势，如麦当劳的品牌定位 QSCV，即品质、服务、干净和价值，表现其可预期的服务品质。（4）清晰、明了。若品牌定位太复杂，消费者就不会被轻易说服。

在我国单体旅游酒店占市场主体的情况下，酒店品牌定位难度较大，而且在传递到消费者的过程中会碰到许多困难。但是，这是品牌经营的一个基本步骤，必须高度重视。通常来说，酒店品牌可以通过以下几个方面进行定位尝试：

（1）根据为客人提供的利益确定品牌定位。例如：具有豪华气氛的酒店、最为方便的酒店、服务经验最为丰富的酒店等。

（2）根据价格和质量进行品牌定位。例如：最为经济实惠的酒店、设施最优越的酒店、服务标准严格的酒店等。

（3）根据产品类别进行品牌定位。例如：会议酒店、度假酒店、套房酒店、经济酒店等。

（4）根据竞争状况进行品牌定位。例如：本市唯一的豪华酒店、价格低于竞争者的酒店、比竞争者更接近购物中心的酒店等。

酒店的品牌定位具有很多不同的依据，最可取的做法是酒店根据自身的实际情况，选择自身最易被消费者接受、最具备竞争优势和最具特色的部分作为切入点，然后通过酒店各个部门的努力传递给消费者。合理的品牌定位是旅游酒店进行成功品牌公关的基础。

（四）中国酒店品牌化的战略

我国酒店企业在决定品牌化公关战略时，有四种类型可供选择，即多品牌战略、单一品牌战略、连锁品牌战略及企业名称与个别品牌并用战略，它们分别具有自身的优缺点和不同的适用条件。

1. 多品牌战略

多品牌战略即酒店企业根据产品性质和选择目标市场的不同，对不同的产品或不同的目标市场采用不同的品牌。美国 P&G 是采用这种品牌策略的典型代表，如洗发水有飘柔、海飞丝、潘婷等，洗涤剂有汰渍、碧浪等品牌。当企业的产品用途或功能差别非常大时，就可以使用多品牌推向不同的目标市场。采用多品牌战略，没有将企业的声誉系在某一品牌的成败之上。假如某一品牌的产品失败或出现了低质情况，不会损害其他企业或产品的声誉。

多品牌战略可以使企业为每一面市新产品或企业寻找最佳名称。一个新的品牌名可以造就新的刺激，建立新的信念。这种品牌策略可以较好地解决不同目标市场品牌形象的混淆问题，各个品牌互相独立，但是加大了企业的广告宣传费用。

我国的酒店由于在资金、品牌命名等方面较为薄弱，在实行多品牌战略方面并不是非常的成功。锦江集团作为中国最大的酒店集团，并且进入了世界主要酒店集团 300 强，但它属下的中高档酒店却难以从命名上辨出“锦江”品牌。实际上，北京的“昆仑”、山东的“中豪”、云南的“锦华”、唐山的“贵宾楼”，乃至锦江总部所在地上海的“和平”“金门”“国际”等诸多酒店都是锦江的品牌。但在市场形象上，在一般宾客脑海中，有多少人能知道其中的品牌纽带呢？大集团尚且没有做到，我国其他酒店集团就更谈不上采用这种品牌战略类型了。

2. 单一品牌战略

单一品牌战略即酒店企业（公司）使用一个统一的品牌，将它用在其他新建的企业或产品上面。这种品牌战略可以节省广告宣传费用。但是如果扩展的企业产品多，功能、用途区别大，在使用这种品牌决策时就不太合适。

品牌延伸的费用比创立一个新品牌的费用要少得多，因为它不需要进行品牌名的调查工作，或不需要为建立品牌名称认知和偏好而投入大量的广告，而是可以即刻被认知并较容易被接受。但是新延伸的酒店企业或产品有可能使买者失望并损坏公司的信任度，品牌名称滥用会失去它在消费者心目中的特定地位。因此，酒店企业在采用单一品牌战略时要严把质量关。世界著名酒店集团凯悦集团、假日集团都是采用这种品牌策略，这样才不会造成品牌形象的混乱和模糊。

3. 连锁品牌战略

连锁品牌战略即通过特许、联营、合作经营等方式，在不同地区开设许多分支酒店企业，以统一品牌对外宣传，树立品牌形象。

例如，“锦江之星”连锁店在我国就是一个创举，该连锁店有四个“统一”，即建筑物规格统一、品牌统一、管理系统统一、形象标识统一。在经营管理上对服务标准、培训等方面实行一个模式。“锦江之星”旅馆分布在国内多个城市，如上海、宁波、苏州等。为了方便顾客，锦江之星旅馆实行连锁经营和异地订房，并备有飞机、火车、轮船票务代理等服务。锦江之星今后发展的一个重要策略就是有选择地吸收一部分加盟店，同时按照“锦江之星”旅馆统一格局进行改造，然后打“锦江之星”的品牌，纳入统一的管理系统。这样，既会大大缩短建设周期，又通过收取牌誉费、管理费等迅速回笼资金，用于开发新的项目，同时也扩大了规模，发挥了品牌效应。这一品牌战略在国内已引起许多经营不善的酒店，特别是三星级酒店的追捧。由于其本身具备良好的条件，可以通过特许经营或合作的形式加入一些著名的国际或国内酒店集团，从而扩大其知名度，也可以提高其自身的经营管理水平和服务质量。

4. 企业名称与个别品牌并用战略

在酒店企业名称与产品品牌相统一的过程中，品牌始终是酒店企业品牌战略的切入点和基础，即实施的是以品牌为中心的企业发展战略。目前，我国大多数酒店采用“地名＋酒店”的方式，造成企业品牌命名的重复；另外，一些酒店企业一旦具有一定的知名度后，会引来同行争相效仿，造成品牌的混乱和企业品牌形象的模糊。

酒店企业名称与个别品牌并用，不仅能使酒店品牌更确切地表达产品特征，更有助于品牌知晓、品牌联想、质量感知乃至品牌忠诚。国际著名的万豪集团旗下有三个广为人知、名实相符的品牌，即万豪庭园、万豪旅店、万豪费尔菲德。针对我国目前酒店企业的现状，由于绝大多数酒店企业是中低档酒店，再加上是单体经营，酒店企业在品牌策略模式选择上宜以企业名称与个别品牌名称并用为主，企业名称不必千篇一律地用“地名”，可以选人名或反映艺术、质量或生活方式等的名称。对酒店品牌名称的要求有：(1) 要能使消费者联想到产品的利益。(2) 要能使消费者联想到产品的作用、文化内涵等品质。(3) 易读、易认、易记。(4) 与众不同，有新意。(5) 不应该在消费者眼中有不良含义。

总之，企业名称加个别品牌策略的关键环节在于给酒店企业取一个响亮、能产生美好联想的名字，并且通过全方位的公关宣传强化消费者对特定品牌的印象；用持之以恒的高质量提高酒店企业产品的美誉度，加深消费者对品牌的感情。

典型案例分析

华住酒店集团旗下三大品牌启用全新标志

2012 年 11 月，汉庭酒店集团将集团名称整体变更为华住酒店集团。汉庭名称将仅作为集团旗下的子品牌名。“华住”取“中华住宿”之意，该集团致力于成为中国住宿业的世界级酒店集团。作为国内知名连锁酒店品牌，汉庭的经济型酒店形象已深入人心，而目前汉庭集团旗下的酒店已经包括高、中、低不同档次的酒店品牌，继续沿用汉庭作为集团名称显然不利于多品牌的发展需要。伴随此次集团更名的还有旗下五个品牌的更名，“汉庭快捷酒店”改名为“汉庭酒店”，“海友客栈”改名为“海友酒店”。档次由低到高为：风格经济酒店“海友酒店”、标准经济酒店“汉庭酒店”、标准中档酒店“全季酒店”、风格中档酒店“星程酒店”、五星级酒店“禧玥酒店”。

2013 年 3 月 21 日，华住酒店集团旗下各品牌全新 Logo 正式对外公布。首批揭开神秘面纱的品牌为汉庭酒店、海友酒店和星程酒店。

汉庭酒店的新 Logo 运用了天圆地方概念的外轮廓，用现代手法表现了汉庭的汉马形象，含有“行”“驿”的意思，极富快捷酒店行业特征；汉马下面的红色弧线象征地平线，不但呈现了旅行者在地平线上的非凡旅程景象，也寓意汉庭酒店以世界为版图，不断发展壮大。

图 6-5　汉庭酒店新 Logo

星程酒店的新 Logo 来源于地平线概念，简洁的线条呈放射状，突出了视觉的纵深感，开阔的视野聚焦了未来的更多可能性，诠释了旅程中延伸和到达之意，与品牌广告语“星光照耀旅程”交相辉映。颜色采用了自然优雅的咖啡色，传递出星程独特的品位和温馨的格调环境。

图 6-6　星程酒店新 Logo

海友酒店的新 Logo 采用独特的水滴外形，寓意“点滴为你”。每一处细节、每一个点滴都是为了让“海友”们有更快乐超值的住宿体验和更难忘的美好回忆，映衬“简单、快乐、超值”的品牌内涵。在颜色搭配上，新 Logo 简洁明亮，“海友绿”传递了平易近人的态度和温馨洁净的氛围。

图 6-7　海友酒店新 Logo

问题： 1. 华住酒店集团有哪些具体品牌？各有何特色？

2. 华住酒店集团采取的是何种品牌延伸策略？有何可取之处？

思考与练习

1. 你如何理解酒店产品？它包括哪几个层次？

2. 酒店产品的生命周期与特性对酒店公关有何启示？

3. 请逐一分析酒店产品组合、定价和定位策略的实施与应用。

4. 请联系本地酒店实际，谈谈酒店产品创新应遵循哪些基本原则。简述酒店产品创新的过程及基本出发点。

5. 什么是酒店品牌？

6. 什么是品牌延伸？品牌延伸战略有哪些？

7. 根据国外酒店品牌发展经验，我国酒店品牌应如何发展？

实训项目

你对哪家国内酒店品牌印象深刻？有何缘由？请调查该酒店品牌是如何进行建设的。

第七章 酒店公共关系传播

哲理格言

学习必须如蜜蜂一样，采过许多花，这才能酿出蜜来。

——鲁迅

学习目标

通过本章的学习，你将：

1. 熟悉酒店公共关系传播的要素与种类。
2. 理解酒店公关传播的原则和媒介。
3. 掌握酒店公关传播实施技巧。

酒店公共关系传播是酒店公共关系的三大要素之一，是酒店公共关系的主要职能，也是酒店公共关系工作的主要内容。如何巧妙而有效地运用各类传播手段、渠道，达到酒店公共关系的目标，是酒店公关工作者必须经常考虑的重要问题。

第一节　酒店公共关系传播要素与种类

传播是人们相互之间进行信息交流的一种活动，它普遍存在于社会生活中。人们通过传播与他人、与社会保持联系，维持正常生活。

一、酒店公共关系传播要素

形成传播需要有一些必要条件，这就是传播要素。酒店公共关系的传播主要有以下五个要素。

（一）信源

信源又称传播者，是信息的发出者。在传播过程中，传播者占主动、积极的地位，选择所要传播的信息、形式、方法，针对接收者及所用信道的特点来组织传播。传播者的素质及传播经验的完善是决定传播取得预期效果的首要因素。信源可以是个人也可以是组织。

（二）信宿

信宿是信息的接收者，又称受者。受者是传播的目标，他们在传播活动中没有主动权，但在对所传信息的接收上则有着决定权。他们对信息的接受程度就是传播的效果，传播效果很大程度上取决于受者的社会生活背景、文化知识水平、心理性格特征等因素。受者接收信息后根据接收情况向传播者反传播，即信息的回流，也就是反馈。有反馈的传播是双向传播，没有反馈的传播是单向传播。受者在有些情况下是个人，有时是多人，有时又是广大的社会大众。

（三）信息

信息是传播的内容，是指能减少或消除人们认识中的某些不确定性的消息，即它不是人们已知的知识、意见，而是人们以往不知的东西。信息是物质运动状态的反映，它可以被感知、采集、储存并传送给他人。信息进入传播才有价值，它是一种无形的资源，众人可以共享信息，并在利用中取得巨大的效益。事物本身发出来的信息是直接信息，对它的陈述、转告则是间接信息。

（四）媒介

媒介是信息的表现形式，是承载信息的物质形式。人们用各种媒介记录、保存、处理、传递、表现信息，如语言媒介、文字媒介、网络媒介、实物媒介等。

在不同的传播活动中，酒店应根据需要选用不同媒介，既可以仅使用一种媒介，也可以几种并用。一般情况下，交叉使用媒介，传播效果会更好。

（五）信道

信道是信息从传播者到达受者的渠道、途径，它是连接信源与信宿的纽带，是信息交流的中介。传播信道主要有口头渠道、印刷渠道、电子渠道等。信道的质量决定传播是否畅通、高效。传播者应根据所要达到的传播效果和所要针对的受者情况选择不同的传播渠道，并要使用适当的媒介予以配合，如选用印刷渠道，就可选用文字媒介、图像（照片图画）媒介等。

二、酒店公共关系传播模式

传播模式是指传播要素的组合形式，是现代传播显示、展示传播过程和结构，揭示各要素之间相互关系的一种理论形式。据传播学学者的研究，实际传播模式多达几十种，其中比较有代表性的是申农模式，它是典型的线性传播模式，又称数学模式。在这个模式中，传播表现为直线、单方向的过程。申农传播模式如图 7－1 所示。

这个模式中的编码指的是媒介选择和针对信息内容选择的具体表现形式、表达方法，以及对内容的重新组织。这一模式简单、明确地表明了传播要素之间的关系和传播活动的过程。

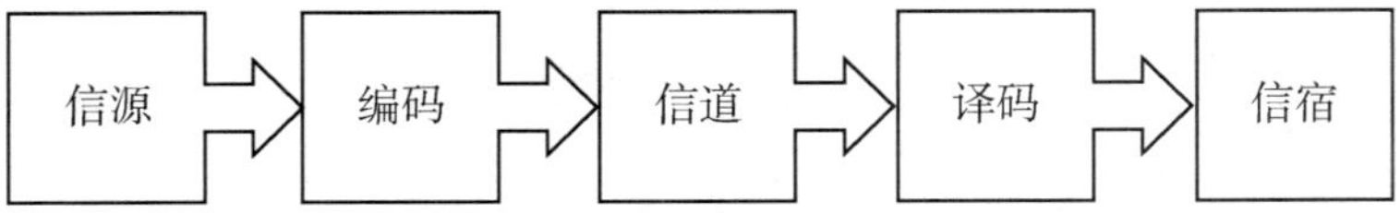

图 7-1　申农传播模式图

申农传播模式后来在 20 世纪 60 年代经修改增加了反馈线路，使其对传播的概括更准确，更接近实际情况。反馈可以调整传播者发出的信息，使之更适合受者的需要，提高传播的传通率、理解率。反馈是从信宿发出，通过所用信道，如口头、写信、打电话等到达信源的。反馈是信宿对信源提出来的对传出信息进行进一步解释或（和）补充的要求，以及信宿的意见、建议或其他要求。申农传播模式修改图如图 7-2 所示。

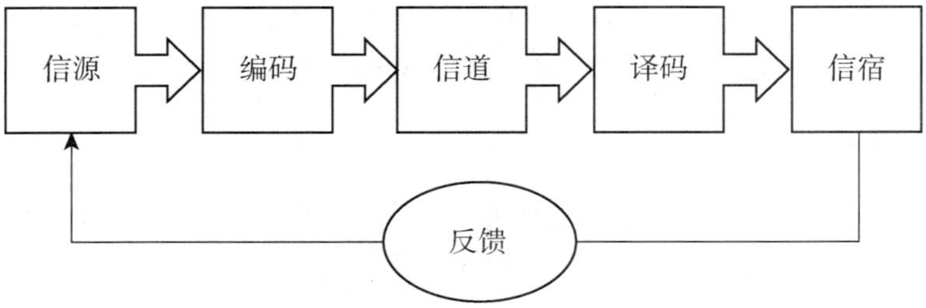

图 7-2　申农传播模式修改图

三、酒店公共关系传播种类

（一）自身传播

自身传播以自我为传播对象，是每个人几乎每时每刻都在进行的一种内在传播活动。它有以下三个特点。

1. 传播量大

它是人一生中累积从事时间最多，因而传播量最大的传播类型。它在人的头脑中不停地流动、变换，生命不息，自身传播不止。

2. 内在形式

自身传播是在人的思想意识领域进行的，因而虽然它的传播量很大，但却没有太多的外在表现，人们至多通过一个人的表情来推测他的内心活动。

3. 交流基础

人们之间的交流要通过语言、体语和文字等形式进行，这些外在形式所表达的内容则大多是人们自身传播的结果。人们在生活中耳闻目睹的一切都会在自己的思想意识中产生反响，最终通过自身传播使之系统化、明确化，成为认识、经验。这种自身传播的累积使人们认识社会、认识自身，形成各类外向传播中所表现出来的观点、态度。

（二）人际传播

人际传播是人与人之间直接的交谈、传播活动，人们之间的交流、研讨、会议、教学等活动都属于此。电话、E-mail、QQ 是人际传播的特殊形式。人际传播有以下四个特点。

1. 对象明确

有限人际传播中传播对象的身份或某项特征是传播者知晓、明确的，即使是较大型的人际传播活动，如酒店员工大会等也是如此，传播对象的数量也是有限的。

2. 近距离直接传播

除少数情况外，人际传播都是传受双方处于同一空间的、面对面的直接交流，距离从几厘米到数米。这种近距离使受者可以直接听到传播者的声音，看到传播者的体语，并能给传播者以及时的反馈。

3. 简便易行

除少数情况外，人际传播是运用口头形式进行的，除有身体障碍者外，人们都会应用，而且传受双方之间不用加入人造信道，因此不存在什么外在的技术、设备要求。

4. 使用广泛、频繁

人际传播与人类社会同时产生，因而它使用的历史最长，使用得最广泛而且频繁。人际传播根据受者人数的多少又进一步分为个人传播和群体传播。个人传播大多指两人之间的交谈，其传播目标为个人。群体传播的目标是数量有限的众人。

（三）大众传播

大众传播是职业传播者借助一定的传播媒介，定期公开向广大社会公众提供各类信息的活动。它有以下四个特点。

1. 受者广泛、分散

大众传播的受者众多，动辄成千上万，他们是分散、不确定、经常变化、由各类人混合而成的，因而对酒店传播者来说，受者是模糊的。这类传播对受者参与的要求和约束最低，受者的选择性很大，变动也频繁。大众传播中传受双方的距离最远，因而大众传播常常没有及时的反馈。

2. 传播者职业化

大众传播是由受过专门训练、具有传播经验的专职工作人员担任传播者角色，如记者、编辑、主持人、制片人、发行者、出版者等。这些传播者在很大程度上要对所传播信息进行选择与评价，即广泛审视、过滤社会各类信息，只对其中一部分放行，使之通过媒介传出，因而他们又被称为大众传播的“把关人”。

3. 借助人工媒介

大众传播实际上是媒介发展的产物，没有先进的人工制造的媒介就不存在大众传播。大众传播媒介有报纸、刊物、广播、电视、书籍、电影、互联网、路牌等，前四类媒介由于具有刊载新闻的主要功能，又被称为新闻传播媒介。各类新闻传播媒介定期、及时刊播各类信息，通过各种相关设备如印刷机、广播电视发射机等大量复制，广泛散发出去。

4. 内容丰富，形式多样

凡与社会生活有关的各种内容都在大众传播之列，这里既包括文化、娱乐内容，也包括新闻、服务、教育内容。这些内容有针对特定受众的，但主要是面向社会广大公众的。凡是大众传播媒介刊播的内容，都不是随便、不经意的，而是为适应大众需求、体现传播功能而精心组织设计的。

大众传播使用的符号有文字、图像、声音，即所有的人类视听感觉对象。有的媒介使用单一符号传播，如广播，而有的则兼而有之，如电视、互联网。传播者将这些符号组合成能较好体现内容的各类体裁、形式，使丰富的内容获得多样化的表现。

案例 7－1

酒店集团重视新兴网络传播媒介

洲际酒店集团（IHG）提出了名为“亲朋好友”的计划，鼓励集团在世界各地连锁店的员工用每个人的 Twitter 推销酒店客房。以折扣价格向员工的朋友和家人提供世界各地洲际酒店的客房预订优惠。所有员工在 IHG 的内部网上注册以后，都会收到一封电子邮件，上面有一个独特的网站地址链接到每个人的酒店预订页面中。员工们可以将这个链接转发给亲朋好友，亲朋好友通过链接进入员工的个人页面，以独享的优惠价预订客房。这个计划刺激了集团在世界各地的 33 万名员工，大幅度增加了客户来源。

丽笙酒店（Radisson Hotel）推出了一款非常有趣的社交媒体应用，使用社交媒体基于地理位置服务登记入住的客人可以延迟退房。酒店给予通过 Facebook Places（国外微博网上签到功能）或者 Foursquare（国外一家基于用户地理位置信息的手机服务网站）登记入住的客人提供延迟两个小时退房的优惠。客人一旦利用以上社交网络工具“登记入住”，将自动得到额外的房间停留时间，结账时只需向接待人员出示他们手机上的信息即可。该连锁酒店很快开始在其页面菜单上设置快速回复验证码，同时用户还可以通过官方微博了解每家酒店的详细信息，如客房、餐厅和康体设施。

资料来源：http://www.chinaluxus.com/20130530/277898.html.

第二节　酒店公共关系传播原则与媒介

一、酒店公共关系传播原则

酒店公关工作中的传播活动，呈现出无处不有、立体交叉、灵活多样的复杂现象。酒店公关传播要遵循以下四项原则，才能保证传播工作取得相当效果。

（一）目的明确原则

酒店公关传播是带有明确目的性的传播。这一点在英国公关学者弗兰克·杰夫金斯的公共关系定义中表述得很清楚：“公共关系是一组织为了达到与公众之间相互理解的特定目标，而有计划地采用的对内、对外传播方面的总和。”

酒店公关传播的总目标就是树立、改善企业形象，形成有利的舆论环境，获得各界的支持。因此在很大程度上，酒店公关传播是一种宣传，其最终目的是要人们改变或建立某种意见或态度，是通过传播事实和观点，引导、影响人们思想认识的过程。

在总目标的指导下，酒店公关传播的每一次具体活动也要有具体的目的，如果目的不明确，随便组织传播活动，有时是花了钱无效果，有时反而会造成负效果。所以目的明确是酒店公关传播工作首要的原则。

这种目的明确的传播在很多情况下要求目标公众也要明确，这是传播目的中的重要内容。每组织一次传播活动，接收者是谁，他们的情况如何、兴趣在哪里，酒店公关人员必须心中有数，这样才能有针对性地组织活动。这与大众传播一般化地估计受众及其特点是不同的。即使酒店公关工作借助大众传播媒介进行传播，接收对象是模糊不清的，但酒店公关人员仍应有明确的传播目标，以期引起目标对象的注意、关心。总之，酒店公关传播一定要避免盲目性、随意性。

根据传播效果四层次理论，酒店公关传播的一般性目的可以分为以下四种。

1. 引起公众注意

在现实生活中，酒店关注的焦点与公众所关心的问题往往是不一致的，酒店公关传播的重要目的就是要使公众注意酒店，在此基础上，才有可能使公众对企业产生认同、肯定的积极态度与行为。在当前传播过度的时代，注意力已经成为稀有资源，近年提出的“注意力经济”“眼球经济”，其关键就是在争夺公众的注意力。

2. 诱发公众兴趣

酒店公关传播要充分利用传播的内容及方式使公众产生兴趣。成功诱发公众兴趣的根本一点在于了解公众兴趣所在，使酒店公关传播的内容与方式同公众兴趣相结合。这是使公众对传播内容发生兴趣的首要条件。

3. 取得公众肯定

酒店公关传播不仅要使公众产生注意、发生兴趣，而且要使之产生肯定、认可的态度，或者是努力实现社会公众由负态度向正态度的转变。由于态度是人们在社会生活中的经验长期积累形成的，它与主体的情感、信念、立场、需要有关，并常以利益为转移。态度是人们心理活动的内在动力，它一经形成便具有相对的稳定性。因此传播要想改变公众的态度，必须做长期、大量、深入细致的工作。在大多数情况下，酒店公关传播要从公众的利益出发，照顾公众的需要，适应他们的已有态度，除非在必要时，否则不要去做改变已有态度的努力。

4. 获取公众支持

公众的支持行为就是公众参与酒店公关活动、购买宣传的产品、实施企业提倡的活动方式等，这是酒店公关传播所能达到的最高目标，达到了这一目标，酒店无疑就是非常成功的了。

（二）双向沟通原则

双向沟通原则是指传播双方互相传递、互相理解的信息互助原则。这一原则具体包含以下内容：一是沟通必须由两人以上进行；二是沟通双方互为角色，任何一方都可传递信息，也可反馈信息；三是沟通双方相互理解并有所交流。

从表面上看，双向沟通原则并不太难理解，在生活中也不易被人忽视。但是在传播中则不尽然，有许多案例都说明双向沟通原则在酒店公关传播过程中被忽略了，因此高度重视传播过程中的一些特殊的双向沟通原则是十分必要的。通常情况下，酒店与公众的沟通应注意以下两个方面。

1. 创造共识区域

这里的共识区域是指信息接传各方在知识、经验、兴趣、爱好、文化传统等方面有相近似之处。这些相近似之处就是人们可以交流的范围。共识区域图如图 7－3 所示。

一般来说，传播者与受者的类似经验越多，沟通的语言就越多，信息分享的程度也越高。不少酒店企业在实施传播活动时，都把企业的产品同企业与公众的共识区域相结合，从而形成彼此的有效沟通。

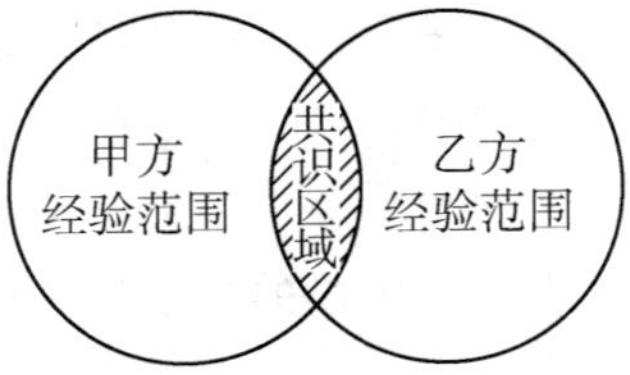

图 7－3　共识区域图

2. 具备反馈意识

酒店公关传播追求有效沟通，传播者与受者必须具备反馈意识。所谓反馈意识，一方面是指沟通双方在互相理解后要有反应，它包括信息反馈的主动、及时、对路和适量等；另一方面是指沟通双方应根据反馈进行自我调节，它实际是用结果（输出信息的实践结果）对原因的反作用来调节沟通，使沟通的双方轮流充当施控者与受控者，彼此都对对方的行为产生制约力。

（三）平衡理论原则

平衡理论是关于受众态度的理论之一。这种理论认为，当人处于不平衡状态时，会感到心情紧张，并产生一种力求恢复平衡的力量。所谓平衡，是指人的感觉系统与所经历的情绪毫无压力地存在的一种状态。人处于平衡状态时，感到舒服、轻松。

这一理论认为，如果两人存在着友好关系，并且对另一事物持有相同态度，两人的关系就是平衡的。这种关系组合呈现出一种三角形，即双方对第三者持有相同态度，这个第三者可以是人，也可以是事物。其三角形关系如图 7－4 所示。图中，A 和 B 代表双方，X 代表第三者。如果三方之间关系全是肯定的，或者是有两种否定、一种肯定，就会出现平衡状态；而其他情况都是不平衡的。人的认识、态度、信念一般都有趋于平衡的倾向。

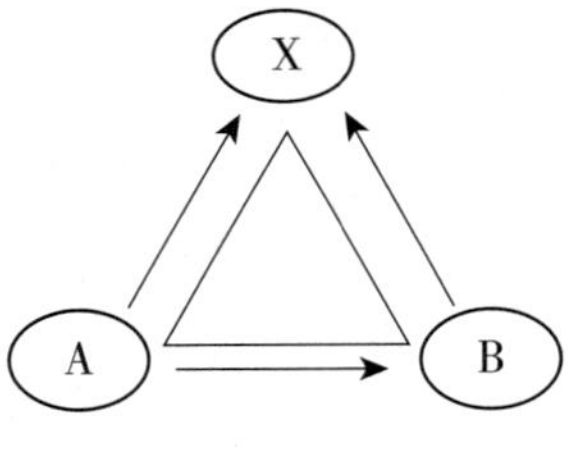

图 7－4　三角形关系图

从这一理论中我们可以看到，个人心态平衡与人们之间的关系平衡互为因果、互相影响，因此在寻求关系平衡的过程中，可以从这两方面入手去做工作。

1. A—A 式平行沟通

A—A 式平行沟通依据人们的几种心理现象，将人们的表现分为三种状态：一是 P，表示父母状态，处在此状态下的人多以权威和优越感为标志，其语言与行为往往是支配、命令式的；二是 C，表示儿童状态，这种状态常出自一时的感情冲动，其语言与行为多为创造性、无理智的；三是 A，表示成人状态，以理智、稳重为标志，不受“父母”“儿童”心理状态的干扰。按道理讲，人们在同等状态下，成人与成人、父母与父母、儿童与儿童可以顺利沟通。但现实生活中，常常出现交叉的情况，在父母与儿童、成人与父母间沟通时会出现交流中断或传播过程无规律可循。

这种沟通方法在国外被普遍采用，它力图创造出一种平等的沟通前提，以保证沟通在正常情况下进行。酒店公关传播就是要创造 A—A 式的平行沟通的环境，即双方均以成人状态参与沟通，并随时注意公众反应，不断调节，使其保持在 A—A 式状态之中。

例如美国航空公司在职员培训中常放这样一段录像：一位女售票员在接待两位男顾客，后面的一位女顾客等得不耐烦了，指责正常工作的女售票员是“谈情说爱”“没完没了”。女售票员对待这位以父母口气指责，而处在儿童心理状态的成人的做法是，将其拉入 A—A 式模式之中，她以成人的口吻说：“非常抱歉，让您久等了，您需要什么?”从而使事情得到了较好的解决。这种方法就是以个人心态的平衡去引导、建立双方关系的平衡。

2. 情感沟通

情感是形成态度的重要条件，平衡理论要求在沟通中诉诸情感，通过情感互动和思想交流，产生接近与认同，达到态度的一致和关系的平衡。这就要求在沟通中从关心、体谅、帮助、支持的角度出发与对方交流，使对方与酒店感情融洽，从对传播内容、方式的喜爱，进而喜爱传播者。

酒店公关传播追求酒店与公众之间态度、感情的一致和关系的平衡。因为不平衡的形成有多种因素，如文化背景、生活环境、个人修养等，做转变态度的工作切切不可简单化、模式化。

（四）有效沟通原则

任何一种沟通都可能存在有效、无效两种后果。有效沟通原则是指通过沟通活动要取得预期效果的原则。

酒店公关传播追求的是有效沟通。公众是复杂的群体，他们对企业的了解、态度差别很大，所以对于沟通活动，从设计时起就要充分考虑它对于受者可能产生的效果，要尽量争取使受者中的多数人出现对组织从无知到知晓、从漠然到喜爱、从偏见到认同、从敌对到合作的转变。在实践中，影响酒店与公众有效沟通的因素有以下三点。

1. 信息的真实性与信息量的大小

对公众来说，虚假、空泛的内容丝毫不能引起他们的兴趣，更谈不上关注。另外，好的消息如果信息量不足或太少，则公众就会放弃对它的关注而转向另一个热点。因而适量传播与公众利益有关的内容是影响传播效果的首要一点。

2. 传播者的方式与态度

酒店公关人员在传播过程中一定要谦虚、尊重别人，要“投公众之所好”，设身处地地为公众考虑，从公众角度讲话，这样才能取得好的效果。

3. 传播内容的制作技巧与传播渠道的畅通

前者多指文章的写作、节目的编排是否易于为人们接受，后者是指传播过程是否顺畅。印刷质量差、版面不清、有错别字、图像模糊、时间安排不好等，都是传播渠道不畅的表现。

二、酒店公共关系传播媒介

酒店公关传播借助的媒介大体上可以分为以下几类。

（一）大众传播媒介

大众传播媒介主要有报纸、刊物、书籍、广播、电视、电影。其中，报纸、刊物、广播、电视是新闻媒介，与酒店公关工作关系密切，我们进一步把它们分为印刷媒介与电子媒介。

1. 印刷媒介

印刷媒介是指将文字、图片等书面语言、符号印刷在纸张上以传播信息的大众传播媒介。报纸、刊物是主要的印刷媒介。印刷媒介的容量较大，可对信息作较详尽、深入的报道。它易于保留、查找，便于选择阅读。它的价格比较便宜，读者可以通过一次性购买或一段时间的预购获得它们。但由于此类媒介的最终完成形式是印刷品，需要经过排版、印刷、递送（发售）等一系列操作过程，使得它们到达读者手中所需的时间较长，且每期之间有一定的间隔时间，因而时效性较差。另外印刷媒介要求受者具有相当的文化水平，加之交通较闭塞的地方难以定期送达，因此相当的社会人口不能成为它的受者。

报纸与刊物都分为综合性与专业性两类。报纸主要以刊载新闻为主，刊物则只有一部分内容是新闻性的。

2. 电子媒介

电子媒介是使用电子技术，通过无线电波或导线发出声音、图像节目，受者要借助接收机接收的大众传播媒介。电子媒介有广播、电视、计算机、电影等多种形式。电子媒介使用多样的符号来传播，有文字、声音、图像。声像符号具有形象性，形式变化多样，使电子媒介具有更强的纪实性、生动性与感染力，对受者没有文化水平的限制。电子媒介由于信道——电波的传播速度很快，以及发射手段的不断改进，因而传播迅速。

近几十年来，电子媒介的社会地位不断提高，作用不断增强，受众越来越多。如我国广播、电视台网建设布局方针为“四级办广播，四级混合覆盖”。“四级”指的是国家、省、地、县。另外，全国很多大中型企业还办有有线台，在厂区范围内播出。主要的电子媒介有以下两种：

（1）广播。

广播以声音作为传播的符号，声音有语言、音乐、音响三种形式。声音形式的不同组合可以构成多种多样、多姿多彩的节目，并具有较强的写实性与表现力。广播节目的制作播出较为简便、快捷，因而在新闻报道中，它是最迅速的传播媒介。它很容易与电话等其他媒介连接，与听者双向交流。

广播的频道多（几百个）、容量大，它的语言节目可以对新闻、社会热门话题做系统、翔实的报道与深入的讨论；它的音乐、音响节目又具有纪实性、生动性与感染力。广播诉诸听觉的单通道传播可使受者注意力集中，并同时有较大的想象空间。广播节目的送达范围可超越国界，早已成为世界性媒介。广播的接收机已实现了小型化，人们可随身携带，随时收听。

广播电台有播出新闻、教育、服务、娱乐等各类节目的综合台，也有主要播出一类节目的专业台，如新闻台、音乐台、教育台等。

（2）电视。

电视使用各类视听符号进行传播，它视听兼备，音像并茂，具有最强的写实性与表现力，是为各类公众喜爱的媒介，因而它对社会生活的影响力也非常大。

在受众能使用的各类新闻媒介中，选择率最高的媒介是电视，每日接触时间最长的也是电视。电视新闻具有最强的形象表现力，它真实、生动，可以速报，也可以深入分析新闻事件。电视的娱乐功能在新闻媒介中最强，这是它吸引受众的重要因素。目前电视与卫星结合，也成为超越地域、国界的媒介，其作用大大提高。有线电视迅速发展，弥补了无线电视数量有限的缺点，为电视发展开拓了广阔的空间。

但是电视制作播出的设备、技术都较为复杂，这在一定程度上影响了新闻报道的速度；它的符号与接收的特点也影响了它的深度；它的节目制作费用较高，节目的多少与一国一地的经济状况有密切关系。电视接收虽然没有文化的限制，但由于接收机价格较贵，而且需要电力保证，因而对贫困地区、家庭经济拮据的公众来说，也有接收障碍。

（二）网络媒介

网络与手机属于新兴电子媒介。网络通常都是指 Internet（互联网），但从计算机技术角度来看，网络的概念远远超出了互联网。例如移动通信和互联网成为当今信息产业发展的两个热点，这两者融合就产生了新的增长点，即移动无线互联网。它采用国际互联协议解决了异质网间的互联互通，三网融合将为信息产业的发展带来巨大商机。网络可以从不同角度划分为广域网和局域网、有线网络和无线网络。有线网络与无线网络的区别主要在于是否通过传输介质来实现连接。中国有上亿网民，网民拥有量居世界第二位，而且每两分钟就会增加 400 个上网者，大约有 1.4 万笔交易在网站上实施。网络堪称最有前途的媒介。

1. 互联网提供的服务

（1）Telnet（远程登录系统）。这种服务可将用户主机与远程主机连接起来，用户可享有远程主机提供的各种服务。例如，现在世界上很多大学图书馆都通过 Telnet 提供对外的联机检索服务。一些政府部门、研究机构等也将他们的数据库用 Telnet 的方式对外开放。

（2）FTP（文件传送）。FTP 是 TCP/IP 协议集中应用层基本协议之一，FTP 用于网络上两个主机之间的文件传输，用户也可以从主机上拷贝各种文件。

（3）E-mail（电子邮件）。它是通过计算机网络与其他用户进行通信联系的手段，是互联网中应用最广泛的服务之一。除了可用来交换信息外，它也可用来查询信息、实现 FTP 等。

（4）Gopher（信息检索）。Gopher 用菜单的方式将服务器的信息检索服务提供给用户。与 Telnet、FTP 等相比，它的界面更加直观、友好。但由于 WWW 的出现，它的应用推广受到了影响。

（5）WWW（万维网）。WWW（World Wide Web）也可称为 Web，中译名为万维网，是互联网中最受欢迎的一种多媒体信息服务系统。有人常常把 WWW 与互联网混为一谈，事实上，WWW 只是互联网的一种服务，就像 E-mail 一样。它的优势包括：

1）多媒体方式：可以提供各种形式的信息，包括文本、图像、声音、动画、视频等，这使互联网的使用领域得到大大拓展。

2）超链接：将不同地点的信息联系起来，并可以从一个文献迅速转到另一个文献而无须用户对具体过程进行了解。

3）友好、易用的用户界面：这使普通用户无须记忆特别的命令，就可在图形化的界面上浏览信息。

（6）BBS（电子公告板系统）。BBS（Bulletin Board System）是一种多对多交流的服务形式。BBS 站点有些是独立的，需要通过公用电话网，利用 Telnet 软件才能进行访问。但现在大部分 BBS 挂在互联网上，通过 WWW 浏览器便能访问。

（7）聊天。聊天指互联网提供的各种一对一或多对多的实时交流。目前，聊天服务主要是通过 WWW 上设置的各种聊天室来提供的。最新的聊天技术可以使交流的双方看到对方的影像。

（8）即时传呼。即时传呼（Instant Messaging）是互联网上颇受欢迎的一个信息发送业务。它可以使计算机用户在网上跟踪同时在网上逗留的亲朋好友。无论对方在网上的哪个角落，只要输入对方的代码，就可以找到他们，与他们共同浏览网页，也可与他们进行即时对话。可以说，即时传呼为网上聊天打开了一条新的通道。目前，比较流行的即时传呼软件有 QQ 等。

（9）Usenet（网络新闻）。Usenet 是互联网上的一种信息服务，是网络上成千上万的网络新闻组（News Group）的集合。用户通过网络新闻服务可以与世界各地有共同爱好的人们就任何一个感兴趣的话题进行讨论，可以阅读网络新闻组中的信息或者在新闻组中发表自己的观点。用户加入或者退出新闻组都是完全自由的。

网络新闻系统存在七个大的专题组，它们是 Comp（计算机）、News（新闻）、Rec（娱乐）、Sci（科技）、Soe（社会）、Talk（专题讨论）与 Mise（杂项）。

此外，互联网还可以提供多人游戏、电子商务、网上购物、网上拍卖等多种形式的服务。这些服务可以为酒店公共关系提供一个广阔的新天地。

2. 网络上的形象塑造

（1）通过虚拟主机上网。利用虚拟主机技术，可以把一台运行在互联网上的服务器主机分成一台台“虚拟”的主机，每一台虚拟主机都具有独立的域名和 IP 地址，具有完整的 Internet 服务器（WWW、E-mail）功能。虚拟主机之间完全独立。在外界看来，每一台虚拟主机和一台独立的主机效果完全一样，但费用却大幅度降低。酒店可以租用一块信息存储空间，注册独立的域名和 IP 地址，访问者只要在网上敲入该域名，即可调出该酒店的网页。

（2）申请域名。域名是互联网世界各主机和网站的唯一标志，是一家酒店在互联网中的门牌号，域名被称为“酒店的网上商标”。我国很多著名商标已经被抢注。现在又掀起了域名抢注高潮，酒店必须重视自己的这种无形资产。

中国企业可以注册的域名一般分为国际域名和国内域名，也可细分为“. com”（商业机构）、“. net”（国内互联网服务机构）、“. org”（非营利性组织）。加后缀“. cn”意为国内的。例如“. com. cn”是国内商业机构。域名为组织名称加上域名后缀，例如“yahoo. com. cn”。

（3）建立酒店网站。网站是酒店的门面，一旦建立，全世界都可以访问它。建立网站时要注意：

1）精心设计网上形象识别系统（Internet Corporate Identity System，ICIS），从网页开始，全面展示酒店形象。

2）提供丰富的内容。不能只做简单的酒店介绍，要将与公众有关、公众关心的内容都放上去。

3）及时更新。保持有规律的变化，否则不但网络的快捷优势体现不出来，而且网民将不再光顾酒店的网站，网站则无法吸引公众的注意力。

4）充分利用交互性。互联网的最大优势是可以即时交换意见，要充分发挥交互式沟通的功能，通过论坛、聊天、调研、招标、拍卖等实现交互优势。

5）做好日常维护。日常维护包括硬件设备维护、各种新软件的应用、内容更新、反馈信息管理、客户的日常联系等。

（三）手机媒介

手机被称作“第五媒体”，中国有数亿移动用户，全国城镇地区 18 岁至 60 岁的手机用户中近40%的人收发过各类短信息。2003年春节国内短信发送量超过70亿条。2004年短信息服务市场的规模达到217亿美元。而这还不包括以短信方式下载的更高资费的铃声、笑话、图像等增值业务的收入。2002年8月，韩国出现了第一家“手机大学”，大学内的师生们在校园内可以使用手机确认身份并进行信用交易。此外，“拇指经济”的风靡还造就了一批新兴的职业人——“短信写手”。

手机的功能很多，现简述如下：

（1）语音信箱功能。语音信箱是一种新型的通信工具，它将语音信息处理成数字信号后输入计算机存储器，客户通过电话随时随地在计算机存储器即“信箱”中存、取语音信息。它将使您的电话永不占线，保证了用户间的信息交流。

（2）呼叫转移功能。该功能可以将所有呼叫该手机的电话自动转移到临时指定的话机上，要是用户碰上无法接听来电，不会将重要信息或来电漏掉。

（3）多方通话功能。实现多方共同通话或分别与两方通话，就像一个小型会议，在时间和空间上都不受限制。

（4）短信息功能。消息的长度为每页82个字节，并且最多能发送20页之多的信息，如交通信息、天气情况、股市信息、新闻等。

（5）支持JAVA功能。JAVA的好处是可以透过无线互联网直接将程序下载到电话之内，之后就可以离线执行，既可以免除长时间保持在线的费用，又可以减少因为网络不稳定而造成断线的情况。

（6）无线音乐功能。它可以允许用户进行无线联网，从中找到自己喜欢的音乐并下载到手机中，并用“蓝牙”与自己身边的音响系统连接播放。

（7）视频会议功能。无论走到天涯海角，都可以利用无线网络随时参与单位举行的重大会议，并且感觉与现场参与一样，一切问题都可以通过无线网络来解决。

（8）观看直播功能。3G手机除作通话用外，亦可同时作手提电视，用来看体育比赛之类的直播。它还自带了摄像头，这将使用户可以利用手机进行电脑会议。

（9）无线下载功能。可以随意下载以各种程序编写的功能或服务，如游戏、地图、地址簿、股票报价等。

（10）遥控家电功能。目前可以遥控的有效范围为半径10米，所以用户无论在家里哪个角落都可以对整个家庭的电器设备进行轻松遥控。

（11）极速显示功能。可以透过一张无线LAN卡，将资料显示于屏幕之上，不用麻烦地带齐记忆卡。

（12）无线联网游戏。

（13）智能提示功能。

（14）定位报警功能。该项功能在国外也称作Stasafe功能，主要是在需要保护的对象中使用一种定位报警系统，一旦被保护对象受到某种破坏，报警系统就会给您的手机发出短信息，告诉您被保护对象目前的状况。

（15）天气预报定位功能。该功能的英文名称为Weather Position，它对那些经常需要出海航行的用户非常有用。

（16）附近黄页功能。附近是指手机用户到达的任何地方的附近。它可把用户所处位置附近的酒店、旅馆、银行、医院、学校以及其他组织团体和常用的日常信息随时提供给用户。

(17) 海上电子功能。它是由移动定位功能发展而来的，该功能利用无线网关把海上船舶的网络与无线互联网以及移动通信网进行互联，并为船只定位。

案例 7－2

开元酒店集团借力微营销制胜

开元酒店集团旗下的上海浦西开元大酒店再度成为 2013 年“中国好声音”学员的指定接待酒店后，酒店立即结合活动推出“传递中国好声音——住上海浦西开元”的主题微活动。据统计，连续三季微活动，酒店官方微博粉丝累计增长逾 19 万，转发次数达 23 万余次，评论 2 万余条，阅读量更是达到了 250 万条。酒店继续发力，持续推出各种微活动，吸引网友关注酒店微博，提高品牌曝光率。江苏句容余坤开元大酒店亦借助市场方向，针对“跳出酒店求发展”的新思路和“拓展半自助游和散客市场”的新要求，将微博运营与酒店主题经营活动相结合，整合周边旅游资源、节庆活动、事件热点等营销热点作为“微活动”的主题，先后组织了“祈福茅山，福到开元”“享汤山温泉，住开元酒店”“福享中秋，福到开元”“跟随骑行车队，游遍开元酒店”等系列主题活动，并与行业大 V 互动，使得“酒店”“产品”“品牌”“特色”不断出现在粉丝的眼前，吸引了大量的忠实粉丝转发评论。据统计，仅 2013 年 9 月份，三次转发有奖活动，粉丝累计增长 3 万余人，累计转发 43 820 次，评论 20 365 次，阅读量累计 860 386 次。

目前开元酒店集团管理和签约的酒店达 140 余家，分布在全国 24 个省、自治区、直辖市以及德国法兰克福市，开元酒店集团旗下几乎所有已开业酒店已开通微博、微信等账号，并有专人维护和管理。通过自身的一系列努力，结合线上线下多方整合品牌传播活动，推广服务和产品，提升了开元酒店品牌的知名度。

资料来源：http://www.chunyun.cn/jiudian/20131029/105527.html.

（四）基本传播媒介

酒店公关传播除了要使用大众传播媒介以外，还要使用几乎所有的人类传播媒介，构成传播的网络。这要应用到的是基本传播媒介。

基本传播媒介是指构成应用传播项目的元素媒介，它们都是酒店公关人员应熟练掌握并应恰当运用的工具与手段。

1. 语言

“言为心声”，恰当的语言表达对于酒店公关工作来说是十分重要的。人类是“语言动物”（亚里士多德语），人类大脑是语言与神经网络共生演化的结果，它对语言（声音和文字）的敏感程度大大超过了对任何其他可记忆事件的敏感程度。我们人类最主要的思考几乎总是通过文字的思考。

有声语言的有效运用包括遣词造句的应用准确、得体，表达的明晰，恰当的语音语调的配合与适当的态度、感情。酒店公关工作要运用语言进行谈心、接待、谈判、演说、采访、致辞等。酒店公关人员应谈吐文雅，具有较强的口头表达能力与应对能力。

2. 体语

体语是人整个身体的形象、状态，包括表情、手势、姿态、空间距离等各项内容。它们总的原则是得体、适度、明确。

体语给对方留下的印象超过语言，所以要给予相当的重视。酒店公关人员要学会应用它来传达信息，并会观察对方的这类信息，以便为我所用，提高沟通的成功率。

3. 文字

文字是书面语言，是口头语言的凝练、提高。酒店公关工作要拟写大量的文稿，如决议、提要、记录、书信、电文、通知、简报、消息、简讯等。酒店公关人员应有较深厚的文字功底，文字表达要求文体、格式正确，选词准确，语句流畅、严谨，篇章结构恰当，表达明确无误等，要能又好又快地拟写各类文稿。

4. 图像

图像材料要在展览、会议、招贴、宣传栏、印刷品、徽章、广告等处使用，使用量大，质量要求高。图像材料主要有照片（幻灯片）、图画、图表、示意图、徽标、录像片等。它们分为静止图像与活动图像两大类，在静止图像中又包括写实性图像与抽象写意性图像两大类。图像具有形象表现力、吸引力。它是另一种语言，具有构图、色彩、角度、形态、形象象征性等构成因素。

酒店公关人员应懂得图像材料制作的原则及一些操作方法，并使制作出来的图像材料具有较高水平的审美效果和较深的内涵寓意。

5. 实物

实物媒介主要指凝聚着酒店信息的各类实在物体，包括产品、礼品、组织办公和营业场所的各类物品及摆放以及酒店的建筑等。

实物媒介能够最实在地表现出酒店信誉、风格、文化、追求等内容。这些内容应明确、充分地展现在各类物体上，使公众对它们能“一见钟情”或留下较深的印象，从而发展为与酒店的长期合作关系。

酒店公关传播的基本媒介是构成传播实际活动的元素，一般不单独出现，而是几个元素并存，共同构成一项活动，并给传播对象留下一个立体、综合的印象。

（五）日常应用传播媒介

酒店公关日常应用传播媒介主要是指酒店公关日常传播的一些具体方法和形式。

1. 文字材料

文字材料主要有向新闻界散发的新闻稿件、来往信函、工作总结、工作计划等。这些材料的写作需要遵循新闻写作与公文写作的原则。

2. 印刷品

印刷品多用于公开散发，是面对内外公众的直接自行发行物，包括：

（1）宣传手册，内容可以为：主题理念展示；酒店简介，背景可用厂区背景和象征图形；总裁寄语，总裁像；首长关怀、照片、参观、题词；管理组织机构图；国内销售图（地图）、驻外办事处及销售公司；历史荣誉、获国际国内大奖情况介绍（奖状、奖杯、文字记录）；产品类型展示；生产流程展示；拳头产品展示；拳头产品介绍及广告语；系列产品展示；厂房设备展示；酒店文化；酒店公关活动、促销活动展示；酒店标志及释义。宣传手册是日常宣传和股票上市必不可少的最基本的宣传工具。切记不要只反复宣传产品而忽视其他方面。宣传手册应贯彻 CIS 设计原则并体现酒店文化，应配有相应的照片、图示，标明酒店的地址、联络信息等。

（2）产品介绍、使用说明书，这种材料有可能的话也应图文并茂，其内容是集中介绍产品的性能、特点、原理、使用注意事项、使用方法等。使用方法一定要让使用者可以按说明书正确操作。

以上两类材料设计印刷应较精美，文字流畅，风格清新，使传播对象乐于阅读，同时阅读起来也很方便。

案例 7－3

北京建国饭店宣传品示例

1. “冬日里的喜悦邂逅——圣诞”宣传单如图 7－5 所示。

(a)

Merry Christmas
Justine's
平安夜浪漫烛光晚餐
Christmas Eve Candle Light Gala Dinner
京城著名的Justine's法餐厅迎来了又一个圣诞节，在这个特别的日子里，我们为您准备了浪漫的法式烛光大餐及丰富多彩的圣诞晚会，诚邀您与我们一起共渡这美好的时光。
Celebrate Unique Christmas Eve with Romantic atmosphere in Justine's Restaurant.
套餐价格：RMB1688.00每位
以上价格包含当晚西式套餐、进口香槟、红白葡萄酒、本地软饮及啤酒。
Justine's Gala Set Dinner Prices: RMB1688.00net/p.p.
Including Free Flow of Champagnes, Red Wines, White Wines, Local Soft Drinks and Beers, Plus there will be a High Quality Entertainment Program Lucky Draw and Christmas Gift.
此外，除包含当晚演出抽奖外每位客人可在当日凭票领取纪念品一份
In addition to the performance and lucky draw, by presenting the ticket of the Christmas Party, you can get one special gift.
地点：杰斯汀法餐厅
Venue: Justine's Restaurant
详情垂询及预订 For more information and reservations, please call 65002233 ext.8192 or 65958092
建国饭店
THE JIANGUO HOTEL BEIJING
MEMBER OF WORLDHOTELS
FIRST CLASS COLLECTION
X-MAS

(b)

(c)

图 7－5　北京建国饭店圣诞节宣传单

2. 火焰菜肴特式宣传单如图 7-6 所示。

图 7-6 北京建国饭店杰斯汀法餐厅火焰菜肴特式宣传单

3．“咖啡厅——涮锅”宣传单如图7-7所示。

图7-7 北京建国饭店咖啡厅——涮锅宣传单

4. 滋补养生美食节宣传单如图 7-8 所示。

图 7-8　北京建国饭店中餐厅滋补养生美食节宣传单

5. 咖啡厅海鲜自助餐特市宣传单如图 7－9 所示。

图 7－9　北京建国饭店海鲜自助餐特市宣传单

6. 国际自助晚餐宣传单如图 7－10 所示。

图 7－10　北京建国饭店国际自助晚餐宣传单

（3）酒店内部印刷品，如操作规程、岗位公约、质量手册、酒店报纸、内部简讯等。

酒店报纸是面向全体员工定期出版的印刷品。它的主要内容为有关酒店及酒店内部的动态性信息。它要反映出国家、行业、本酒店的有关方针、政策、指示、意见以及员工工作情况、意见要求，还要有一些员工撰写的文化娱乐内容的稿件。

3. 电子媒介

（1）组织广播站。广播站是组织沟通最迅速的系统。广播内容有新闻、经验交流、问题探讨等，还可以展开领导与员工的热线交流，这一做法在大型酒店中更为有效。还可以播出一些音乐、娱乐内容的节目，调剂员工精神。在上班时间播出特制的背景音乐，以提高工作效率，缓解工作中的紧张感。

（2）组织电视台。组织电视台均为闭路有线系统，自制节目大多为新闻类的消息报道与专题片。这些节目除定期或不定期播放外，还可以留作酒店的音像历史资料或提供给社会电视台播出。

（3）酒店网站。详细内容前面已述。

4. 户外图文媒介

（1）路牌、招贴。路牌、招贴有单纯标语口号的，有图文并用的。内容有宣传口号、广告、活动通告。它们可悬挂、固定在街道旁、建筑物上、交通工具场站、墙壁上等。这类媒介形式醒目、制作费用较低，如果语言、画面等表达形式设计得好，可以吸引路人，取得较好的宣传效果。

（2）宣传栏。宣传栏一般置于酒店门外或酒店内甬道旁，对外介绍酒店、产品情况，对内则是集中宣传酒店活动，酒店及员工评奖、获奖情况，产品质量法，党和国家的重要会议、活动等，还可以展出职工书画作品、其他作品等。展出内容要常换常新，以保持其吸引力。

（3）黑板报、壁报。它们置于酒店内，可用来传播简短的信息，它的作用、内容都与酒店报纸相同。只是出刊周期更短、更简便易行。黑板报刊登的内容难以保留，办报人员应注意对稿件的保存。

5. 组织各种会议

组织各种会议中较重要并具有挑战性的主要有三种会议：展览（销）会、新闻发布会、内部沟通会议。

除去各类其他必要的会议外，应组织定期的内部沟通会议，参加者或为全体员工（中小型酒店），或为员工代表（大型酒店），这种会议可以采取正式会议方式，也可以采用非正式的联欢、郊游野餐、午餐会等方式举行。

第三节　酒店公共关系传播实施技巧

一、新闻写作

酒店公共关系最重要的方面是制造新闻。这是酒店公关工作有效利用大众传播的主要途径之一。在媒介上刊播新闻，这样做是由第三者来为组织宣传，具有较高的可信度和有效性，容易为人所接受。

（一）选择事实

写作前应先筛选出那些有可能被新闻媒介选用的事实。这一点非常重要，抓住了好的报道题目（由头），往往就成功了一半。

选择的标准是事物的新闻价值。新闻价值是指该事实自身所具有的重要性、新鲜性、接近性、及时性和趣味性。重要性是指事实后果重大，或当事人身份重要，发生事实的时间、地点重要，以及对社会的影响巨大，等等。新鲜性是指社会上、自然界中各种前所未闻的、奇异的新事物。接近性是指与公众的生活、思想接近，它有地域空间接近与心理接近两种。往往身边一个人突变的命运比远在千里之外众多生命的死伤更能吸引人们的注意。及时性是指时间上的接近性，越及时获悉某一事变，其重要性、影响力就越突出，如果事变已过去多日，其价值就大大下降。趣味性是指事实本身具有某种使人动情、愉悦的因素。

此外，新闻价值的重要性还有层次性的特点，即有的事实具有全国性的报道价值，有的有地方价值，有的只有本单位价值等。这种层次不完全取决于事实本身的行政级别，而是它的典型性、影响力是否具有全国意义。例如酒店开张，这对酒店是头等大事，而对一个地区来说却未必有报道价值。而一家酒店经营管理的创新、人事管理的改革却有可能成为对全国都有意义的事实。酒店公关人员应具备相当的新闻素养、新闻敏感，善于发现有价值的事实，及时报道出去。新闻媒介对真正具有价值的事实也乐于刊播，而刊播那些宣传味道过浓的广告式新闻不仅违反新闻道德，而且也会令公众产生反感，效果也不会好。

另外，酒店公关人员还应学会根据事实价值的大小选择不同级别的媒介。选择不当，价值高于级别，影响面小，效果不理想，反之级别高于价值，会形成无用功，不被选用。在对此不太明了时，一是请人帮助判断，二是多寄送几个新闻单位，让编辑去选择。

（二）写作技巧

新闻写作首先要根据事实的内容来确定新闻体裁，如消息、简讯、特写、访问、评论等。体裁是对不同内容的不同表现形式。消息是新闻报道的基础体裁，它的写法是所有新闻体裁写作的基础，而且它也是使用量最大的体裁，是酒店公关工作最常使用的体裁。消息一般由标题、导语、主体三部分构成。

1. 标题

标题是吸引读者阅读的首要因素，标题应提炼出事实的精华，用精练、有个性的语言加以表现。事实精华是指事实最具新闻性的部分。事实选点准、文字精美是标题制作的关键。

标题又分为主题、副题，副题又称肩题，当新闻标题对事实交代不完整、不清晰时，如只突出新闻的趣味、哲理的“虚题”，就需要副题来加以说明。

2. 导语

导语是新闻的开头部分，具有统领全篇、引导阅读的作用。新闻内容一般有六个要素，即何人、何时、何地、何事、何因、如何。在导语写作中六要素不能等量齐观，要突出最重要的两三个要素。

消息写作多采用“倒金字塔”结构，即把事实的结果或最重要部分置于前部——导语部分。导语写作并非只有这一种形式，但突出新闻价值则是写作的原则。除此之外，导语还有描写式、提问式、悬念式等多种，写作时可根据事实自身的特性，写出特色来。

3. 主体

主体是导语的展开部分，在这部分要对导语的内容做具体详细的交代，还要使用背景材料对事实进行补充，说明事实的来龙去脉。有的消息的处理方法是对事实的交代与背景互相融合，有的则是在主体段后有一段独立的背景材料。背景材料包括事实的历史发展、环境情况等，它的使用使消息本身具有一定深度，使受者对事实有更深入的理解。

消息可以有一个结尾，但多数没有，要视内容需要而定。

（三）注意事项

1. 客观真实

这是新闻写作的根本原则。必须根据事实来写作，不夸大，不缩小，不随意增加或减少内容。稿件涉及的内容要完全真实，基本要素要准确，细节也要准确、清楚，语言要朴实，不使用不必要的形容词，要用事实说话。

2. 简明扼要

新闻写作要求短小精悍，不使用令人费解的长句子，不堆砌华丽的辞藻，最好是开门见山、简单明了，说清楚即可，简明的同时也要注意尽量不遗漏重要事实。

二、酒店公共关系广告

广告是利用大众传播媒介或其他户外展示形式向公众介绍产品、服务或观念的一种宣传方式。

（一）广告分类

广告主要分为两类，即商业广告和非商业性广告。商业广告内容以推销商品和服务为主，目的是通过它获取经济利益。非商业性广告又分为酒店公共关系广告与社会性广告两种。社会性广告有关于道德、观念宣传的，还有政府机关、社会团体的通知、公告，以及征婚、寻人、红白喜事公告之类非营利性内容的广告。

酒店公共关系广告是酒店形象广告，其作用主要是建立酒店信誉，促进公众对酒店的了解，沟通公众与酒店的感情。酒店公共关系广告又称间接广告，它可分为以下几种。

1. 组织广告

组织广告是以组织自身作为宣传主体的广告，主要有以下四种：

（1）宣传组织价值观念的广告，如“华美达——卓越服务”。

（2）介绍酒店情况的广告。

（3）贺谢广告。贺谢广告主要有两种：一种是自贺性的，如为产品、酒店获奖，酒店成立纪念日等刊发的广告；另一种是利用其他酒店喜庆之机，单独或与其他单位联合刊登祝贺广告。这样做的作用有：第一，增进酒店间的友谊；第二，塑造自身美好形象，如美国波音飞机公司在我国媒介上刊出的“腾飞的中国航空工业走向世界”的贺谢广告，显示出该企业致力于与我国航空业共同发展的情谊；第三，增加在媒介上出现的次数、频率。

（4）联姻广告。即酒店为某一运动队或文艺团体出资赞助，形成长期固定合作关系，该文体团体以酒店名称命名。一旦比赛或演出就会亮出酒店名称，成为一种有效的社会宣传形式。

2. 广告活动

广告活动就是通过广告，组织公众自愿参加的活动，从而间接达到宣传酒店组织、产品的目的。

（1）征集广告。包括向社会广泛征集组织名称、产品名称、商标设计、酒店口号等，吸引社会注意，吸引公众参与。

（2）竞猜广告。由酒店刊登广告，组织有奖活动。内容多为有关酒店及其产品的知识。问题一般很简单。这种活动可多次见诸新闻媒介，如通告抽奖结果、采访获奖者等，形成一个广告宣传的系列。

（3）连带服务广告。组织与本酒店产品有关的社会服务活动，并通过广告向社会宣传，如组织美食节品尝活动、举办一些培训班等。

（4）馈赠广告。馈赠广告是为酒店举办、赞助的社会公益性活动而做的广告。这些活动本身与酒店、与产品并无直接关系，如文艺演出、体育比赛及其他社会活动等。

（二）广告策划

策划酒店公关广告应当在调查的基础上确定选题，了解公众的生活实际需求与社会心理需求，尽量有针对性地进行宣传。

1. 公众对广告可能产生的反应、态度

在策划广告时，酒店公关人员对于公众对广告可能产生的反应、态度也应心中有数。

（1）接收的被动性。公众接受广告是被动的，很少有人积极关心、主动接收可能接触到的各类广告。

（2）接收的随意性。公众即使看到、听到了广告，一般情况下也不愿花费时间、精力去刻意分析、理解、记忆一则广告。

（3）接受的警惕性。社会公众对广告的态度总要有所保留，心存疑虑，不肯轻易相信、全盘接受。

2. 策划酒店公关广告时的注意事项

针对公众的心理，在策划酒店公关广告时要注意：

（1）吸引公众注意。首先要根基扎实，切实立足于公众的某种实际需要或心理需要，从接收主体自身需求入手，打动公众。其次是广告的立意、形式要新颖、奇特，从客体的变化上吸引对方，使人过目不忘。变化的方法有多种，还可以运用色彩对比、选择最适当的位置和最独特的尺寸等。

（2）通俗易懂。广告必须使受众易于理解，易于心领神会，甚至能被幼儿所理解（专门针对成人的广告除外）。通俗包括语言浅显、画面简明。广告中传达的情感、观念也要注意与常人接近，不要违反常理、常情，不要过分矫饰，使广告中的人物情感不自然、不正常等。

（3）真挚坦诚。语言实在，适当留有余地；以事实为依据，用事实说话。真挚坦诚除注重内容的客观真实外，形式也非常重要，如广告语言的浅显坦诚就是一种实话实说的态度，而电视广告中人物形象的质朴、清纯、平易也能达到这种效果。

酒店公关广告创作除遵循这些原则外，还需要很多专门化的知识与技巧。如语言的选择、组织，画面的构成、色彩，人物的选择和拍摄技巧等。这些具体操作也非常重要，它们是实现广告创意的具体步骤。酒店公关人员可以委托广告公司进行具体的策划与制作，但有关广告原则却要自己把握。

三、酒店会议组织

会议是酒店公共关系开展内外沟通的常用形式，召开会议是酒店公关工作的内容之一。会议的种类很多，有报告会、讨论会、联谊会、新闻发布会、展览展销会等多种。

筹划、召开任何会议都应做好思想上与实际操作上的各类准备（具体内容详见第八章相关知识）。

典型案例分析

受各国元首青睐的四家北京酒店

厉家菜馆的传统私房菜、中国大饭店的奥运美食、王府励骏酒店的白金五星级套房，使来北京观看奥运会的外国政要们度过了2008年的一个难忘的夏天。

各国政要来北京，选择入住的酒店各有特点。我国《国际先驱导报》选出酒店的“四最”，其中最受政要青睐的酒店是中国大饭店。

中国大饭店“最多量”：中国大饭店和王府励骏酒店是北京奥组委对外公布的两家五星级签约酒店。从2008年8月8日到24日，出席开幕式的80多位元首、政要中，有37位确定入住中国大饭店，这还没算上政要的家属和随从。难怪在饭店门口，矗立着一块长约10米、高约3米的红色喜牌，上面“荣耀欢迎各国宾客”的大字很是夺人眼球。

王府励骏酒店“最神秘”：2008年3月才竣工的这家酒店，是位于王府井东单核心商业区的奢华酒店，古典庭院式的园林建筑景观，米黄色的外墙设计，颇有17世纪的巴黎风情。但是，警卫森严，民众不能靠近酒店，只能在距离酒店一百多米外的地方拍摄。工作人员必须出示奥组委颁发的相关证件，才能进出酒店区域。

金茂威斯汀酒店“最迷惑”：美国时任总统布什入住这家酒店。面对媒体的询问，酒店工作人员守口如瓶，只说“不知道”三个字。据悉，位于亮马桥地铁站附近的威斯汀酒店，奥运前就对酒店前的车道进行“限行”管理，一般车辆都不得接近酒店。

长富宫饭店“最放松”：与上述三家酒店严密安保措施形成鲜明对比，日本时任首相福田康夫下榻长富宫饭店。饭店并没有在入口处安排特别的安保检查，只在大堂醒目的地方放置了一幅英日双语的奥运比赛日程安排表。

资料来源：http：//bdtravel. inhe. net/index. asp.

问题： 1. 你最喜欢这“四最”酒店中的哪一家？为什么？

2. 站在你最喜欢的一家酒店的角度思考奥运前后的公关传播策略。

思考与练习

1. 简述传播的要素和种类。
2. 酒店公关传播要遵守哪些原则？
3. 酒店公共关系可以利用哪些传播媒介？
4. 怎样提高传播的效果？
5. 怎样撰写新闻稿？

6. 当代社会传播媒介发生了哪些变化?

实训项目

1. 组织学生做一个游戏，让学生分成若干组，每组 10 人，站在不同的位置，以耳语的形式传递同样的一段话（20 字左右），比出传得最快的组和最准确的组。

2. 课堂辩论赛：网络是“利大于弊”还是“弊大于利”?

第八章 酒店公共关系专题活动

哲理格言

一定要把团队精神、团队目标的概念，输入到每一个员工身上，让他凡事以团队的利益、团队的目标为第一优先考量。

——陈安之

学习目标

通过本章的学习，你将：

1. 了解公关常用的各种专题活动的特点与适用范围。
2. 理解各种专题活动的价值与区别。
3. 掌握策划与组织各种专题活动的方法。

酒店公关专题活动又称作酒店公关特别节目。它是指酒店组织以公关为主题，有计划地开展各种有特定目的和内容的形象传播活动。这类活动如果安排得当，能引起社会各界对酒店的广泛兴趣和注意，有助于提高酒店的知名度和凝聚力，从而树立酒店的良好形象。

酒店的公关专题活动涉及范围很广泛，内容丰富，对公众的吸引力也特别大。它们具有共同特点：每种活动都有明确而突出的主题，并且每次活动都需要综合运用各种传播沟通方式以强化传播效果，能较明显地引发社会舆论，制造新闻效应。

第一节 现代酒店公关专题活动

一、庆典活动

根据不同的主题，酒店可组织不同的典礼仪式，如奠基典礼、落成典礼、开业典礼，以及庆功仪式、就职仪式、周年纪念仪式等。这些典礼仪式可以向公众展示酒店的综合能力、社交水平以及文化素质，有助于组织塑造良好的酒店形象。同时也是酒店公关人员千方百计地向公众展示酒店的综合传播活动能力，增进公众对酒店的了解，塑造良好的酒店形象的有利时机。

深圳亚洲大酒店在举行奠基典礼时，对参加典礼的宾客每人赠送了一个印有“亚洲大酒店动工典礼纪念”字样的纪念包，并宣布“两年后，亚洲大酒店建成开业时，持有这种纪念包的宾客住店一律享受八折优惠”。这一举动赢得了满堂喝彩。该酒店抓住动工这一有利时机，采取独特的手法为酒店招徕宾客，预先制造了气氛，成为一次成功的公关活动。

另外，目前不少酒店在典礼仪式上还邀请社会名流（如著名的影视明星、歌星或体育明星等嘉宾）为酒店剪彩助兴，以制造新闻效应；也有些酒店在典礼上请来“上帝”（顾客）做嘉宾。上海某宾馆在周年店庆的典礼上，从养老院请来了几十位孤寡老人，免费为他们服务一天，被新闻界争相报道为“拐杖工程中的新鲜事”等，增加了该宾馆的知名度。

酒店的典礼仪式内容是丰富多彩的，奇妙构思和别具风格的典礼仪式，能制造出新闻价值，吸引广大公众的注意和兴趣，从而赢得新闻界的传播，给酒店带来意想不到的社会效益和经济效益。庆典活动是围绕着重要节日或活动开幕而举行的庆祝活动，它是提高组织知名度、扩大社会影响的活动。现代酒店都想方设法、合情合理地利用它。组织开业庆典或其他庆典活动，应遵循热烈、隆重和节约的原则做好安排。

（一）准备工作

1. 邀请宾客

首先要精心拟出宾客的名单，经领导层审定后，印制精美的请柬，并提前两周左右寄送给宾客。活动前三天再电话核实，看有无变动；对 VIP（贵宾）在活动前一天再核实一次。一般邀请宾客的范围：本酒店的主管部门领导及各界领导、相关媒介的朋友；同行部门和直属部门领导及朋友。

2. 拟定程序

庆典程序包括主持人宣布庆典开始、介绍重要来宾、酒店负责人或重要来宾致辞、剪彩或安排参观等。此外，还要印制一些材料，如有关庆典活动的主要内容、意义的材料，来宾名单和致词，有关酒店经营项目和政策的材料等。

3. 布置场地

举行仪式的现场可以设在大门口，在场地悬挂该庆典会标、庆祝或欢迎标语。因为参加开业活动的宾客一般是站立的，可以在来宾站立处和剪彩处铺设红色地毯，以示尊敬和庄重。会场两边可放置来宾赠送的花篮，四周悬挂彩带和灯笼。还要准备好音响、照明设备，有时还可以准备放飞鸽子、舞狮表演。允许燃放烟花爆竹的地区，也可以视情况进行准备，使整个会场气氛显得隆重而热烈。

4. 安排接待

接待工作要事先指派专人负责，同时安排服务人员。重要来宾应由酒店负责人亲自接待。必要时组织排列迎宾线。接待室中要求茶杯洁净，茶几上放置烟缸，如不允许吸烟，应将礼貌标语标牌放置在接待室中，提示来宾。

5. 安排礼仪

如果剪彩，礼仪小姐的人数应比剪彩领导人数多一人。礼仪小姐一般应身着礼服。中国的传统观念认为红色为吉庆象征，礼仪小姐最好着红色旗袍，身披绶带，绶带上要有该庆典标志及组织名称等；发式可以是齐耳直发，也可梳典雅的发髻；无论冬夏，只要身着旗袍，脚下就应为瓢鞋，还应穿连裤袜。一般情况下，礼仪小姐要化淡妆。

6. 准备留言册

贵宾留言册不要用普通签字本，应用红色或金色锦缎面高级留言册。应准备好毛笔、砚墨或签字笔，还要准备好来宾签到处和来宾休息室。

7. 准备馈赠礼品

此时赠送的礼品也是一种宣传性传播媒介，只要准备得当，往往能产生很好的效果。从公共关系的发展考虑，礼品应该具有以下特点：

（1）象征性。所谓象征性，实际包含纪念性。庆典中的礼品应该有纪念意义。人们从礼品的形状及内容上应该能一目了然地明了它的含义。礼品要讲究“个性”，不搞“大统一”。

（2）纪念性。给人发礼品，是作为纪念，总希望人们能重视它、珍惜它，可以使人不时地想到或向别人提起曾经参加过某个活动、曾经当过某某代表、曾经去过某个地方，使自己有一种特殊的荣誉感。

（3）宣传性。可使用自家商品作礼品宣传自身，在礼品的包装上印上组织标志、庆典日期、服务承诺或产品图案及广告用语，或企业宣言。

8. 试验音响

提前了解无线麦克风电磁波的方向性、频率高低、音量大小，不要出现“吱吱”的噪声或间断噪声。线路距离与麦克风连线长短要考虑周全，不要使讲话者无法进行必要的移动。有时一个麦克风在讲话者之间传递使用，电线太短不方便，电线太长又显得很杂乱。因此，事先应设计好讲话、演示、产品介绍时讲话者的路线。如果可能，对移动的演讲者、表演者最好用移动无线麦克风，或尽可能将线的一部分藏在地毯下面。

如果为演讲者提供新的服务设施，有关服务人员应熟悉业务与设备，事先做好细致的准备。在会议前一定要向有关人员进行明确的介绍。

（二）仪式过程

1. 签到

宾客来到后，应有专人请他们签到。酒店有关产品经营项目及公司全方位说明的资料此时可发给宾客，以扩大企业的知名度。此外，还可以准备两个盒子或碟子，一个装本单位领导或公关部经理的名片，另一个装来宾的名片，这样便于今后联系或制作通讯录。

2. 接待

宾客签名后，由接待人员引领到备有茶水、饮料的接待室，让他们稍事休息并相互认识。本酒店人员应在此陪同宾客进行交流，说些对宾客到来表示感谢的话语。

3. 剪彩

如果是工程奠基仪式、工程竣工仪式、公司成立、酒店开业等庆典活动，活动开始时都需要进行剪彩。这时，礼仪小姐手托托盘，托盘上可以放置红色方口布，将用彩带扎成的花朵相互连着放在托盘上，剪刀也放在托盘上，同时配以热烈的音乐。当主持人出场时，音乐停止，主持人进行简单致辞，宣读与会来宾名单，并表示谢意。

剪彩开始，由主持人宣布剪彩人员的单位、职务、姓名，主席台上的人员一般要位于剪彩者身后 1 米～2 米。剪彩者穿着端庄整齐的服饰，并保持平稳的姿态走向彩带，步履稳健，全神贯注，不和别人打招呼。拿剪刀时以微笑向服务人员、礼仪小姐表示谢意。剪彩时，向手拉绸带或托彩花的左右礼仪小姐微笑点头，然后神态庄重地一刀剪断彩带，待剪彩完毕时，向四周观礼者鼓掌致意。

4. 致辞

由主客双方领导或代表致辞。无论是开幕词、贺词、答谢词均应言简意赅、热烈庄重，切忌长篇大论。

5. 节目

典礼完毕，可以适当安排些气氛热烈的节目，如敲锣打鼓、舞狮子，播放喜庆音乐等。在允许燃放鞭炮的地区，还可燃放鞭炮、礼花、礼炮等，制造喜庆气氛。此外，还可以请乐队演奏。

6. 参观、座谈或聚会

主持人宣布仪式结束，即可引导客人参观工程或酒店内部。可介绍主要设施或特色产品、商品以融洽与来宾的关系，也可以举行短时间的座谈或请来宾在留言簿上签字。之后，还可以安排舞会、宴会答谢来宾。

7. 赠送纪念品

如果是酒店、公司或集团“××周年”庆祝活动，可以准备、制作纪念品赠送给员工和来宾，使员工感到主人翁的自豪感，使来宾们有受到尊重的感觉，以此达到感情的交流。还可以进行职工文艺表演，以示庆祝，也可以举行大型促销活动。

8. 宣布赞助或公益活动

现在一些酒店还往往利用庆典的机会宣布一项赞助或公益活动，例如捐助希望工程、捐助灾区物资等。

（三）典礼仪式应注意的问题

任何一种典礼仪式均需策划，使之热烈、隆重、丰富多彩，给人留下强烈深刻的印象。要安排好各项接待事宜，诸如来宾签到、专人接送、播音和灯光设备的安排以及摄影、录像等方面的工作，使各项工作都有专人负责，并且保证他们在典礼仪式开始前就进入指定岗位。

典礼仪式结束后，信息反馈也非常重要。酒店必须预先设置好宾客留言簿或布置好座谈会的环境设施和会议用品，广泛征求意见，并将意见和建议综合整理成书面材料予以存档，为改进酒店公关工作提供参照。

案例 8-1

皇家加勒比“海洋赞礼号”首航庆典暨命名仪式在天津举行

2016 年 6 月 24 日，皇家加勒比“海洋赞礼号”首航庆典暨命名仪式在天津东疆邮轮母港正式启动。

皇家加勒比国际游轮全球总裁兼首席执行官迈克·贝勒（Michael Bayley）表示：“作为皇家加勒比第二大市场，中国市场的发展潜力巨大。中国游客对于游轮度假这一新兴度假方式的追捧和喜爱日益热烈，他们希望体验全球最好的游轮和假期产品，‘海洋赞礼号’绝对能满足他们对于现代游轮度假的需求。”

“海洋赞礼号”作为最新、最先进的游轮，其创新设施包括：北极星的玻璃太空舱可以将乘坐者送到海平面以上 100 米的高度，从高空俯瞰壮阔海景；甲板跳伞则给人以最振奋人心的空中遨游体验；甲板冲浪让乘客在游轮上乘风破浪，在极速奔腾的 12 米长的造浪模拟器上感受自己的心跳；白天为咖啡厅、晚上化身为多功能娱乐厅的 270°景观厅；最受年轻人欢迎的海上多功能运动馆，提供包括篮球、溜冰和碰碰车等多项运动娱乐设施。同时，“海洋赞礼号”上共有 18 个不同菜式的餐厅供旅客享受美食。

二、联谊活动

酒店的公关联谊活动，是指酒店与酒店内部公众之间或酒店与外部公众之间，为加深感情、促进信息沟通与合作而举行的公关专题活动。酒店的联谊活动形式有酒会、舞会、员工集体婚礼、集体生日晚会、文艺晚会、信息交流会以及节日庆祝活动等，这些都是酒店公关交际中频繁采用的联谊活动方式。其基本的环节包括以下四步。

（一）确定联谊的主题

联谊活动的主题必须鲜明并富有特色，主题的取舍可根据酒店的历史、文化、经营特色和宾客消费特点确定。如酒店可以用“酒会”形式拉开“美食品尝周”或“美食节”的帷幕，以制造气氛。节日往往是酒店举行联谊活动的有利时机，如在旅游行业有南京梅花节、广州赏花节、哈尔滨冰雪节、杭州丝绸节、嘉峪关滑翔节、广东荔枝节、青岛啤酒节、大连服装节、洛阳牡丹节、贵州芦笙节、广西泼水节、潍坊风筝节等。这些喜庆佳节均是酒店进行联谊活动的最佳时机和最好主题。

除了本地区的“独家珍品”节庆外，诸如每年的春节、元宵节、端午节、中秋节、重阳节、元旦、母亲节（5 月份的第二个星期日）、父亲节（6 月份的第三个星期日）、情人节（2 月 14 日）、植树节（3 月 12 日）、护士节（5 月 12 日）、教师节（9 月 10 日）、三八妇女节、五一劳动节、五四青年节、六一儿童节、七一建党节、八一建军节、国庆节等，都可作为联谊活动主题。如广州花园酒店在“母亲节”之际，与广州市妇联一起举办了“母亲节征文比赛”和表扬“模范母亲”的专题联谊活动，他们从广州市选出五位模范母亲，在联谊会上给予表彰，并且向全市小学生征集歌颂母爱的作文，从中选出 30 篇优秀作文，在联谊会上由孩子们当众朗读。酒店给入选者颁发了奖品和纪念品。此活动得到了妇女界的极大好感，给酒店赢得了良好的“文化形象”。

案例 8-2

寻找快乐无须理由——南京香格里拉大酒店儿童嘉年华

南京香格里拉大酒店二楼南京宴会厅中一片欢声笑语，热闹非凡，近 300 个家庭的 600 多位大客人、小客人聚集在一起，共同提前一天庆祝南京香格里拉大酒店的首个“六一国际儿童节”。

南京香格里拉大酒店在 5 月 31 日推出了儿童嘉年华。在这一天，不仅有大厨特别为儿童定制的琳琅满目的儿童自助餐，还有儿童喜爱且健康的美食。甜品的造型也是儿童最喜欢的卡通人物形象，如用巧克力做成的流行的卡通形象大白。

活动当天的高潮部分当属南京香格里拉大酒店邀请当地知名的儿童节目主持人的加入，主持人现场邀请小朋友和父母们一起参加亲子游戏，增强父母与孩子们之间的互动性，也让小朋友们看一看平常严肃的爸爸、妈妈也有童心未泯的一面。在宴会厅前厅处，由“甜甜树儿童教育”邀请的专业老师现场指导孩子们制作泥玩偶、环保手工、发卡，并进行绘画教学，以增强孩子们的动手能力，培养他们的兴趣和爱好。

当天的活动还得到了嘉里建设雅颂居的支持，他们提供了公仔秀、小丑杂技、卡通人物秀等表演，穿插在整个活动过程中，期间小朋友们可以和公仔们互动，参加游戏，还能赢得奖励；老师在现场带领孩子们体验了闯关游戏和机器人秀；现场还设有乐高积木玩具区，等等。

如此丰富多彩的活动和表演，不仅让儿童们欢度了他们的节日，也让许多家长朋友们回到了童年时代，让整个家庭都其乐融融地感受了不一样的节日气氛。小朋友们可在南京香格里拉大酒店的这个嘉年华活动中培养自己的兴趣，锻炼动手能力，在亲子活动中增进与父母的感情，让欢声笑语感染每一个家庭。

（二）选择联谊时间

举办联谊活动的时间是能否吸引公众的重要条件之一。外国有位公关专家说：“实际上没有一天、一周、一月、一年是没有特别事件可供纪念的，而历史上任何事件又都有它的一周年、十周年、一百周年，这都是值得纪念的。”因此，利用酒店开业的周年纪念日举行联谊活动，或进行一周一次、一月一次的“酒店员工日”活动，均不失为开展联谊活动的最佳时机。如广州中国大酒店在举办店庆活动时，公关人员设计了“中外通商之途，殷勤款客之道”这一主题，突出展示了酒店为来华经商者提供先进、完善服务的特色，酒店拍摄了一张全酒店两千多员工参加留影的“全家福”，开展了一系列的庆祝活动，使这次联谊活动非常成功。

（三）选准联谊的对象

联谊是一种双边活动，必须是联谊双方或多方都有联谊的愿望和要求，并有联谊的条件和能力，相互以对方为己方开展公关工作的目标。如与合作伙伴联谊、与酒店宾客联谊、与酒店同行联谊、与酒店内部员工联谊，以及与新闻界、体育界、教育界公众联谊等。

（四）把握联谊的类型

（1）感情型联谊。这种联谊的目的是初步建立良好的印象，为日后进一步联系奠定感情基础，可以互递名片、互致信函、个别交谈或邀请出席酒店的某项庆祝活动，并互赠联谊的纪念品等。

（2）信息型联谊。这种联谊是以沟通信息为主要内容和手段，以谋求各方建立合作伙伴关系为目的，互助互利，建立信息网络的一种公关交际形式。

（3）合作型联谊。这是一种以联系各方直接合作为内容的高层次的联谊活动，通过合作联谊能实现各方的共同目的，既增进彼此间的友谊，又相互促进工作业务的开展。

三、赞助活动

酒店的社会赞助活动是指酒店以捐助人的身份对社会公共事业提供金钱、物质等方面的无偿支持和援助。酒店可以通过对社会事业的资助来向大众传播有关信息，达到酒店与公众相互了解的目的。由于这种活动带有明显的“利他”性，因而易为大众所接受和称道。酒店可以凭借此种活动树立良好的社会形象，增加知名度和美誉度。

例如深圳市某宾馆在市场竞争中以“体育公关”赢得美誉。该宾馆先后赞助了“全国保龄球精英赛”“第六届全运会”“第八届亚乒赛”“全国健美精英赛”“太平洋国家协会联盟锦标赛”等比赛，并接待了赛事的相关人员，使宾馆成了“体育之家”，从而引起了新闻界、体育界广大公众的关注与好评。

广州流花阁酒店自开业以来一直以服务残疾人士为宗旨，率先出资铺砌残疾人士专用的轮椅通道，为他们设置专用洗手间、推出价廉物美的残疾人套餐、设计盲文菜谱等，被称为“残疾人之家”。又如中国大酒店曾以“四季厅”一天的营业收入全部捐赠给残疾人福利基金会、给孤儿院赠送汉堡包等。这些赞助活动，都为酒店增加了美誉度。

赞助是酒店为赢得政府、社区及相关公众的支持，创造生存和发展的良好环境，出资支持社会福利、社会公益和慈善事业等活动，并以此来证实酒店的实力，表明企业承担社会责任，以赢得社会的普遍好感。酒店应该重视搞好赞助活动。

（一）赞助的目的

（1）扩大知名度。举办赞助活动并通过新闻媒介的广泛传播，扩大酒店的知名度。

（2）增强信任度。通过赞助的手段证明酒店的经济实力，赢得社会公众的信任。通过赞助活动做广告，增强广告的说服力和影响。

（3）提高美誉度。追求社会效益和承担酒店的社会责任，关心和支持社会公益事业，表明酒店为社会作出了贡献，从而树立良好的企业形象。

（二）赞助的类型

（1）赞助体育运动。这是赞助中最常见的一种形式。随着人民生活水平和体育运动水平的提高，人们对体育运动越来越感兴趣。通过对体育运动的赞助，可以增强酒店对公众施加影响的广度和深度。

（2）赞助文化生活。酒店进行文化生活方面的赞助，不仅可以培养与公众的良好感情，而且还可以大大提高企业的社会效益和知名度。

（3）赞助教育事业。酒店赞助教育事业，既有助于教育事业的发展，又能使酒店得到良好的公共关系，是一举两得的事。

（4）赞助社会慈善和福利事业。这是酒店和社区、政府搞好关系的重要途径，是向社会表明其承担社会义务和责任的手段。

（5）赞助各种展览和竞赛活动。

（6）赞助宣传用品的制作。

（7）赞助建立某一职业奖励基金。

（8）赞助学术理论活动。

组织举办赞助活动的形式很多，酒店公关人员应善于设计出各种新颖的赞助形式，使组织获得最佳的信誉，改善、发展其公共关系。

（三）赞助的步骤

1. 前期研究

赞助研究应该从形象战略入手，分析酒店的公共关系规划和目标，结合调查制定赞助的方向和政策，以正确指导赞助活动。酒店可以主动选择赞助对象，也可以按被赞助者的恰当的请求来确定赞助。但不管赞助谁、赞助形式如何，赞助之前都应做好深入细致的调查研究，调查被赞助者的状况，赞助的性质、作用及可能的影响等。在此基础上研究赞助项目的必要性、可行性、有效性，进行赞助的成本和效益分析，以保证酒店和社会同时受益，避免各种与酒店整体赞助主题相差太远的现象。

2. 制订计划

在赞助研究的基础上，由酒店公关部制订出赞助计划。虽然计划要有一定的灵活性，但是一定要把好关，不能谁来找就赞助谁，或凭感情、面子、条子、压力进行。赞助计划一般包括赞助对象的范围、费用预算、赞助形式等。赞助计划是赞助研究的具体化，其作用是做到有的放矢，控制赞助范围，防止赞助规模超过组织承受力，节制浪费现象。计划可以是年度的，也可以是逐年滚动的。

3. 审核评定

进行每一次赞助，都应进行详细的分析研究，逐项审核评定，确定可行性、赞助的具体方式和款额以及赞助的时机，以便制订此项赞助的具体实施方案。大型赞助有时还要经过董事会、主管领导审定批准，进行法律咨询、公证证明。

4. 具体实施

酒店应派出专门的公关人员负责各项赞助实施方案的具体落实。在实施过程中，应充分运用各种有效的公关技巧，使组织能借助赞助活动扩大其对社会的影响。

5. 效果测定

每次赞助活动完成以后，应对照其计划，测定其实际效果，加以总结，对活动不理想的，应找出原因。赞助活动的效果应由酒店自身和专家共同测评，尽可能做到符合客观实际。每次测评都要完成报告，作为资料存档，为以后的赞助活动提供依据和参考。

（四）应注意的问题

（1）要优先对各种慈善事业、社会福利事业和活动、公共设施、教育事业进行赞助。这样既表明酒店对社会所尽责任和义务，又较容易获得社会各界的普遍好感。

（2）要注意留存一部分机动款项，作为遇到临时、重大活动时的备用款。

（3）对各种明显不能满足其要求的征募者，应坦率而诚恳地解释酒店的有关政策，但不能屈服于威胁利诱，必要时可诉诸社会舆论和法律，以保障酒店的合法权益。

四、展览活动

展览是酒店的公关专题活动的主要形式之一。它是通过实物、文字、图像、图表等各种传播媒介展现成果、推广产品或技术、宣传酒店成就、树立酒店形象的大型活动。

（一）展览活动的特点

1. 综合运用

展览活动综合运用实物、模型、照片、图片、说明文字、解说、幻灯、录像、音响效果、展示表演、环境布局、宣传资料等方法进行复合性的传播，它生动、直接、立体，具有很强的吸引力。

2. 双向沟通

展览会能为前来参观的公众提供与酒店直接沟通、相互交流的机会。例如通过讲解员、咨询服务台、意见簿、征询卡、有奖测验等形式，直接了解公众对组织的意见，能够达到双向沟通的效果。

3. 易造热点

展览活动是一种对外开放型的公关活动，通常都预先开展广告宣传、举行记者招待会等宣传活动，开幕时还要请政府首脑或社会名流等前来剪彩，所以容易形成新闻舆论热点，成为新闻媒介报道的对象。

（二）展览活动的作用

酒店每天迎来送往宾客，每时每刻都在向宾客展示自身的形象，而每一项不同专题的展览活动，均有助于让广大公众从不同的侧面更具体地了解酒店。

1. 增进公众的了解

任何一种展览活动都有一定的知识性、趣味性和直观性。清晰的图片、透彻的文字说明和声情并茂的讲解，以及生动的实物展示等，都能直接、生动地介绍企业的特色和成就，吸引广大公众注意和参观，从而增进公众对酒店的了解，提高酒店的知名度。

2. 促进信息的交流

展览会内通常都设有意见簿、咨询台、洽谈室等，能达到酒店与公众多向交流、密切沟通的目的。

3. 促进贸易的交流

一次成功的展览会就是一次成功的广告。酒店可以通过举办各种商品贸易展览来促进贸易交流活动，争取更多的业务合作伙伴，促进多元化经营活动的发展。

4. 促进文化的交流

酒店，尤其是涉外酒店，是中国文化的窗口。充分利用展览这一专题活动形式，能把中国的政治、文化和民族特色传播出去，并能招徕世界各地众多的宾客来酒店，吸引参观团体，增进国际或地区间的政治文化交流。

（三）展览活动的类型

1. 综合性展览会

它全面介绍一个地区或一个社会组织的情况，既要求内容全面，有一定的整体性和概括性，又要求重点突出，以点带面，使参观者对组织的特定情况既全面了解又留下深刻印象，如“××宾馆二十周年回顾展”“××酒店创业史”等展览。

2. 专题性展览会

它是围绕一个主题或一项专题举办的展览活动，要求主题鲜明，内容集中、深刻，可以从纵的方面表现出该组织的某些特点和成就，如“秋季美食节展览会”“厨师技艺展评活动”等。

3. 商品展销会

这类展览的商业味非常浓，既展又销。其具体做法是把展销的商品分类设立专柜，标明生产单位，让公众在评比中选购。这类展销能促进消费。酒店的商场可定期或不定期地举办商品展销会。

4. 博览会

这是大型的展览会，如“中国食品博览会”“国际旅游博览会”等。酒店经常参加这类博览会，有助于提高自身的知名度和扩大社会影响力。

5. 名城街

名城街是指具有重要的历史文物价值的历史城街，是重要的旅游地点，也是开放的城街博览，把它的风格特色浓缩“搬进”酒店里来，供宾客浏览参观，可以为酒店增添色彩，也不失为有吸引力的创意，如“老街”“食街”“翠亨村”等。

6. 陈列室

陈列室是小型的展览会，它能较为稳定地展示酒店企业的发展过程和荣誉成就。

7. 橱窗

橱窗展览属于微型展览，它有两种形式，即商品橱窗和宣传橱窗。商品橱窗是为配合营销而设置的，被称为商场店铺的“门面”“广告”，可以吸引顾客、引导消费。宣传橱窗则是某组织为了进行社会宣传而设立的，如公益性的“防火、防盗展览”“交通安全展览”“酒店服务介绍一览”等。

（四）展览活动的组织

1. 制订展览主题和计划

无论举办何种类型的展览活动，都应明确展览活动的最终目的和主题，制订详细的计划，并据此确定它的内容、形式和传播方法。

2. 构思展览基本框架

由专人负责撰写展览脚本，并设计会标、主题广告，划分展览各部分内容，使之和谐衔接。

3. 选择展览场地

展览场地的服务设施必须完善，安全保护系统必须有效。

4. 明确参观对象的类型

对前来参观的对象必须事前做好预测分析，包括其层次、数量及需求特点，以便确定传播形式、接待规格和收费标准。

5. 做好费用预算

展览会的费用预算项目通常包括场地费用，设计、陈列、装修费用，工作人员劳务费用，运输费和保险费用，宣传费和广告费用，交际接待费用等。

6. 做好展览的宣传工作

例如召开记者招待会、做广告、派发宣传资料等，其目的是尽最大可能使更多的人知道展览活动的内容。

7. 展厅（室）布置

展览会的布置要按照整体构思统筹安排，对脚本、美术、摄影、装修等要进行艺术设计，保证整体活动的和谐完美。

8. 策划和组织开幕仪式

一般大、中型的展览活动需要安排开幕式或剪彩仪式，这需要事前确定剪彩嘉宾，并且拟订典礼仪式的内容、程序和助兴节目等。

9. 培训工作人员

展览会工作人员包括讲解员、接待员、服务员等。对他们进行展览专业知识、沟通能力、礼仪规范等方面培训，对于保证展览会的质量具有非常重要的作用。

10. 展览效果评价

展览期间或会后，可通过观众留言簿、座谈会或个别访问以及发出调查问卷等形式进行了解，及时反馈公众对展览会的评价意见，以便测定效果，总结经验。

五、游览参观活动

为了满足目标宾客的需要，加深了解，增进友谊，扩大酒店的影响，酒店常常以东道主的身份组织宾客游览观光，或开放酒店，邀请宾客参观，这是公关专题活动的形式之一。根据旅游者的目的，大致可将游客分为以下几类：

（1）观光旅游者。酒店应把这类旅游者作为重点公众，先了解他们来自哪个地区、哪个层次，然后根据他们的不同需求和风俗习惯来组织各种观光旅游团队。

（2）寻根旅游者。多年以来，来祖国大陆追根寻源、探访亲友的港澳台同胞以及外籍华人日渐增多，他们希望通过故地重游来领略祖国内地社会的发展变化，酒店公关部要掌握他们的心理特点，有针对性地为他们提供旅游服务。

（3）会议旅游者。组织下榻酒店的与会者旅游观光，有利于推广酒店产品。

（4）商贸旅游者。随着我国经济改革、对外开放的深入发展，我国的国内贸易和对外贸易日趋频繁。酒店常常是他们洽谈业务和日常生活的重要场所。所以，公关部应为这类宾客提供相应的服务，热情组织他们参与各种旅游观光活动，以满足其愿望。

（5）休闲旅游者。这类旅游者以室外活动和娱乐为目的，喜欢参加体育活动和音乐会、舞会、游艺、卡拉 OK 等活动以及观看表演、电视节目、戏剧等。对此，酒店公关部应开展丰富多彩的娱乐活动，来吸引休假娱乐旅游者来消费酒店产品。

（6）应邀来华旅游者。当前，应邀来华进行科技、文化、教育、卫生、文艺等交流活动的旅游者日趋增多，酒店要以东道主身份接待这些宾客，组织旅游活动时，必须创造热烈的气氛并保持一定的规律。

不管是组织旅游观光还是开放酒店供宾客参观，通常都以团体形式进行活动。所以，酒店的公关部必须事前做好周到的组织安排工作。为做好接待服务工作，酒店要安排训练有素的工作人员负责宾客的登记、向导、讲解等方面的工作；准备好各种必要的音响、视听设施、宣传资料、样品和模型。要为参观者安排合适的休息场所，备好茶水、饮料，联系好车辆以及解决来宾的其他问题。

举办酒店的开放参观日活动，是一种特殊的“广告活动”。它能够通过开放参观增进外界对酒店的了解，消除酒店与社区之间的隔阂，提高酒店的社会透明度，培养公众对酒店的感情，同时创造良好的社会气氛，树立酒店良好的公众形象。

（一）内部参观

内部参观是指酒店邀请外部公众或内部公众参观本组织的工作现场、设施等，是颇为流行的一种公关活动。当年美国著名的“揭丑运动”中，杜邦集团就是通过组织记者参观来扭转形象、渡过危机的。

1. 组织内部参观的目的

请公众前来参观的目的主要有：

（1）扩大知名度，增加酒店的透明度，让公众了解酒店的宗旨、功能、优点、特色，显示企业的存在有利于社会、有利于公众。

（2）促进业务。通过组织公众参观酒店的产品、生产流程，让公众产生信任感，便于推销产品、谋求投资或相互协作、拓展业务。这类参观要着重表明组织设备先进、管理严格、产品优良、服务质量优秀。

（3）和谐社区关系。组织社区公众参观本酒店完善的设施、优良的工作环境、可靠的安全系统，表明组织对社区公众不产生危害，以求得社区公众的理解与支持。

（4）增强员工家属的自豪感。组织员工家属参观酒店的设施、先进的设备，可以使员工家属感到组织价值、地位的重要性，理解自己的家人，产生自豪感，全力支持员工的工作，激发员工的工作热情。

参观的目的要突出，不能要求通过一次参观达到多种目的。贪多求快反而会使公众摸不着头脑，影响内部参观的效果。

2. 组织内部参观的操作方法

（1）准备宣传册。这类小册子要考虑到一般公众的文化水平、接受能力，应以简明扼要、深入浅出的语言介绍组织，对公众常问的问题作一个回答。要注意配有一定的图表或数据，尽量少涉及深奥的专业术语。这种小册子宜在参观一开始时就分发给公众，使公众快速阅读后对参观内容有大致的了解，参观时还可边看实物边对照，能集中注意力观看，免去了记录的麻烦和不必要的提问，并可供公众日后查考。

（2）放映视听材料。有些组织结构复杂、技术尖端、时空跨度大，为了帮助公众理解，观摩实物前可放映有关录像片、幻灯片或电视片，作简要的介绍。

（3）观看模型。有的组织规模庞大、设施分布很广，公众不可能每处都去、每物都看或者有些设施不便于公众进入，可以事先制作组织模型让公众观看。公众观看后，再选择几处认为重要的地方实地观看。

（4）可引导观看实物。由专人引导公众沿着的一定路线参观，逐一观摩实物。在重要的实物前，引导者要作讲解，或配备专门的讲解员，讲解时要抓住公众关心的或不易理解的重点，避免长篇大论、滔滔不绝，给人以吹嘘之感，进而使参观者产生逆反心理。参观主要是以物来传递信息，以让公众目击为主、讲解为辅，不能本末倒置。

（5）中途休息。参观的时间不宜太长，以一天内完成为好。在参观路线的中途，最好设有休息室，备好茶水、饮料供参观者小憩。

（6）分发纪念品。参观过程中可向公众分发一些小型纪念品，最好是本组织制造的或刻印有本组织名称的纪念物，让公众一见到它就想起本组织，引起美好的回忆。

（7）征求意见。观摩实物结束时，宜在出口处设置公众留言簿或意见簿。有条件的话，最好请参观者座谈观感、提出意见，以便组织改进工作。参观除了可平时进行外，还可以结合一些特殊时机进行，如在开幕式、周年庆典之后组织来宾参观。

（二）陪同外出参观旅游

陪同参观旅游是一项交际型公关活动，要不怕麻烦，具体应该注意以下几点：

（1）不要将时间安排得太紧，尤其是游玩时，应预留一点自由活动时间。有的单位组织外出活动时安排1小时爬中山陵，20分钟游明孝陵，旅游景观还未来得及看就要回宾馆了。这种图省事的做法没有做到替客人着想。

（2）如果是派员陪同客人参观游览，应先将情况向客人介绍清楚：几个参观项目（景点）全去用多少时间；只去重点项目用多少时间；建议去哪些地方；共有多少时间供参观。这样便于共同制订计划。有的单位陪同外出参观旅游时，集合地点没说清，又没有导游，有时竟使队伍走散，出现大家等一个人或几个人的现象。因此，注意事项应一次说清，不要临时改时间。如果商量后必须要改，则一定要向客人反复强调，否则有的客人可能只记住第一次宣布的时间安排以后就不再注意了。是否可以原路返回也应讲清，因为有的旅游点是另有出口的。

（3）要参观游览的地方较大时，应发交通图、路线图，可放在资料袋中。

（4）陪同客人参观过程中应边看边介绍情况，不要因为陪同者对参观内容毫无新鲜感便无精打采，显出不屑一顾的神情，或低着头在前面猛走，而不管客人是否对什么事物发生兴趣。有的陪同或催促对方，说没有什么好看的，或站在一旁显出不耐烦的样子，不为客人介绍，却同当地或现场其他熟人聊天，显得不礼貌。

（5）如果客人携带照相机，应介绍组织或现场中的最佳摄影点，讲明哪些部门不允许拍照，请对方谅解并表示歉意。如客人需要留影或照集体合影，应主动配合。因此，陪同人员、办公室或公关人员应学会照相，照相之前问清相机使用注意事项，要突出的主题是什么，特别是留影时的背景，景点、企业牌匾、会议横幅上重点的字与内容应尽可能完整保留。尤其应避免因操作不当将相机弄坏，这种情况如不注意，赔偿相机事小，却可能因此影响客人后半程的旅游参观情绪。

六、记者会

记者会又称发布会、新闻发布会、记者招待会。政府、企业、社会团体或个人都可以举行记者会。记者会一般要邀请各新闻媒介的记者参加。举办记者会由酒店负责人或公共关系部门的负责人直接向新闻界发表有关本企业的消息，这对酒店而言，是积极的宣传活动的一部分。

（一）举办记者会的时机

在决定是否举办记者会之前，至少应确认以下两点。

1. 确定新闻价值

要论证欲发布的事实是否具有专门召集记者前来予以报道的新闻价值。也就是说，举行记者会必须有恰当的新闻“由头”。

2. 确定最佳时机

酒店应确认新闻发表的最佳时机。对于一个组织来说，举行记者会是为公布与解释组织的重大新闻，如在新产品开发成功、经营方针改变或有新举措、组织首脑或高级管理人员更换、新组织开业和老组织扩建或下马关闭、组织合并、组织创立周年纪念日、重大的人身伤亡事故等事件发生时，都可以举办记者会，发布这些消息。

案例 8-3

"创建绿色旅游饭店万里行"活动正式启动

2006 年 10 月 8 日，由中国旅游饭店业协会和饭店现代化杂志社主办，各地相关旅游行政机构、行业组织、饭店集团、星级旅游饭店、饭店设施设备供应商等共同参与的"创建绿色旅游饭店万里行"活动启动仪式在北京港澳中心瑞士酒店举行。

保护环境、保障人类健康已受到全世界的关注。各国、各地区、各行业都颁布了相应的法律、法规，出台了各种政策、措施，制定了相应的行业准则以约束并促进组织的环境行为。与此同时，各类组织也越来越重视自身的活动、产品和服务对环境的影响。旅游业的发展高度依赖于当地的环境状况，饭店业作为旅游业的支柱产业，在有效保护环境和利用资源方面的努力直接关系到旅游业的健康发展，并影响到和谐社会的可持续发展。

在环境保护已成为全球关注热点的今天，我国"绿色旅游饭店"这一理念的产生正是顺应了这一国际发展趋势。为此，国家旅游局于 2006 年正式发布并实施了《绿色旅游饭店新标准 LB/T007-2006》，作为新的行业标准。《绿色旅游饭店新标准》强调一种新的理念，它要求饭店将环境管理融入饭店经营管理之中，以环境保护为出发点，调整饭店的发展战略、经营理念、管理模式、服务方式，实施清洁生产，提供符合人体安全、健康要求的产品，并引导社会公众的节约意识、改变传统的消费观念，倡导绿色消费。它的实质是强调为饭店宾客提供符合环保要求的、高质量的产品。同时，饭店企业在经营过程中通过节约能源、资源，减少排放，预防并减少环境污染，不断提高产品质量以获得可持续发展的动力。

《绿色旅游饭店新标准》的发布实施，将带来我国饭店行业一次新的革命——绿色革命，即饭店业的可持续发展！由于绿色旅游饭店的创建、实施与保持是一个不断发展的过程，在实施过程中应与饭店其他管理体系的运行相协调，这是一个与饭店各方面的发展相互促进的过程。而目前我国饭店建成的年代有长有短、经营的规模有大有小、建筑的形式各不相同，设备设施技术性能也有差别，因此在创建、实施过程中，需要根据饭店各自的实际采取不同的措施，并积极引入先进的环保技术和设备，获得环境绩效的持续改进。

"创建绿色旅游饭店万里行"活动所计划穿越的地区，串连起了我国的环渤海经济圈、长三角经济圈、珠三角经济圈，上述区域不仅是我国经济最为发达和活跃的地区，也是我国饭店业发展最为成熟的地区。如何在保持快速发展的同时，又能兼顾对环境的保护，以求得长远的发展，正是这些区域饭店业所面临的巨大挑战。

本次活动为全国各地的饭店提供了一个良好的交流平台，可以彼此分享在创建绿色旅游饭店过程中的经验、体会，取长补短，共同提升我国饭店业的可持续发展水平，为构建和谐社会作出自己的贡献。此次活动的核心意义在于推广“绿色旅游饭店”内涵，以企业和个人签名承诺的方式，倡导绿色消费，在生产经营过程中加强对环境的永续保护和资源的合理利用，创造出一种既满足发展要求，又能保护生存环境的企业发展模式。

“创建绿色旅游饭店万里行”活动将在东北、华北、华中、华东、华南五大区域中饭店业发展具有代表性的多座城市举行，最终到达广东东莞。

万里征程，数月时光，“创建绿色旅游饭店万里行”活动必将把“绿色旅游饭店”的理念在更为广泛、更为深刻的领域进行传递和交流。这不仅展示了饭店行业对创建“绿色旅游饭店”的决心和对社会、环境的责任感，也是对国家提倡建设和谐社会的有力支持。

（二）记者会的准备工作和注意事项

1. 确定时机

如果已确认必须要召开新闻发布会的话，那么，就要选择恰当的召开时机。选择召开时机一要及时，不要拖，二要注意避开重大节日和社会活动。

2. 确定邀请记者的范围

确定邀请记者的范围主要根据公布事件、消息发生的范围和影响而定，如事件或消息只涉及某一城市，一般就只请当地的新闻单位记者参加。

3. 确定发布会的地点

一般可在本单位的大型会议厅或多功能厅举行。希望造成全国性影响的，也可在首都或某大城市的租用场所举行。

4. 布置会场

发布会地点确定后，应进行实地考察。此外，在会议召开前，应认真进行会场布置。会场的桌子最好不用长方形而用圆形的，大家围成一个圆圈，显得气氛和谐、主宾平等。但这只适用于小型发布会，大型发布会可采用设主席台席位、记者席位、来宾席位的方式。

5. 统一发布口径

本组织参加会议人员要统一口径。某一消息发布到何种程度，应首先在组织内部统一认识。否则，意见不统一会引起记者的反感，甚至导致报道失误。

6. 挑选发言人

主要发言人过去主要由总经理等主要负责人承担，现在常用专门的新闻发言人，因为只有这两种人才能准确地回答有关组织的方针、计划、生产、经营等重大问题。如果是公布某项新产品、新项目，分管方面的主要负责人也应出席。主要发言人应头脑机敏、口齿清楚，具有较强的口头表达能力。

7. 准备主要发言和报道提纲

要由专门班子负责起草主要发言，应全面收集资料，写出通俗、准确、生动、有趣的书面发言稿。另外，应事先归纳出宣传内容的要点和背景，整理成详细的资料，即报道提纲，也可附加照片。材料要编写得系统、简洁，要注意用事实说话，注意不要出现错别字和脱页现象。报道提纲及其他书面材料要预先分发给出席记者，同时预先准备好回答记者问题的基本答案，供主要发言人参考。如果发言中涉及国防工业、军事机构的秘密或重要经济情报，要注意不能泄露机密。

8. 确定会议主持人

会议主持人一般由公关部负责人担任。主持人的言谈要流畅，有时根据内容的需要可以有一些幽默感。主持人要尊重别人的发言、提问，要切实把握主题的范围，勿使大家离题太远。要注意掌握会议的时间，时间一般不宜超过两个小时。主持人要引导记者踊跃提问，万一出现冷场，可以让与会者和公关人员作自我介绍，以增加彼此之间的了解，提高大家的发言兴趣。主持人讲话的措辞要典雅而有力度、风趣而不失庄重。

主持人应倾听记者的提问和全部意见，促进组织与新闻界之间的相互理解和友好交流。当招待会气氛非常活跃、记者竞相提问时，主持人应维持好会场的秩序，控制好发言的时间，引导记者深入提问，避免重复的提问和回答。如果预定的会议结束时间已到，但尚未交流完毕，应在散会前决定下次记者会的时间、地点。

9. 其他事务的安排

为了开好新闻发布会，酒店公关人员应预先筹备好视听辅助工具，如相关图表、照片、产品实物、模型样品、沙盘、幻灯、影片、录音带、录像带等。在会后或会前，亦可安排一些现场参观，但参观时间不宜过长，同时也应利用这一时机，让记者采访、摄像。既要安排得周到，又不要勉强。此外，还要准备一些饮料等。

（三）对待记者的态度

组织记者会必须注意对待记者的态度，接待质量如何将直接关系到发布消息的成败。与新闻界合作应以“真诚、主动”为方针，切不可因为自己的组织在社会上有了一定的声誉就趾高气扬，认为记者有求于己。

对记者的接待，不论以何种方式，公关人员都必须时刻牢记记者的双重性。首先，他希望接待人员对他尊重、热情，并了解他的姓名、供职的单位、专业甚至他的作品；更重要的是，记者是专业人员，他希望给他提供工作之便，如一条有发表价值的消息、一个能拍到新奇照片的机会、一个电视导演感兴趣的生动场面、一条电台记者希望采访到的重要消息等。总之，应尽量满足他们的合理要求。

（四）记者会结束后的工作

1. 收集情况、纠正错误

对于到会记者发表的大量稿件应进行归类、分析，检查是否有由于自己失误而造成的谬误，如有应立即设法补救。

2. 核对发稿情况

对照与会记者的名单，核对是否每个到会记者都发了稿，以供在今后举办记者招待会拟订受邀者名单时作为参考。

3. 了解与会者反映

收集与会者的反映，总结会议是否有欠缺，找出不足之处，便于今后改进。

七、公关专题服务

公关专题服务是指一定的社会组织通过消费调查、预测、分析，有针对性地对消费者进行消费教育和引导，完善消费服务，促进酒店扩大消费，创造消费环境的公关活动。

（一）公关专题服务的作用

1. 树立信誉，争取公众

公关服务着眼于个人，注重消费公众的权益，一切都以公众的利益为出发点，所以极易赢得人心，从而也使组织赢得信誉。酒店均十分注重公关服务的作用，实例不胜枚举。

案例 8－4

寻找顾客

南京市中山大厦是一家集宾馆、商场、娱乐中心于一体的综合型涉外旅游企业，近千名员工每天接待成千上万的公众。因为他们十分重视公关服务，从而建立了良好的信誉，赢得了社会各界的赞誉。其负责人说："中山大厦开业于改革开放的年代，坐落在金陵城最繁华地段，天时、地利具备，关键是争取人和。"他们提出了"100－1＝0"的服务观念：即使做了 100 件好事，但只要做错一件，哪怕是微不足道的小事，好事的效果也等于零。

有一次，大厦商场收到一封未署姓名和地址、言辞非常激烈的顾客来信。信上说：他在大厦商场文具柜购买活动铅笔，又花了 0.16 元钱买了一盒 0.7 毫米的铅芯，而营业员却把 0.9 毫米的铅芯给了他，回家后发现不能用便投诉中山大厦商场。就这样一件小事，大厦领导对此非常重视，认为 0.16 元虽然微不足道，但服务工作失误会造成顾客对大厦的不信任。于是，大厦立刻花钱在《扬子晚报》上刊登了《寻找顾客》启事，请投诉者来商场调换铅芯，并表示歉意。那位顾客看到启事后非常感动，来信说："这使我受了一次教育，我不打算去商场调换铅芯，我将永远珍藏这盒铅芯，它使我能随时感受到大厦的优质服务。"

该大厦紧紧抓住"人和"，努力做好公关服务工作，不但使中山大厦在社会公众中树立了良好信誉，而且也产生了可观的经济效益。

2. 提高素质，增强竞争力

公关服务的一项重要内容就是虚心、广泛地听取各方面的意见和建议，特别是针对服务质量提出的意见和建议，并据此分析、改进日常工作。

对每一项公关活动都应赋予浓厚的人情味，这样更能迎合并满足消费者的心理需求，使其在接受各种特殊服务的过程中对酒店产生深厚的感情。目前不少酒店都非常注重前台服务工作的质量，提倡前台服务要有创新精神，要善于把握宾客心理，细致观察和询问宾客的需求，及时开展各种有特色的公关服务活动。

例如，一些酒店的前台服务人员在宾客登记住宿时，会留意住店宾客的生日日期，若宾客生日恰逢其住店期间，便到时由公关部主动为宾客送上一个特制的生日蛋糕并赠送一张印有该酒店字样的精美贺卡，使宾客感受到酒店细心周到和富于人情味的服务。这种深厚的感情交流进一步融洽了酒店与宾客的关系，加强了彼此间的友谊，赢得了众多"回头客"。

假如前台服务人员在了解到某些宾客是来蜜月旅游时，可考虑创造一个喜庆的环境。比如给其客房安放一张双人床，并且按照中国民间的传统设计大红喜字、红对联、红蜡烛，再摆放上几盘红枣、糖果、瓜子和喜庆蛋糕；还可为宾客免费在"新房"摄影留念，等等。这样的公关服务，宾客定会为之动情。

（二）公关专题服务的原则

1. 确定服务对象，经常保持联系

酒店的宾客成千上万、各种各样，有老年、中年、青年、儿童等年龄的不同；有国外、国内、团体或个人等国籍及消费形式的不同；有企业家、工人、农民、学生等职业身份的不同；有女士、男士等性别的不同。因为不同的宾客有不同的需求，所以要按照不同的服务对象的需求特征来制订有针对性的活动计划，使其有明确的目标、方向和更强的实用性和有效性。

2. 尊重服务对象，主动收集信息

酒店公关服务活动的对象是个人或社会团体组织。所以，在开展活动时，必须尊重服务对象。随时了解服务对象的各种意见，虚心采纳他们提出的建议，并且积极、主动、多渠道收集公众意见。为此，公关人员可采用设立意见箱、热线电话、征询卡或谈心等方式，也可以每周或每月安排“接待日”，还可以经常进行民意测验，组织听证会，发行反映公众意见的内部刊物等，切莫把公众意见当作“有意发难”“吹毛求疵”。

3. 改善服务质量，树立企业信誉

酒店正确地选择服务对象，尊重服务对象并与之建立亲密关系，并不是经营的最终目的。具体来说，各部门应制定出详细且方便公众监督的服务守则，由受过专门培训的人员处理各类投诉。

（三）公关专题服务的内容

酒店要在激烈的市场竞争中增强自身的竞争能力，就必须按照市场和公众的需要，不断地为消费者提供周到、完善、良好的公关服务。其主要内容包括：消费教育和引导、消费服务以及其他特别服务等。

1. 消费教育和引导

现代的酒店通常是住宿、饮食、娱乐、购物等一体化的综合型旅游企业，应根据消费者的需求进行消费引导，例如免费提供消费教育、消费培训、消费咨询等服务。消费教育和引导的形式主要有以下几个：

（1）为广大宾客编辑、发行指导性手册和宣传刊物，例如美食介绍、旅游热线推介、各种特色服务项目介绍等宣传小册子及报刊资料等。

（2）举办操作展示表演和实物展览，帮助消费者认识和熟悉各种商品及消费项目的特色、功能和可以给消费者带来的好处。

（3）开设陈列室、咨询台、热线电话等答复消费公众的问题。

（4）向各大媒介提供有关消费信息资料，利用做广告、赠送消费优惠券（卡）或试用品等形式，诱发公众的消费欲望。

（5）举办研讨会和讲座，交流消费心得，创造消费气氛。

（6）举办培训班，培训销售、服务人员以及消费者，使之掌握正确的消费方式、方法或技巧。

2. 消费服务

消费者在现代社会中所追求的消费方式是各种各样的，消费的层次要求也趋向较高档次，目前还出现了追求“形象消费”的倾向，消费者会要求消费场所能为自己提供优质的消费环境和服务，给自己留下赏心悦目的良好印象。因此，酒店需要为消费者提供各种全方位的、优良的消费服务。

消费中的服务主要是指宾客进入酒店后在消费过程中所得到的一系列服务。北京的中国大酒店瑞士籍总经理海瑞先生说得好："我是想给进入这家酒店的人一个新的节奏，酒店的宾客到这里来总想体会心跳节奏加快的感觉，所以我们要让酒吧、大厅、餐厅等每个场所都制造一个与众不同的节奏。"

任何企业组织，都应该以维护消费者利益为首要目标，树立"消费者第一"的思想。当今世界上成功的企业，不论何种行业，大多以追求优质的服务为最高目标。因为他们都懂得这样一个最基本的道理：企业的利润主要来源于为消费者提供良好的服务。

3. 其他特别服务

酒店每日接待的宾客成千上万、类型多样。不同国籍、不同民族、不同地域的宾客有不一样的消费习惯和特殊爱好，这就要求酒店的服务工作做得非常细致而周到，还要随时为宾客安排某些特殊的服务项目。如广州某宾馆在接待"残疾人运动会"的参赛团体时，特意为该团全体残疾运动员安排了一系列的特殊服务，如配备轮椅及专人服务、专车接送、特殊配餐等，让运动员们感受到了无微不至的关怀。

以上各种专题活动的策划、实施应结合前面章节的调研、策划和后面的服务知识、礼仪知识等有关内容，使每一项工作达到预期的效果，从而保证酒店公关目标的实现。

第二节　酒店专题活动操作技巧

美国著名公共关系专家罗杰·艾尔斯在自己长期的公关咨询中发现：人们如果喜欢你，他们会原谅你做错的每一件事，如果他们讨厌你，尽管你可以侃侃而谈，却无人理解。公关人员天天都与人打交道，让别人对自己感兴趣，使别人愿意与自己交往，这是一项重要的操作技能。

一、人际交往技巧

（一）影响人际交往质量和效果的五大主要因素

1. 体现人格魅力

在任何人际交往中，人格魅力能让不美丽的人变得美丽，让平淡的外表蕴含磁铁般的引力，其产生人际吸引的主要因素是个性品质。同时，那些知识面广、博古通今、才华横溢的人之所以受人敬重和崇拜，是因为人们除了需要情感交流之外，还需要信息和知识。

酒店公关人员要加强自身品质、知识、谈吐能力的综合修养，这是具有人格魅力的基础。

2. 展现形象魅力

要使人产生好感的另一个因素是仪表，仪表是人的相貌、服饰、气质、风度等外观形象的总和。

人类的天性是爱美的，美的人、美的物、美的环境，都会引起别人的好感，从而产生"魅力效应"。公关人员是组织形象的化身，一个人相貌端庄、举止文雅、衣着得体，是获得公众好感的前提。良好的外在形象体现了美，会给达到交往效果带来诸多方便。但随着时间的推移，形象魅力将会逐渐减弱，取而代之的就是“人格魅力效应”了。

3. 遵循环境效应

和谐就是美，酒店公关人员始终要注意自身与环境的协调，因为如果在不同的时间、不同的地点，出现了不适宜的美，那么美就变成了丑。比如，丧礼中艳丽时髦的装束、正式场合中的超短裙、紧张工作环境中的袒胸露背衣着等，这些都不合时宜。

酒店公关人员的装扮，必须与环境和谐一致，才能强化美感，引起交往对象的交往欲望。工作环境中穿着白色衬衣、西服套裙，一丝不乱的头发，会给人一种明快、端庄之感；晚会或舞会则应打扮得艳丽飘逸；郊游或登山，着一身浅色运动衣裤，脚蹬轻便旅游鞋，会给人一种热情奔放、充满活力的良好印象。

4. 运用非自然语言

在人际交往中，交往双方都是可以采用各种表达形式的人，适时运用非自然语言（如表情语言、形体语言、服饰语言、色彩语言等），常常比单纯运用自然语言（口语、书面语）效果更好。

视觉语言深刻、细致，许多不可言状的感情，可通过眼神表现出来，它可以加强你与交往对象间的情感沟通。

微笑语言使人如沐春风，产生共振效应，可以迅速缩短与交往对象之间的心理距离。

手势与步态具有鲜明的表现力、吸引力、说服力与感染力，能立即引起对方的注意。

坐姿与站姿都是不同信息的传达，由此揣摩交往对象的身份、职业乃至性格特征，了解其对自己的态度，对交往大有帮助。

5. 运用人际吸引力

（1）相似吸引力。相似反映了一致性，当交往双方的年龄、性别、职业、爱好、资历、地位等基本相似时，就能很容易找到共同感兴趣的话题，进而产生共同语言和很大的吸引力。

（2）相异吸引力。相异体现了差别，当交往双方在许多方面差异悬殊，或地理位置相隔遥远，或经济状况差距很大，或社会地位极不相称，或年龄大小很不相当，却可以因为某种特殊因素产生神秘感而建立友谊。典型的事例如“忘年交”。

（3）对等吸引力。所谓对等吸引力，即对方喜欢自己，自己也给对方以好感。人类都渴望被人喜爱，无论是什么年龄层次和何种身份的人都是如此。人们都会对给予自己爱的人以相应的偿还，这种友谊是以满足双方心理需要而得以延续的。

（4）互补吸引力。在交往过程中，交往双方在个性、需要及满足需要的途径方面呈互补状态，从而产生强烈的吸引力。它通常表现为性别的互补，男性的阳刚之气与女性的温柔细腻，在交往中得以平衡而产生愉悦；还表现在人格特征上的互补吸引、能力特长方面的互补吸引以及利益分配上的互补吸引。

（5）光环吸引力。当某人在某方面有特殊成就，成为家喻户晓的“名人”时，他的光环就会泛化到其他方面，从而产生晕轮效应，与之交往时，总让人感到他的一切极富魅力，具有强烈的吸引力。

（6）熟悉吸引力。交往双方由不熟悉到熟悉、由不喜欢到喜欢，最终产生吸引。人们往往喜欢熟悉的朋友，喜欢熟悉的事物，喜欢用熟悉的东西。

（二）与不同气质的人交往的技巧

从心理学的观点看，人的气质通常可分为多血质活泼型、胆汁质急躁型、黏液质稳定型、抑郁质忧郁型四种。在交往中，照顾不同气质的人的特点，有利于提高公关质量。

1. 与多血质人交往的技巧

多血质的人性格活泼、灵活、反应敏捷，活动能力和适应能力都很强，但容易淡忘，情绪反差大，办事恒常性较差，所以与他们交往，忌轻信或者马上委以重任，应交浅而言重，采取多种方法，时刻提醒他的许诺与表态，对托付他的事必须反复叮咛，避免他们遗忘，所谓“悟性好、忘性大”常常就是指这一类人。多血质的人感情丰富，受情感支配的可能性较大，因此，宜选择轻松、活泼的形式，在他们心情愉快时迅速达成某种协议。

2. 与胆汁质人交往的技巧

胆汁质的人果断豪爽、思维敏捷、能干而且果敢，争强好胜的欲望常常溢于言表。与他们交往应态度温和亲切，避其锋芒，以柔克刚，对于其好胜要强的特点，适时当众赞美，可激发他的热情和积极性。与其交谈，要坦荡真诚，开门见山，中肯直接，切不可“弯弯绕”。双关、暗示等手法，对其都没有作用，但“激将法”却往往可以生效。

3. 与黏液质人交往的技巧

黏液质的人沉稳安静，情绪不容易激发，办事喜思索和有条理，情感体验深刻，从不随便更改自己的主张。与他们交往要施之以“情”，态度要诚恳，作风要踏实，少说漂亮话，多做实际事，一旦获得他们的友谊，他们对你将真诚专一，情感稳定，友谊保持也比较持久。

4. 与抑郁质人交往的技巧

抑郁质的人多愁善感，情感细腻敏感，不易合群。与他们打交道要注意态度的始终如一，要以心换心地获取友情，不要因为忙而忽视了他们的情感需要，应时时处处细心周到，否则如果稍有不慎，引起他们的误会，便可能会永远失去他们的友谊。所以，要精心培养、精心维护彼此之间建立起来的友谊。

（三）初次交往的技巧

1. 第一印象

第一印象是初次见面时留下的深刻印象，它对人的知觉起一种强烈的定式作用，支配人们的思维，左右人们对事物的评价。良好的第一印象有助于交往的成功，所以，注重在初识阶段给对方一个良好的第一印象是非常重要的。

2. 自我介绍

自我介绍是初交的一把钥匙，也是产生第一印象的主要因素，所以，自我介绍要适度，既要充分表现自己的特长、性格、爱好，又要适可而止，让人容易接受。用轻松的语言表现优点和成就，用风趣幽默的词句来形容缺点和不足，能快速缩小你与交往对象间的心理距离，给人留下深刻印象。

3. 重视对方

希望受到重视是人们的共同心理。所以，笑脸相迎是初次见面的调和剂；热情的眼神是联结彼此情感的纽带；迅速记住对方的名和姓以及事情要点，是对对方重视的表现；选择共同感兴趣的话题，是交往成功的基础；适时赞美对方，令对方感到愉快，是交往过程中的兴奋剂。

4. 察言观色

察言观色是了解对方的钥匙。观察表情，能分析心境；观察服饰，能猜测个性；观察气度，能推测身份；观察环境，能掌握对方是否是关键人物。对听、看、问到的信息作综合判断，就能基本摸清对方情况的脉络，选择合适的交往方式，尽快使双方心理相容，让交往有效地深入下去。

5. 适时告别

适时告别是第一次见面必须要注意的。第一次见面，双方必定都有所保留，一旦交谈达到目的后，就应及时告别，留有余味，引起对方继续交往的欲望。不顾对方疲劳而喋喋不休，或不顾时间长短随意拖延，均会导致对方的不快，影响初交的印象。

二、语言表达技巧

公关学中的“语言”概念，其外延已大大拓展，语言不仅包括自然语言（口语、书面语），还包括一些非自然语言，例如表情语言、形体语言、服饰语言、色彩语言等，它们都是公关信息的载体，均可以表达公关信息。为了提高信息传递的效果，增加交往的效率，酒店公关人员必须掌握自然语和非自然语的表达技巧。

（一）自然语言

1. 口语的表达技巧

口语的应用范围非常广泛，交谈、演讲、劝说、服务都离不开这个基本的语言符号系统，语言能力的大小、高低，必然导致效果上的大相径庭。为了使口语表达得准确生动，必须培养公关人员驾驭口语的能力。

（1）语音语调。口语借助语音语调来传情达意，清晰流畅、悦耳动听的语调可以提高语言交际的效果。公关人员要说普通话，吐字要清楚、发音要准确，少用“啊”音和“吧”音，特别要注意语调和表意的语气。

语气一般可分三类：

1）表意语气，即向对方传递的信息具有表意功能，例如陈述、疑问、祈求、建议、商量、呼应等语气。

2）表情语气，即对所说的话表示某种感情，例如赞叹、惊讶、兴奋、不满、警告、诧异等语气。

3）表态语气，即对所说的话表示某种态度，例如同意、不同意、肯定、否定、委婉等语气，通常通过停顿、重音、叹词、语气词等表达出来。同一句话，用不同的语调说出来，其显示的意义就大不相同。例如赞扬的话，带着轻蔑的语气说出来，就变成了讽刺，所谓“听话听音、锣鼓听声”，就是这个道理。

注意语调的升降变化，准确表达自己的感情，通常升调表示兴奋、惊喜、号召、鼓动的情感；降调表示悲伤、冷峻、坚定、厌恶的感情；平直调表示平淡、冷漠，无特殊情感升落；曲折调表示情感的跌宕起伏。

停顿与重音的把握，同样是准确表意的语言技巧。停顿常常表达某种感情，引起悬念、促发联想、寻找共鸣，能收到此时无声胜有声的效果；重音可以表示特殊的思想感情，其表意效果非常强烈，正如苏联著名戏剧家斯坦尼斯拉夫斯基所说："重音就像人的食指，指示着节奏或句子中最主要的词。"

（2）层次性、条理性。要把信息准确、无误、全面、具体地体现出来，使听话者（或听众）清楚明白地理解，这是口语表达的最基本的要求。

讲话要清楚，就需要注重讲话内容的层次性与条理性，要有逻辑思维能力，先说什么，后说什么，哪些重点叙述，哪些简单带过，一定要中肯切题，言之有物，切忌弯弯绕。谈一项重要内容，如果绕了半天都没有绕到中心上来，便会让对方不明白，不知你讲的主要问题是什么。讲话更忌信口开河、废话连篇或多次重复，以及在一些不重要的细节上浪费时间和口舌。

（3）形象性、生动性。层次清楚、条理明晰就是指讲话要让人听得明白。而要使听者受到传者的感染，引起兴奋和青睐，这要求口语表达形象、鲜明、生动。要达到形象生动的效果，通常要运用修辞的手法，如比喻、夸张、排比等。例如，一则广播词中这样表达原子的小——"原子真是小极了，50 万到 100 万个原子，一个紧接着一个，排起长蛇队来，也只有一根头发直径那么小一点。"

口语表达应注意语言表达时的感情色彩。融进了表达者深沉情感的语句，是能说服人、打动人、感染人的有力武器。例如，朗诵长诗《周总理，我们的好总理》时，朗诵者用深沉凝重的语调、饱含悲痛情感的语气朗诵出来，具有强烈的感染力，可起到震撼人、感染人、催人泪下、鼓舞和激励人的效果。

（4）轻松感、自然感。幽默是增加愉快，协调气氛，使口语表达轻松、自然的一剂良方。口语表达中加一些幽默，能把令人尴尬的事轻松地表达出来，引来一片友好善意的笑声。例如，一次规格较高的外事宴会上，主持人在举杯致祝词中，不慎摔碎了酒杯，会场立刻鸦雀无声，外宾们面面相觑，不知该怎样打破这个僵局。这时，主持人重新斟酒举杯，风度翩翩地用英语向在场的宾客笑着说："这是我们中国人庆祝新年的祝词，即碎碎（岁岁）平安。"会场气氛马上活跃起来，大家用掌声回应了这一轻松、幽默的喻词。

2. 演讲的技巧

演讲是公关人员在公关工作中常用的一种人际口语传播方式。酒店公关人员除了在某些专题性的活动中进行演讲外，还必须经常代表酒店，在接待会、展览会、欢迎会、联谊会、宴会、座谈会上致辞。这些欢送词、开幕词、贺词、祝酒词等，类似小篇幅的演讲，可以传递酒店信息，塑造酒店形象。所以，公关人员必须掌握演讲的技巧。

（1）充分准备。一场好的演讲一定要经过充分准备，对听众做到细心的研究了解，把握了听众的特点、兴趣之后，再决定演讲的内容。确定了演讲的内容后，还要准备演讲稿。演讲稿可以先拟提纲，再写全文。假如时间不允许，一定要及时在头脑里打腹稿，对于演讲的重点、要点必须娴熟于心。

（2）选择开头。写文章讲究凤头、虎尾和猪肚。所谓凤头就是要有一个好的开头，如果开头能引人入胜，演讲就成功了一半。所以，高明的演讲者都要精心设计开头。开头一般分为如下几种：

1）设问式开头。即以设问引起听众的思考，吸引听众的注意力，控制会场气氛。设问式开头可以采用排比的手法，增加气势，一下子就把听众的情绪凝聚在问题的焦点上。

2）开门见山式开头。也就是演讲一开始就进入正题，把要演讲的主题作简单介绍，然后再分层次论谈，这种方式需要演讲者有一定的功底，而且演讲的内容有质量。

3）比照式开头。即演讲开始时通过对比两种差异较大的事物，论述自己的观点，激发听众的兴趣，达到演讲的目的。

4）倒叙式开头。即演讲一开始就把事实的结果摆在听众面前，然后再叙述前因后果，得出结论。这种方式的演讲要求结果一定要有震撼人心的力度，否则无法调动起听众的情绪。

（3）注意结尾。结尾如虎尾，刚劲有力。一个好的结尾不仅能为一场演讲打上圆满的句号，而且又一次高潮的迭起，会给人留下深刻的印象。常见的结尾有以下几种：

1）赞颂式结尾。即用赞颂的语句作为演讲的结束语，可以满足观众的求誉心理，使气氛愉快和谐。

2）呼吁式结尾。即选用有号召力、鼓动力的语句，向听众发出号召、呼吁，使已经被演讲激发起来情感的听众的情绪更加热烈，以此达到使群情激昂的目的。

3）总结式结尾。即结尾时总结演讲内容，简明扼要，以加深听众印象，深化演讲主题。

4）幽默式结尾。即用诙谐幽默的语句作为演讲的结束语，可以活跃气氛，加深听众对轻松愉快演讲气氛的印象，令人回味。

5）引用式结尾。即引用警句、名人名言作为演讲的结束语，启迪人深思，教育人奋发，含义深刻。

（4）演讲的语言技巧。

1）准确性。演讲必须用恰当的语词，把意义准确地表达出来。

2）精练性。演讲的时间一般不长，通常为5～15分钟，所以要求演讲者必须把握语言输出的最大信息量，即用精练的语言表达丰富的内涵。

3）生动性。演讲的语言必须生动，否则无法“使人激动”“使人奋发”“使人快乐”“使人信服”。生动的语言需要借助大量修辞手法。如用反复手法的“祸起新闻爆炸，得福爆炸新闻”，用比喻手法的“金帝巧克力，滑得像丝一样”，充分调动了听众的视觉、味觉、听觉等感觉器官，引发他们的合理想象，使听众们如临其境、如闻其声、如见其人。

4）通俗化。演讲是口语表达，深奥的道理要运用简单、明了、浅显的语句表现出来，深入浅出，才能使听众听得懂，理解深刻。

5）情感化。以情动人、以情感人，是演讲者必须具备的语言素质。演讲者通过饱含感情的语言来表达思想、激发情感，感情越真挚强烈，演讲者发挥的语言表现力就越强，就越能激起听众的情绪，就越能获得演讲的成功。

（5）演讲者的仪态风度。演讲者必须注意自己的仪态风度，这不但是个人形象的塑造，更是演讲形象的升华。风度潇洒、仪表端庄，有利于自己在众目睽睽之下保持心态平衡，树立自信心。所以，演讲时要注意自己的“包装”，以稳重端庄为主旋律，努力塑造整洁大方的外观形象。切不可因为外观形象上的“一着不慎”而贻笑大方，使演讲效果功亏一篑。

（二）非自然语言

1. 表情语言

表情指的是人的面部表情。在非自然语言中，面部表情的“词汇”最多，而眼神和微笑，是最富于感染力的表情语言。

劳夫·瓦多·爱默生说：“人的眼神和舌头所说的话一样多，不需要字典，却能够从眼睛的语言中了解整个世界。”汉语中描述眼神的词汇就有50多个。唐代大诗人白居易用“回眸一笑百媚生”这区区七个字，就勾勒了杨贵妃这个绝代佳人的神韵，这比刻意去描绘身体的其他部位，给人留下的回味与联想要深刻得多。公关人员在实际交往中，要学会借助眼神的辅助作用，传达自己表意时的真情实感，还要掌握如何辨别眼神的含义，准确地获取信息，避免信息传递过程中的解读失误，增强交流的效果。

被人们誉为商界巨子、“饭店帝国”国王的希尔顿，当他的母亲问他成功的诀窍时，他的回答仅两个字：微笑。微笑传达的信息能促使双方沟通，融洽服务员与宾客之间的感情，产生心理愉悦，从而形成“共振效应”。所以，微笑是服务中的“常规武器”，更是公关工作中的“常规武器”。

2. 体态语言

体态语言，又称形体语言，一般是通过人的动作、体态等表现出来的非自然语言，与酒店服务工作比较密切的是：立姿、坐姿、手势与步态。不同的立姿和坐姿、不同的手势与步态，均是不同信息的传达。

（1）立姿：背脊挺得笔直，双手交叉于身前或背后，两腿自然直立。它传递的是充满朝气、热情向上的信息。

（2）坐姿：挺直腰、笔直的坐姿，表示对对方或对方的谈话有兴趣，也是对人尊重的一种表示。

（3）手势：手势是传情达意的有力手段。我们中华民族是追求修养和含蓄的民族，所以，应当要求酒店公关人员除掌握握手的礼节外，在与人交谈时要留心控制自己的双手，不随意乱舞，只是在加强说话效果时，才辅以恰当的手势，给人一种典雅的印象。

（4）步态：步伐矫健、轻松、敏捷，能让人感到年轻、健康和精神焕发；步伐稳健、端正，给人以庄重、沉稳的印象。

所以，公关人员在工作中的体态应当是：头部不宜抬得过高，目光平和，面带微笑，上身自然挺直，收腹，两肩不摇，步态轻快、两手前后摆动的幅度要小、稳步向前。这些无声的体态语言，可以帮助公关人员塑造自身形象，在工作中应付自如。

3. 服饰语言

服饰能反映一个人的个性和心理状态，当服饰与身份、地位、气质、环境相适应时，就会使人们在不同的场合，显示出恰如其分的仪表。它不仅能传达一个人的文化素养、知识水平、品格情操、身份地位等信息，而且还能反映民族的习俗、时代的风貌和本国的文化特征。

酒店公关人员的服饰直接影响着酒店的形象，甚至影响着在酒店公关对象心目中整个国家的形象。因此，酒店不同级别、不同类别的公关人员除了在服饰质地、色彩、款式上体现一定的差异外，更强调共性，即整体的外观形象，那就是：稳重、端庄、大方、整洁、协调。

恰当的服饰能帮助人增加自信和掩饰不足，能表现人的风格、品位、气质和风度，它具有一定的社会功能，所以，公关人员要注意掌握穿着打扮的原则和分寸，让服饰语言来帮助你成功地进行工作。

4. 色彩语言

光亮和色彩构成了一个五彩的世界，它让大地变得美丽，环境变得怡人，让人心理与感官上感受到愉悦。色彩有传递信息的特殊功能，具体来说，就是色彩的象征意义和错觉效应。

（1）色彩的象征意义。例如，红色象征着热烈、奔放、热情、喜气洋洋；白色象征着纯洁、素雅、高尚；黑色象征着稳重、端庄；蓝色象征着生命、活力；绿色象征着恬静、自然；黄色象征着富有、高贵等。五环图案构成的奥运会会徽，就分别用到了五种色彩，蓝色象征欧洲，黄色象征亚洲，黑色象征非洲，绿色象征大洋洲，红色象征美洲，这五种色彩都是根据各大洲的人种或文化特点而联系起来的。

（2）色彩的错觉效应。例如，浅色光亮，看起来显得大一些；深色昏暗，看起来显得小一些。日常生活中，肥胖者宜穿深色服装，显得苗条秀气，而瘦小者宜穿浅色服装，看起来丰满活泼，这就是色彩错觉效应的反映。

酒店公关工作中选择和利用色彩的总原则是：和谐、悦目、匀称、入时。通过色彩的协调，如冷色和暖色的搭配，同一颜色不同深浅结合起来，就构成了和谐；利用色彩的强烈对比，如白与黑、红与黑，从而达到悦目；将色彩多样统一就形成了匀称；注意时尚、环境、对象与气氛，就构成了入时。公关人员在布置办公室、茶话会、联欢会、宴会、谈判时，都要注意因会议的形式不同、内容不同，而采用不同的色彩，所营造的气氛也就会不同。特别要注意自身穿着色彩与自身年龄、身份和场合的和谐统一，在工作场合色彩宜单一些，出席宴会不妨鲜艳明快些，出席丧礼则要尽可能着淡雅素装。

三、宣传招徕技巧

这里主要介绍酒店公关广告设计。狭义的广告主要是商业广告，它的主要目的是开拓市场、刺激消费。公关广告注重社会效益，其主要目的是引起公众的注意，使公众产生好感和兴趣，从而宣传酒店组织，塑造酒店形象。

（一）公关广告的类型

（1）目标广告。目标广告即宣传酒店经营目标、经营宗旨、管理哲学、价值观念、酒店精神等内容的广告。例如广州中国大酒店的“中外通商之途、殷勤款客之道”、北京贵宾楼的“走进贵宾楼，人人是贵宾”等广告，都属于宣传企业经营目标的广告。

（2）庆典广告。如开业之初，介绍酒店的经营特色、服务项目、地理位置、风格传统的广告；节日之际，酒店向广大公众致贺，向公众表示谢意的广告；酒店借助周年纪念、剪彩等活动制造气氛的广告。

（3）信誉广告。这包括传播酒店获重大奖项、受表彰或赞誉、星级上等级的广告，也包括由于酒店工作失误，向公众公开致歉的广告。

（4）公益广告。即以酒店名义发起的，具有重大影响的社会倡导活动，以此塑造酒店形象的广告。此类公益广告以公益性、慈善性、服务性为主题，传播酒店倡导公众勇于承担社会责任，争做优秀公民的信息。

（5）实力广告。向公众展示酒店设施、设备、服务质量、人才技术等方面实力的广告。比如溧阳天目湖宾馆店庆就列举了一长串曾在该店住宿、留言、题词的政府要员、商贾巨子、社会名流以及该酒店声誉很高的特级厨师和服务师，以此向公众展示自己的实力与特色。

（6）纪念广告。利用社会上具有特殊意义的日子，如2月14日情人节、三八妇女节、十一国庆节、五四青年节等，结合酒店举办的相关活动，制作成专题特辑，在报刊上做纪念广告，宣传酒店“精神文明”形象。

（二）公关广告的制作

（1）构思创意力图新颖。广告的构思创意阶段，包括广告的前期调查及题材、投放时间和表现形式的选择。广告的构思应新颖，形式要不落俗套，主题表现力强，给人一种联想、启示，使观众有美的享受。

（2）制订计划组织实施。

1）确定广告目标，包括酒店声誉目标、知名度目标、市场占有率目标、获得公众目标等。

2）确定宣传范围，即确定是对什么地区、哪一类公众进行宣传。

3）确定宣传中心。广告的目标若是提高信誉，可在服务质量上做文章；广告目标若是宣传酒店形象，可把宣传重点放在公众对酒店及总经理的认知度上。

4）要选择好广告媒介，主要是根据媒介的传播层次、传播特点以及自身的广告目标来确定，以达到最佳广告效果为目的。

5）要预算好经费。根据广告目标、广告宣传范围和选择的媒体来预算所需资金。

6）落实表现手法，是写真、示范、对比、对话、比喻、语言，还是文娱、权威等。表现手法方式不一，其效果也不同，可按照广告目标确定一种表现手法。

7）制作广告，依据既定广告目标，以及所选择的广告媒介及广告的预算资金，提出广告制作的基本要求与原则，委托有关部门和人员设计制作。

案例8-5

以下是锦江之星酒店为庆祝圣诞制作的活动海报（见图8-1）和公关广告。

锦江之星圣诞送惊喜

1. 圣诞精选房：在2008年12月23日—25日期间，入住锦江之星东北地区连锁店可享受3种圣诞精选房，锦江之星东北地区连锁店将以诸多优惠让利给消费者，详情如下：

辽宁地区精选房：A类——238元；B类——268元；C类——298元。

吉林地区精选房：A类——228元；B类——258元；C类——288元。

黑龙江地区精选房：A类——218元；B类——248元；C类——278元。

参加此活动均可获赠平安果一个。A类精选圣诞房包括A类圣诞套餐；B类精选圣诞房包括B类圣诞套餐；C类精选圣诞房包括C类圣诞套餐。

图 8-1 锦江之星圣诞送惊喜活动海报

2. 幸运抽奖：所有在 2008 年 12 月 23 日—25 日期间入住酒店的顾客凭房卡至总台均可抽奖。

奖品：

一等奖：100 元现金券一张（1 名）。

二等奖：50 元现金券一张（2 名）。

三等奖：电话卡 1 张（10 名）。

3. 圣诞祝福大放送活动：凡在 2008 年 12 月 23 日—25 日期间入住锦江之星的客人均可获赠 1 张精美的圣诞卡，只需提供 1 位朋友的地址，我们将免费将您的祝福送到您朋友的手中。

详情可咨询锦江之星东北地区连锁店前台。以上活动不包含哈尔滨索菲亚店、哈尔滨会展中心店、大庆龙南店。

活动最终解释权归锦江之星所有。

案例 8－6

以下是金陵饭店制作的宣传海报和公关广告（见图 8－2）。

图 8－2 金陵饭店“曲魅圣诞”活动宣传海报

金陵饭店“曲魅圣诞”压轴 2008 岁末

东方元素“入侵”西方圣诞节已经不新鲜了，然而随着 2008 年奥运会在中国的成功举办，国际时尚圈对中国元素的关注上升到一个前所未有的高度，2008 年无疑是当之无愧的“中国之年”。

身为率先推出“新圣诞主义”概念的金陵饭店，每年都是备受关注的时尚风向标，2008 年圣诞主题已然出炉，今年钟山厅的圣诞之夜将是一个具有“中国灵魂”的时尚之夜……

一、“新圣诞主义”——金陵引领时尚 14 年

也许很少有人能够清晰地记得金陵饭店到底成功策划过多少场“圣诞之夜”，甚至每一次都让人觉得那是“不可超越的”，而恰恰在下一年，钟山厅的平安夜狂欢又会给宾客带来新的惊喜。

金陵饭店第一次举办“圣诞派对”是在 14 年前。当时酒店的初衷是为了体现一种“家文化”，让不得不留在中国过节的老外们不寂寞。没想到“圣诞派对”一经推出就受到外宾们的热烈欢迎，同时更是吸引了众多社会名流和时尚人士参加，引爆了整个圣诞市场，于是越来越多的酒店开始策划“圣诞派对”。

凭借着金陵饭店在整个行业的影响力，以及在酒店活动策划方面无与伦比的能力，每一个岁末的“圣诞派对”都会引领某些时尚的流行。金陵饭店敢于创新的精神令人们印象

深刻，而金陵饭店为成功商务人士搭建的这个特殊的“岁末社交平台”，更是让众多的社会名流和时尚精英人士趋之若鹜。

二、“中国式文化”——“曲魅圣诞”品味纯粹的中国精髓

2008年让中国与世界之间的距离如此接近，更是让中国人乃至全世界重新审视中国上下五千年的悠久历史与灿烂文化。引领潮流时尚的金陵饭店，此前很多场圣诞策划也曾完美融入过“中国元素”，然而如此大篇章地以“中国灵魂”作为整个派对的主导还是第一次。继2007年成功推出“戏魅圣诞”后，金陵饭店今年全新推出“曲魅圣诞”。值得称道的是，金陵饭店注重结合自身的民族品牌，对“世界非物质文化遗产”——昆曲进行时尚诠释，通过民族传统文化与先锋时尚元素的交融营造现场氛围，让人们感受“新圣诞主义”概念带来的中国式文化圣诞风格。

良辰美景奈何天，赏心乐事谁家院？“曲魅圣诞”的创意灵感结合了中国的水墨画、诗境、戏曲等，表现季节变化，动用了新锐的创新概念对传统艺术文化进行解构，体现奢华艺术的视觉及听觉效果，带领宾客共同品赏中国文化的深邃与精髓。

（三）制作公关广告的条件

注意掌握公关广告创作的原则，即真实性、思想性与艺术性的和谐统一，使之达到一种完美的境界。

重视广告的传播范围和传播效果，最大限度地扩大接触面，反复刊登、反复播放，以连续性的方式深化公众记忆。

避免商业广告的痕迹，注意公关广告的目的是宣传酒店形象、强化公众好感，即“不是要大家来买我，而是要大家来爱我”。

注重一致与创新的结合。所谓一致，是指酒店的经营目标、经营宗旨、店名、店招牌从不轻易更改，而内容却可以花样翻新、富有活力，使公众对酒店既感到信任，又认为酒店有新的开拓、新的发展。

四、日常接待技巧

公关人员是酒店的代言人、外交家，肩负着对外交往的重任，每天都接待来自各方面的宾客，为酒店广结善缘，因此，接待是公关人员日常的重要工作。

（一）接待来访

宾客来访，接待者要热情大方、彬彬有礼、认真倾听、及时记录。对来访宾客的要求应尽量给予满足，对重要宾客可酌情安排一些活动，例如参观、宴请、座谈、赠送礼物等，并应安排交通工具，为重要宾客离开提供方便，必要时，可及时将其送到办事地点或码头、车站、机场。对于应邀来访的宾客，公关人员应最少提前5～10分钟在大门口恭候，准时开始活动，并做好相应的组织、服务和善后工作。

（二）电话接待

电话接待，是专题活动公关人员最常见的日常工作之一，很多人是通过电话进行联系甚至访谈的，公关人员应重视电话接待训练。

接电话时，语气要亲切、柔和，语调要平稳，态度要温和，语言要有礼貌。接电话时，首先应当自报家门，如“公关部某某”；其次，还要有记录的习惯，对方的姓名、地址、电话号码及联系事项要及时记录，一旦有了答复时，不能忘记回复；再次，如果对方所找的人不在，应礼貌地抱歉，并转告电话内容；最后，不能因个人情绪影响工作，在通电话时大声呵斥，损害酒店形象。一定要让宾客通过公关人员的电话服务，对酒店留下美好、愉快的印象。

（三）会议接待

会议接待通常应制订详尽的接待计划与日程安排计划，既达到会议目的，又能让与会宾客身心满意，产生耳目一新、流连忘返之感。

（1）会议接待的第一项工作是发会议通知。会议通知上应详尽地写明召开会议的时间、地点及有关事项。

（2）要与参加会议的宾客联系候机、候车的时间，一定要在班机、船、车到达之前赶到机场、码头、车站等候宾客，不能让宾客因无人接待而陷入失望与不安的情绪之中。

（3）与宾客见面后，一定要说些“欢迎来访”之类的客气话，热情帮助宾客拿行李，并主动向宾客介绍自己的身份。安排宾客住下后，马上将安排好的会议日程及讨论提纲送至宾客手上，使宾客有亲切、周到、有序之感。

（4）及时介绍就餐时间、地点，娱乐设施和其他服务项目，还可准备一些本地报纸、杂志和旅游、购物指南，帮助宾客尽快适应新的环境。

（5）应注意有效控制会议进程，适当安排一些娱乐活动，帮助订购返程车、船、机票，直到送走最后一位宾客，会议接待工作才算完毕。

（四）接待参观

接待参观通常应有详尽的介绍资料，资料中不但要有通俗易懂的文字资料，还应该有形象生动的声像资料。在现场参观时，公关人员可作现场介绍，并随时回答参观者提出的有关问题，注意表意清晰、层次分明。为了补充说明，还可以组织宾客参观酒店的陈列室、展览室，更为透彻地介绍酒店的整体发展规划，从而保证参观效果。为了加深参观者的感性认识，在参观结束后，可赠送富有纪念意义的小礼品，小礼品应既别致又与酒店有关，使参观者爱不释手。参观结束后，可邀请参观者到会议室座谈，征询意见，并准备一些茶点、果品招待，让座谈会的气氛轻松自然。

（五）登门拜访

登门拜访是公关人员经常性的工作，它可以通过人与人之间面对面的交往，解决电话里解决不了的问题，便于沟通感情。

第一次登门，应首先递上名片，态度既谦恭又得体，简明扼要地说明来意，适时告别，使对方有继续交往的欲望。拜访时，仪容、仪表应整洁大方，女士可稍作修饰，以示对被拜访者的尊重。交谈时要注意察言观色，对方情绪好，可以深谈、长谈；如果对方心不在焉或话少，应考虑马上告别。

（六）赠送礼物

拜访时有时需要送些礼物，这既是工作的需要，也是人之常情。送礼品是一门艺术，礼物不一定很讲究或者很贵重，而在于礼物本身的特色。漂亮的包装可显示出酒店公关人员的高雅品位。送礼品一定要当面赠送，托人转送应附上祝词或者名片。给外国人送礼，注意不要触犯对方国家的禁忌。注意在谈生意时不要送礼品，以免引起误会。

第三节　酒店专题活动公关预算

一、酒店公关工作量的估计

对酒店公关部来说，工作量是一个很关键的问题。酒店公关部的价值就在于公关人员的专门知识和丰富经验。所谓一个公关人员的工作量，也就是一年中他所从事专业工作的时间数。应该说，就工作性质本身而言，公关人员也许要无偿加班才能做好许多工作，但通常来说，他完成公关工作所花费的时间与所要求的公关人员完成的工作量应该是成正比的。所以，酒店公关部工作量的估计就要重视时间期限的重要性。

以人工耗时为依据估计工作量的一项基本工作就是有一个简单的、有效率的工作时间记录制度，它记下公关人员进行某项公关活动所耗费的时间。在每天的工作中，一名公关人员可能进行各种不同的、或长或短的工作，例如打电话、读信和写信、访问、会见、思考、摄影等，这些事情工作量的估计假如在下班时填报时间表，或者在周末填报，都是不可能的。一个好的办法是确定最小记载时间，设计一个时间表来进行这项工作。

酒店公关部每周工作时间统计表如表 8－1 所示。

表 8－1　　酒店公关部每周工作时间统计表

第　　周	20　年　月　日—　月　日							每人汇总
工作人员	一	二	三	四	五	六	日	
×××								
××								
××								
×××								
××								
×××								
每日汇总								每周合计：

一个简单的时间表可以放在办公桌的记事夹里，或者携带在公文包里，时间由酒店公关部秘书每星期汇总一次，再将这个时间汇入总时间表。

另外，为了将各种工作分门别类，应当制定一套工作代码系统，让每一项可分解的工作事项，如新闻稿、摄影、记者招待会、年度报告、内部报刊编辑等，都有一套预先编好的号码一一指代。这些号码可用于逐条记录会议的议事日程和碰头报告。编码者应提供编码对照表，并在工作清单上标明它们。

还应当指出的是，酒店公关部工作量的估计不只是工作时间问题，还要将公关经费预算和公关效果等结合起来进行考查，这样工作量的估计才是有价值的。

二、酒店公关经费预算

（一）公关部的经费项目

一般来说，公关部的经费项目主要有以下四类：

（1）人工费用，即人员工资加福利费。

（2）广告、宣传和公关活动费用，如广告费、宣传材料设计和印刷费、组织公关活动所需要的各项活动经费等。

（3）办公费，如办公文具和电脑等设备及摄像、摄影器材等的购置经费。

（4）交际活动费。

另外，公关是一种灵活性很强的工作，因此公关预算应该保持足够的弹性。多种未知因素、突然事故或偶然机会，都可能临时改变公关计划，所以在预算中最好设置临时应变费用，从财力上保证公关的应变能力。

（二）公关预算的内容

具体来讲，公关预算可以包括以下项目：

（1）工资和福利。包括公关部经理、秘书、办事员、刊物编辑、摄影师等一切有关人员的工资和按国家规定应享受的福利待遇等，通常是公关预算中的较大组成部分。

（2）广告、宣传费用，这是最大的一笔公关费用。但如果酒店聘请了广告代理，就由广告代理负责广告宣传工作，这笔费用就变为广告代理费。

（3）设备费用。包括增添家具和设备更新，例如购买电脑、复印机、照相机、印刷机等。

（4）办公费，例如文具购买和报刊订阅，电话电传、信件邮寄费用等。

（5）招待费，包含招待记者、来访者或同行的食宿、交通费等。

（6）内部刊物预算，包含编辑、摄影、排版、印刷等费用。

（7）幻灯片、纪录片制作费，包含摄制、音乐、解说、复制等费用。

（8）录音、录像经费和电视片、磁带制作费，包含访问或接待费，摄制、复制等费用。

（9）印刷品费用，例如传单、图表、月历、资料等的制作费用。

（10）礼品费用，包括奖品、纪念品等的费用。

（11）展览会费用。

（12）差旅费用。

以上各种费用按照需要作出预算，最好再加上 8％～12％以便应对临时需要的费用。

三、酒店公关预算控制

（一）制定预算控制的方法

酒店公关部的预算控制并不是在每个月的工作进展汇报会上通过议论来削减预算开支，而是根据公关活动的目标、实施方案，将所需的费用分成若干项目列举出来，决策各项目经费是单项活动预算还是全年活动预算分摊的成本，以便统筹考虑，事后核对和考查绩效。

控制预算带来了优先秩序，限制低效率的工作，以实现良好的成本效用。所以，预算控制对公关工作意义重大。酒店制定预算控制的方法常见的有以下两种：

（1）按销售量抽成法。即从过去的总销售量或纯销售量中，抽取一定的百分比作为公关的经费。

（2）目标作业法。即根据提出的公关目标和计划方案，详细列出计划完成的项目所需开支，经核定，预估的金额就是预算的极限。

这两种方法各有利弊。按销售量抽成法的优点在于编制预算速度快，但缺少弹性，预算不能符合实际需要，特别是出现突然事故或新添活动项目时，更不能适应实际情况的需要。目标作业法的优点是计划性强，弹性较好，但采用它要有审慎的计划和预测，否则会影响预算的控制。

实际上，各酒店的情况和需要是不同的，每个年度公关工作的需要与预算都会发生变化，所以，酒店公关部的预算控制应该保证酒店整体目标和公关计划方案的密切配合。

（二）做好预算控制的方法

要做好酒店公关部的预算控制工作，应注意以下几个问题：

（1）要以能够实现的目标或计划方案为标准来确定预算的控制。酒店公关活动的时间、方式、支出都要与酒店效益相联系。

（2）酒店在编制公关预算时，必须要求公关人员提出一份实施计划与活动项目的清单，以了解酒店各项活动所需的费用。

酒店公关是一门艺术，作为酒店领导和公关人员，应既会节省开支，又要善于捕捉开展公关工作的机会。所以，预算控制要考虑在时间分配上有一定的弹性。经费预算的一部分是每季度或半年公关工作项目所需要的花费，可表示为：时间—活动—费用表；另一部分为应付特殊事件或新添工作项目费用表。当然，两部分可在当季或半年预算中协调使用。

例如，某家酒店在当前饭店市场竞争激烈的情况下，其产品和服务难以销售出去。尽管这家酒店的宣传推广费用不断直线上升，但效果不佳。这时，酒店公关人员获悉，一个有影响的国际性旅游研讨会将在当地召开，他们立刻意识到，假如能成为此次会议的东道主，将会得到广告宣传所达不到的效果。但是，因为这次活动的一些费用不属于已核定的公关费用预算，故不能开支，因而坐失了良机，而这些费用比任何一次电视广告费都要少很多。

所以，酒店公关部在进行预算控制时，应该掌握这样一条原则，即：注重酒店公关与经济效益的有机结合，在此原则下，领导和公关人员应时常分析研究已开展的公关工作的进展情况，对原计划中可有可无的项目要进行削减或缩并，对实际情况所需要的新添项目要不失时机地增加公关费用。

总之，专题活动是酒店公共关系提高知名度、美誉度的重要手段。如果说日常活动是为酒店形象打基础，那么专题活动就是酒店的亮相，因此十分重要。本章介绍了几种最常用的专题活动。这些活动虽然步骤不同、工作内容不同，但都应注意处理好各方面的关系。这些专题活动是公关调查、策划、企业文化、创造性思维、传播技巧的综合展示，应融会贯通，运用好相关技巧，而不应就事论事。

典型案例分析

“约会锦江之星，游巴山渝水”

——锦江之星重庆渝中店宣传单

欢迎您来到美丽的山城——重庆，重庆三千年的历史孕育了“巴山渝水”，众多的人文景观和风景名胜，以及直辖以来城市整体规划的变化，都值得您花上几天时间好好地游览一番。现在，请您放下繁重的工作，跟着我一起玩转重庆。

离开机场，在重庆的灯火辉煌中穿越这座年轻而古老的城市吧，坐在出租车上，您会看到《疯狂的石头》中的主要景点——两江索道的悠扬淡定，会看到《门》中那条令男主角感受爱情头晕目眩的多重环型引桥，会看到《好奇害死猫》的主场——朝天门的两江交汇，更会看到一个极富重庆特色的无费用市内旅游景点——洪崖洞。

经过约半小时的车程，我们到达了锦江之星重庆渝中店，虽然地处重庆最繁华的渝中区，但由于附近有两个景区，加上一面江水的环绕，形成了它独立于闹市的恬淡气息。

2005 年，全国最大的经济型酒店连锁企业锦江之星落户重庆。酒店楼高 8 层，其中 4 层以上为临江房，可以日观两江汇聚的汹涌气势，俯瞰山城重庆的辉煌夜景。2008 年，重庆渝中店大堂设计获得“HOTEL DESIGN INTERIOR”设计大奖。

办好入住手续，放下行李，您可以先在店里的茶餐厅品尝一些重庆特色食物，再偕家人信步前往离店只有一街之隔的鹅岭公园两江亭观赏渝中半岛的美丽夜景，微风拂来，会将您一路的疲劳“一洗而尽”。

第一晚就早早地入睡吧，养足精神，开始第二天的世界文化景点之旅——大足石刻。

去大足石刻离重庆市区往返 300 公里左右，有三种方法可供您选择：

（1）参加任何一个当地旅行社的“大足一日游”，团费约在 200 元/人（包括宝顶景区门票、讲解费、午餐和来回大巴车费），比您自己去方便和便宜。

（2）在重庆菜园坝汽车站乘重庆—大足大巴，车费 45 元/人，120 分钟抵达大足，然后乘大足—大足石刻公交车，车费 4 元/人，20 分钟车程。大足石刻联票价格：120 元/人；宝顶景区：80 元/人；北山景区：60 元/人。

（3）如果您选择自驾车前往，由陈家坪上成渝高速—大足站—龙水—大足县城—宝顶风景区，总里程 137 公里，耗时两个半小时，过路过桥费在 80 元左右。

傍晚时分，当您结束一天的游程，建议您到离锦江之星渝中店很近的“奇火锅”吃顿充满重庆韵味的火锅。这家总店露天的位置正对着蜿蜒的长江，面对浩瀚的江水，吃着地道的火锅，心中自然有股豪情直上云霄。

相信到了第三天，您已经习惯了重庆的爬坡上坎，今天为您安排了两条路线，都需要一点的步程。

A 线：睡个小懒觉，在酒店享用锦江之星丰盛的营养早餐。九点钟从渝中店出发，打车到白公馆，在渣滓洞感受红岩精神。

中午可顺道至歌乐山吃“林中乐”辣子鸡，让您的味蕾享受强烈的刺激。吃饱喝足，花 10 元钱打车至磁器口古镇，在这里可以过一个相当惬意的下午，在江船上玩玩扑克、打打麻将；在镇上逛逛店铺、吃吃特色小吃，悠然地享受这古朴的气息。夕阳西下的时候，来锅鸡杂或者毛血旺，就着“山城”啤酒，酣畅淋漓地过一把重庆当地人的瘾，走时别忘了买上一两袋脆生生的“陈麻花”，香喷喷的“现捶花生酥糖”。回到渝中店，可以躺在舒适的床上，回味今天的一点一滴……

B线：依然是睡个小懒觉，开始都市半日游，先去罗汉寺上炷香，去寻找那个被宝马压翻的窖井盖，到解放碑广场附近打打望，去洪崖洞领略重庆吊脚楼与现代建筑的风格的碰撞。

坐过江索道到上新街上南山，吃过鲜香的泉水鸡后，寻一处依山而建的茶楼，沏一壶清茗，欣然对坐，在云淡风轻中偷得浮日半日闲。

到了该吃晚饭的时候，前往重庆最具景观感的餐饮大道——南滨路，无论是选择在船上吃新鲜江鱼，还是渝派中餐，或是火车上的海鲜烧烤，加上各式口味的异地美食，定有一款适合您。晚餐后，如果还想欣赏长江流动的风景，建议您登上观江游轮，既可以看到长江的汹涌，又可以看到嘉陵江的妩媚，待到两江汇合时，相互交融，无限旖旎。相信您一定意犹未尽吧，可重庆实在是太大了，景点也太多了，让我再掰着手指给您随便数几个：近处有洋人街、方特科幻公园、巴国城、陶然古镇、重庆“死海”等，稍远处有合川钓鱼城、江津四面山、武隆天坑地缝仙女山、丰都鬼城、万盛石林黑山谷、长寿湖、张关水溶洞、酉阳桃花源、黔江阿蓬江小南海……

数不过来了，最后再啰唆一句，您如果来重庆了，到了锦江之星重庆渝中店，您想去哪里，我们的工作人员都会尽心尽力为您度身订制路线的。我们的服务人员也将以重庆人的热情与豪爽，以真诚的微笑，让您开心而来，满意而归。

“约会锦江之星，游巴山渝水”活动海报如图8-3所示。锦江之星重庆渝中店大堂设计宣传图片如图8-4所示。

图8-3　“约会锦江之星，游巴山渝水”活动海报

图8-4　锦江之星重庆渝中店大堂设计宣传图片

思考与练习

1. 酒店怎样组织好庆典？
2. 酒店怎样办好展览会？
3. 酒店怎样筹划记者会？
4. 酒店怎样进行赞助？
5. 酒店怎样组织内部参观？
6. 酒店如何实施公关预算控制？
7. 怎样在搞专题活动时综合运用公关策划、企业文化、创造性思维、传播技巧等知识？

实训项目

假定你所在的酒店近日有一项重要的专题活动，但由于恶劣的天气，致使此项活动不能如期开展，请你拟订一个公关应急方案，减少或消除不利影响。

练习前应事先设计事件背景，可以是记者招待会、活动开幕式、周年庆典等，恶劣的天气可以是大雪、暴雨等。根据具体情况，可以采用分组演练或者书面作业形式。

第九章 酒店公共关系危机管理

哲理格言

应当像认识到死亡和纳税是不可避免的并必须为之做计划一样，认识到危机也是不可避免的，也必须为之做准备，这样做并不是出于软弱或胆怯，而是出于知道自己准备好之后的力量。

——［美］史蒂文·芬克

学习目标

通过本章的学习，你将：

1. 熟悉酒店公共关系危机的概念、特点与类型。
2. 理解酒店危机预防的必要性。
3. 掌握酒店危机管理计划与预警方案制订、危机管理方案演习。
4. 初步掌握处理酒店公共关系危机的原则、程序与方法。

2003年初，一场突如其来的疫情，使正在高速发展的中国旅游业受到了前所未有的灾难性的打击，同时，也严重影响了世界旅游业的发展。SARS疫情发生后，在长达几个月的时间内，中国的所有旅行社一直处于零团队。旅行社业在告急，旅游景区在告急，酒店业在告急，旅游业全线告急……

众所周知，脆弱性是旅游业最显著的特点之一。战争、瘟疫、恐怖活动、政治动乱等会给旅游业带来致命的打击。就中国广东省而言，作为SARS疫情最严重的地区之一，从2003年4月2日世界卫生组织对广东发出旅游警告到4月底，全省旅游外汇收入同比下降74%，旅游总收入同比下降68%，旅行社收入同比下降45.92%，经济损失约6.5亿元，旅游饭店接待过夜游客人数同比下降81.62%，直接经济损失18亿元，全省旅游景点的损失达20亿元；5月份全省旅行社均颗粒无收，星级酒店入住率跌幅超过80%（大部分酒店的入住率不足10%），景点景区收入同比跌幅超过70%，从而使广东旅游业蒙受了巨大损失。此外，近年来所发生的“9·11”事件、亚洲金融危机、伊拉克战争等，无一不对世界旅游业造成打击。

由此可见，做好危机管理具有重要意义，危机管理是旅游业研究的重要课题。酒店由于其自身或公众的某种行为也会导致相关环境恶化，有时还会发生事件，这就是酒店公共关系危机。如何及时、冷静、全面、准确地认识、预测和处理酒店公关危机，是本章研究的问题。研究的主要目的在于减少危机给组织与公众带来的影响，进而寻求公众对组织的谅解，以重新建立和维护酒店的良好形象。

第一节　酒店公共关系危机概述

一、酒店公共关系危机的相关概念

（一）危机的概念

按照《辞海》的解释，“危机”一词有三个释义：一是指潜伏的祸机，如危机四伏；二是指生死成败的紧要关头，如战争危机、信任危机等；三是专指经济危机。危机既是一个不稳定的时期，又是一个新局面的开始，是一个转折点。

世界旅游组织把危机定义为：影响旅游者对一个目的地的信心和扰乱继续正常经营的非预期性事件。所谓危机管理，就是当旅游业遇到上述战争、瘟疫、恐怖活动、政治动乱等非预期性事件时，应该采取的对策，以期将损失减少到最低程度。

危机一词极富哲理，既包含了导致失败的根源，同时又孕育着成功的种子，指出了“有危险就有机会”的道理。面临危机，人们必须马上作出决定，尽管其结果可能会好，也可能会坏。对社会组织而言，危机是指由于其自身或公众的某种行为，导致组织环境恶化，危及社会组织正常生存和发展的突发性恶性事件。

（二）酒店公共关系危机的概念

酒店公共关系危机可简称为酒店公关危机。但严格讲应是危机公关，专指灾难或危机中的酒店公共关系，是酒店公共关系在危机中的开发和应用，是处理灾难或危机过程中的酒店公共关系。当危机或灾难发生时，需要人们从不同的方面予以调查、处理和解决。酒店公共关系只是解决危机问题的一个视角，是危机管理或问题管理的一个重要组成部分。

在危机出现时，酒店公共关系大体有三大任务，即预防、准备和供应。预防，就是防患于未然，居安思危。因为“任何事情都可能发生”是危机的法则。准备，是指成立一个“危机管理小组”，拟订面临危机的沟通计划。供应，是指向传播媒介人士提供和发布与危机有关的公关信息。

（三）酒店公共关系危机处理的概念

酒店公共关系危机处理，是指酒店公关人员运用公关的理论、策略、措施与技巧，改变因突发性事件而造成的酒店所面临的危机局面，减少危机给酒店与公众带来的影响，进而寻求公众对组织的谅解，以重新树立和维护企业良好形象的过程。

（四）酒店危机管理的概念

酒店危机管理的概念有广义和狭义之分。

广义的酒店危机管理是指酒店公关人员在危机意识的指导下，根据危机管理计划，对可能发生或已经发生的危机事件进行预测、监督、控制和协调处理的全过程。

狭义的酒店危机管理通常与危机处理的概念一致，仅指酒店对已经发生的危机事件的处理过程。通常情况下，危机管理是指其广义的概念。因为，对已发生危机事件的处理是其本来应有之意。

在国外，危机管理又称问题管理。它谋求确认那些可能影响社会组织的潜在的或处于萌芽中的各种问题，然后动员并协调组织的一切资源，从战略上影响那些问题的发展。因此，危机管理是“一种行动型的管理职能”，它更强调的是“管理”，包括预测、决策、组织、指挥、协调与控制的全部管理职能。

二、酒店公共关系危机的特点

一般来说，酒店公共关系危机具有以下六个方面的共同特点。

（一）突发性

公关危机事件是一种突发性事件。它们大多是在人们毫无察觉或准备的情况下偶然发生的，让人们既感到意外、吃惊，又感到恐惧、害怕，并给组织带来一定程度的混乱。如1976年7月的唐山大地震、2003年春夏之季的SARS暴发与传播、2008年上半年的冰冻雨雪灾害和汶川大地震等都具有突发性这一鲜明特点。

（二）难以预测性

难以预测性又称为潜伏性，是指公关危机中包含许多未知因素。它们往往潜伏着，在正常情况下难以预料，特别是那些由于组织之外原因造成的危机，不但难以预料，而且难以抗拒，因此它具有难以预测的特点。同样，再科学严密的社会组织也不可能清晰预知可能突生的“灾祸”及其发生的准确时间。比如，1982年9月，发生在美国芝加哥地区的因人为破坏而造成有人服用“泰诺”止痛胶囊死于氰化物中毒的事件，强生公司在事前是根本无法预知的。再比如，1984年，美国联合碳化合物公司设在印度博帕尔邦的化工厂发生严重氯气泄漏事故，以及同年苏联切尔诺贝利核电站发生的核泄漏事故。虽然从事后对这些事故的分析中可以看出，事故的发生存在一定的必然性，但事故什么时候发生、严重到什么程度，人们在事前是无法预料的。

（三）危害的严重性

危机不仅会扰乱组织的正常经营秩序，使组织陷入混乱，而且还会对组织未来的经营和发展带来较大的影响。从社会角度看，组织危机会给社会公众带来惊慌，有时还会给社会带来直接的物质损失，或造成不可逆转的破坏。例如，2005年11月中旬，中石化吉林石化分公司双苯厂装置爆炸事件及爆炸后造成的松花江水质严重污染的事件，不仅造成了极大的经济损失，而且产生了严重的不良社会影响和国际影响。2006年夏秋之交的安徽华源生物药业有限公司违规生产的欣弗药品不良事件和齐齐哈尔制药二厂的假药事件，都直接导致了工厂的突然“死亡”。

（四）舆论的关注性

在传媒十分发达的今天，任何一个组织的危机事件常常会成为社会舆论关注的焦点和热点，成为新闻传播媒介捕捉的最佳新闻素材和报道线索。而新闻传播媒介的影响力是巨大的，一旦造成影响是很难挽回的。正如国外危机管理专家所指出的：每一起意外事件不尽相同，相关机构应变的态度也颇见差异，但有一件事是无疑的——当悲剧发生的时候，群众和媒体的注意力一定集中在出事的公司。有时，危机事件不仅引起国内各界公众的关注，而且还会引起世界各国的关切和注意。如 2003 年我国的 SARS 公共卫生事件以及 2005 年 11 月因中石化吉林石化分公司双苯厂装置爆炸导致的松花江水严重污染事件，都在非常短的时间内成为国内外大小媒体广泛报道的焦点。

（五）发生的普遍性

危机的发生带有普遍性，大到一个国家，小到一家企业，都可能遭遇到灾难和不幸事件。世界上许多跨国公司诸如雀巢、可口可乐、百事可乐、强生、三星以及快餐业巨头麦当劳等，在其发展的过程中都遇到过性质不同、形式各异的危机。

（六）处理的复杂性

公关危机具有比较显著的复杂性。这种复杂性，不仅表现在它的构成因素与关系复杂，对其进行分析与预测十分困难，而且表现在危机一旦发生，无论是对其进行处理与控制，还是协调与其有关的方方面面都非常复杂，涉及的人往往比平时多很多，需要投入的钱财和物资量更大。通常情况下，如果一个企业发生灾难事故，又造成人员伤亡的话，其涉及的单位、部门从十多个到几十个不等。

三、酒店公共关系危机的类型

准确认识和判断公关危机的类型，是成功进行酒店公关危机处理必不可少的重要前提。公关危机主要分类方法汇总表如表 9－1 所示。

表 9－1　　公关危机主要分类方法汇总表

分类标准	分类结果	
危机存在的状态	一般危机	重大危机
危机与企业的关联度	内部公关危机	外部公关危机
危机造成企业损失的表现形态	有形公关危机	无形公关危机
危机产生的主客观原因	人为公关危机	非人为公关危机
危机的外显形态	显性危机	隐性危机

（一）按危机存在的状态分为一般危机和重大危机

1. 一般危机

一般危机，主要是指那些常见的酒店公共关系纠纷。对一家酒店来说，常见纠纷有：内部关系纠纷、消费者关系纠纷、同业关系纠纷、政府关系纠纷、社区关系纠纷等。从某种意义上说，公关纠纷还算不上真正的危机，它只是公关危机的一种信号、暗示或征兆。只要处理及时，做好工作，就不会向公关危机转化和发展，甚至造成危机局面。

虽然不是所有的公关纠纷都会转变为重大危机，但它带给酒店的危害却是不可忽视的：轻则降低企业的声誉，影响产品销售，造成形象损失；重则危及企业的生存和发展。对于酒店公众来说，内部纠纷不利于团结，会挫伤成员的积极性，降低管理人员的威信，甚至可能导致酒店效益下降，使内部公众蒙受物质与精神两个方面的损失；与外部的纠纷，可能会损害相关公众的物质利益和身心健康。对于社会来说，一起公关纠纷往往会牵涉社会各界，有时会引起地方以至全国或世界的关注，造成广泛的影响，不利于一个国家或地区良好形象的塑造。

2. 重大危机

重大危机，主要是指酒店企业的重大工伤事故、重大生产失误、火灾造成的严重损失、突发性的商业危机、大的劳资纠纷等。它是酒店公关人员面临的必须及时处理的真正危机，如产品或企业的信誉危机等，公关人员必须马上应付处理，最好在平时就有所准备，不至于到时慌了手脚。

（二）按危机与企业的关联度分为内部公关危机和外部公关危机

1. 内部公关危机

内部公关危机是指发生在酒店内部，责任主要由企业内部人员承担的公关危机。它或者是发生在企业之内，或者是它的发生主要由该企业成员直接造成，责任主要由该酒店内部成员承担。内部公关危机具有以下特点：（1）波及的范围不广，主要影响本酒店的利益。（2）责任的归咎对象是本酒店的部分人，因而相对来说容易处理。（3）公关危机的主体主要以本酒店的领导和员工为重点。

2. 外部公关危机

外部公关危机是指发生在酒店外部，影响多数公众利益的一种公关危机。本企业只是受害者之一。外部公关危机具有如下特点：（1）波及的范围相对较广，受害者大多数是具体的社会公众。（2）责任不在发生危机的某一具体的酒店企业及其成员身上。（3）不可控因素较多，较难处理，需要危机的有关各方密切配合，共同行动。

从这一角度具体划分公关危机的类型时，内部和外部都是相对的。因为有些公关危机的发生，内部和外部原因都有，所承担的责任大小也相差不多。因此，我们对某一公关危机的划分与处理必须具体问题具体分析，把握分寸恰当处理。

（三）按危机造成企业损失的表现形态分为有形公关危机和无形公关危机

1. 有形公关危机

有形公关危机给酒店企业带来的损失当然是直接而明显的，凭借肉眼就可观测到，如酒店建筑物倒塌、物品爆炸、交通事故等造成的人员伤亡或财产损失等。近年来，我国发生的多起因个别酒店疏于防范而造成的火灾事故就属于有形公关危机。

有形公关危机主要有以下几方面特点：（1）危机的产生与造成的损失大多数是同步的。（2）危机造成的损失明显，易于评估。（3）危机造成的损失难以挽回，只能采用其他措施补救。（4）有形危机的发生常常伴随无形危机的出现。

2. 无形公关危机

无形公关危机是指那些带给酒店企业的损失表现得不明显的危机。任何一个给企业的形象带来损害的危机，皆属于无形公关危机。如果不采取紧急有效的措施阻止，已受损害的酒店形象将使企业在市场上蒙受更大的损失。

无形公关危机具有下列几方面特征：（1）危机始发阶段，损失不明显，很容易被忽视。

(2) 危机发生后，若任其发展，损失将会越来越大。(3) 危机造成的损失是慢性的，可采取相应的措施补救。(4) 处理好这类危机要与新闻媒介多打交道，因而必须注意方式方法。

在现实的社会生活中，有形公关危机与无形公关危机往往是交织在一起的，因此，在处理时必须分类不分家，都要给予重视，不可顾此失彼、有所偏颇。

（四）按危机产生的主客观原因分为人为公关危机和非人为公关危机

1. 人为公关危机

人为公关危机是指由人的某种行为引起的危机。对于一家酒店来说，产品设计欠科学、生产工艺设计不合理、原材料质量不好、配方有问题、有关工作人员离岗或未尽到责任、酒店的安全保卫不力、财产管理不善、有人故意破坏等造成的危机就属于此类。人为公关危机常常会造成人员伤亡或财产的重大损失。

人为公关危机主要有两大特点：可预见性和可控制性。也就是说，如果酒店平时采取积极有效的措施，有些人为危害是可以避免或减轻损失的，在相当程度上也是可控制的。

2. 非人为公关危机

非人为公关危机主要指不是由人的行为直接造成的某种危机。对于一家酒店来说，引发非人为公关危机的事件主要是自然灾害，如地震、洪涝、台风、冰雹灾害等。

非人为公关危机有如下几方面的特点：(1) 大部分无法预见。(2) 具有不可控性。(3) 造成的损失通常是有形的。(4) 容易得到社会各界和内部公众的同情、理解与支持。

（五）按危机的外显形态分为显性危机和隐性危机

显性危机是指已经发生的危机，或者危机趋势非常明显，爆发只是个时间问题。隐性危机则是指潜伏性危机。与显性危机相比，隐性危机具有更大的危险性。例如，20 世纪 80 年代末期，由于我国核桃质量差、交货不及时，英国商人把原发往欧洲市场的中国核桃转卖给埃及，改从美国进口。这意味着西欧这一传统的中国核桃市场将被美国挤掉。表面上看，英国拒绝中国核桃进入欧洲市场转手处理给埃及，是显性危机。但改用美国核桃长期供应原属中国的传统客户，则是隐性危机，是“核桃事件”的主体性危机。

酒店公关危机除上述分类方法以外，还有一些其他的划分方法与类型，如依据危机的性质，将危机分为灾变性危机、商誉危机、经营危机、信贷危机、素质危机、形象危机、环境危机和政策危机等；按照危机的成因，将危机划分为组织行为不当引起的危机、突发灾难事件引起的危机、舆论的负面报道引起的危机、竞争对手或个别敌对公众故意破坏引起的危机等。

学会识别酒店公关危机的类型，掌握不同公关危机的特征，将有助于酒店公关人员进一步认识和理解公关危机的含义，理清危机预防与处理的方向与思路，把握好酒店公关危机处理的基本原则。

第二节　酒店公共关系危机预防

由于前面所述公关危机的突发性、难以预测性和危害性、普遍性等特点，每个社会组织的危机管理都应该从以处理危机为重点转向以预防危机为重点。从这一点上来说，酒店公关危机管理的重点和实质在于预防。

一、酒店危机预防的必要性

在现代复杂多变的社会大环境里，任何一个社会组织在其发展过程中，随时都会遇到突发的、对本组织发展不利的事件，如环境污染、产品（服务）质量投诉、严重的交通事故、组织内部的安全事故、员工罢工、社会舆论的负面报道以及火灾、爆炸等恶性事故等。

俗话说："天有不测风云，人有旦夕祸福。"这类事件一旦发生，对酒店的生存和发展就是一次严峻的考验，如果处理不当，对酒店的打击有可能是致命的。因此，酒店学会预防危机，避免危机出现，才能使企业的声誉不受影响，少受影响。现代酒店非常需要预防危机。预防是解决危机的最好方法，就像人类对待疾病一样，既要治病，更要防病，防治结合，以防为主。

大量的事实已经证明，相当多的酒店企业都曾遭遇过危机的困扰，而对危机作了适当预防的企业或组织所遭受的损失相对要小。因此，酒店预防危机是十分必要的。

案例 9－1

重振旅游计划

印度洋海啸灾难发生后，泰国普吉岛成立危机处理专家组，自 2005 年 2 月开始推出"重振旅游计划"，并推出优惠措施，对在当年 2 月至 4 月的三个月内到泰国旅游的中国游客赠送来自泰国旅游局、地接社和国内组团社的三重附加保险，包括灾后卫生保险、传染病保险及旅行社责任险，以解决游客的后顾之忧。在政府统一领导、多方努力下，泰国旅游业很快恢复正常，普吉岛饭店的订房率又回升到正常水平。

二、制订酒店危机管理计划

古语有云："凡事预则立，不预则废。"这里的"预"就是指计划。做任何事情都需要有计划，危机管理也不例外，也需要有计划。

所谓危机管理计划，是指酒店为预防危机发生或在危机发生时，尽可能减少损失而制定的较为全面、具体的关于危机预防、处理和控制的书面计划。它是酒店进行危机管理的工作大纲，也是制作危机管理手册和开展危机管理教育的基本依据。

酒店制订危机管理计划的目的可以概括为四个方面，即预防危机发生、抓住公关机遇、有序应对危机、减少危机损失。

（一）酒店危机管理计划的类型

1. 按危机管理计划的内容或工作侧重点分类

依据酒店危机管理计划的内容或工作侧重点，危机管理计划可分为危机应急计划和危机传播计划。

（1）危机应急计划。它是指酒店在全面分析和预测的基础上，针对出现概率较大的危机事件而制定的有关工作程序、施救办法、应对策略措施等的书面计划。其侧重点在于具体危机出现后如何施救处理。

危机应急计划的有效性取决于对危机预测的准确性。预测危机应由酒店的领导层主持，公关人员参与，对企业某一阶段可能出现的危机进行全面分析、预测，并对危机出现后的具体对策进行详细讨论、确认，然后以书面形式印发执行。

由于危机应急计划的有效性取决于危机预测的准确性，因而危机应急计划有其“先天”的局限性。如果预测准确，酒店危机应急计划就会产生良好的效果。如果预测失当，酒店危机应急计划就是无效的，甚至投入的时间精力和人财物力都是一种浪费。因此，酒店必须认真对待这一工作，听取专家意见，全面、实际地分析，确保预测准确。

（2）危机传播计划。它是指针对酒店出现声誉、形象受挫以及伤亡事故等制定的旨在维护声誉、消除误解、告知大众的书面计划。其侧重点是危机事故发生后的新闻传播、信息控制。

酒店危机传播计划的目的是在距离危机事件发生的最短时间内作出反应，以控制或减少不利于企业的消息、传闻、报道等的流行，争取公众及有关方面的同情、支持，为酒店顺利处理危机提供一个良好轻松的舆论环境。危机传播计划是危机管理的重头戏之一。在国外，危机管理的概念几乎等同于危机传播。许多专家认为，危机管理在相当程度上就是危机传播管理。

无论危机应急计划还是危机传播计划，都是酒店全面危机管理计划的一个组成部分，一般不会单独出现。即使单独出现，其命名仍然是以全面的危机管理计划的形式出现的。

2. 按危机管理计划的计划期分类

按照计划期进行划分，酒店危机管理计划可分为短期计划、中期计划和长期计划。

危机管理计划的计划期有着两层含义：一是指危机管理计划的时间长短，比如是 1 年还是 3 年、5 年；二是指危机管理预测分析和相应对策的有效时限。

（1）短期计划。一般来说，涵盖时间较短的酒店危机管理计划称为短期计划。短期计划的重点是仅就近期的危机事件进行预测，并提出相应的对策、措施。比如，突发性事故的预防和施救多数在短期计划中出现。通常情况下，这类计划的涵盖时间为 1 年。一旦接近计划涵盖的期限，就需要调整或重新制订。

（2）中期计划。它是指酒店企业根据自己的中期战略而制订的危机管理计划。根据企业的实践，中期计划的涵盖时间通常为 1 年以上、3 年以下，即 1～3 年的时间。酒店中期计划的侧重点是围绕企业的短期或中期发展战略来预测、预防危机事件。

（3）长期计划。它是指酒店企业依据自己的中长期或长期战略来制订的危机管理计划。长期计划的涵盖时间一般在 3 年以上、5 年以下，即 3～5 年的时间。酒店长期计划的重点主要是依据企业的长期发展战略来预测、预防危机事件。

（二）酒店危机管理计划的主要内容

一个比较完整的酒店危机管理计划，其具体内容是丰富多彩的，主要内容应包括以下六个方面。

1. 预测可能发生的危机

只有在科学预测的基础上，才能针对酒店可能出现的危机事件制定出较为可行的预防措施。其预测的科学方法和主要步骤如下所述：

（1）危机预测方法。

1）直观预测法。它是建立在专家们的知识、经验和综合分析能力基础上的预测，具体可采用专家会议法或德尔菲法。

2）探索预测法。它是假定未来仍然按照过去的趋向发展，即对未来的环境作具体规定的一种预测方法。

3）规范预测法。即把未来的状况作为限制条件，并与目前的现实状态进行比较，从而推测未来的一种预测方法。

4）反馈预测法。即把探索预测法和规范预测法结合起来，使两者相互补充，让它们处于一个不断反馈的统一体中的一种预测方法。

（2）危机预测的步骤。

1）收集信息，了解酒店过去和现在服务、经营、管理等方面的信息以及社会环境方面的信息。比如，可以把企业面临的问题制成问卷发给每位高级主管填写，也可以通过行业、市场等进行调查了解。

2）分析研究，确定可能发生的危机问题或事件。

3）分析可能引起危机问题或事件的原因。

2. 建立公关危机管理小组

酒店公关危机管理小组实际就是公关危机管理的组织机构。因为公关危机事件涉及酒店内外的各个方面，对其进行应对处理，需要有关部门和公众的全面合作与支持。酒店公关危机管理小组的建立，一方面能够集合各专业的长处和技巧，恰当有效地处理问题，协调和解决各部门之间的关系；另一方面可以使危机预防措施得到更好的贯彻执行。

酒店公关危机管理小组要有一定的编制和规模，对其人员组成和分工合作要有一个科学合理的结构，包括职务结构、知识结构和专业结构等，并以正式公文的形式确定及公布，定期调整更新。

对酒店公关危机小组的职责任务，一般有以下几方面的规定：

（1）选择处理危机事件的办公地点，确定办公场地的大小和要求。

（2）添置必要的硬件设备（包括连通内线和外线的多部电话机、移动电话、复印机、传真机、能够收发电子邮件的计算机、摄像机及其空白影带、录放机及其空白磁带等），备齐有关资料（包括与酒店的历史、发展、生产等有关的背景资料、各种媒介的通讯录、危机管理小组成员之间的通讯录等）。

（3）编制危机管理手册。编写、印制危机管理手册，并发给危机管理成员保存在便于迅速取阅的地方。

（4）建立危机管理小组成员下班后的联络方式表，比如家庭电话、移动电话、家庭地址、电子邮件地址等。必要时，与他们联系密切的亲属的地址、电话也需要准备。

（5）预测和评估有可能发生的危机。

（6）准备危机处理的相关资料。撰写具有较大可能发生危机问题的背景资料、分析材料，并把这些资料作多处备份保存。特别是要储存在计算机或内部网络中，以便及时修改和取用。

（7）确定并训练发言人。选定并训练发言人，目的在于统一宣传口径，防止谣言流传。为维护企业良好形象，理想的发言人应是：此人一亮相，记者一看就知道这个人信得过。如果选定的发言人唯唯诺诺、形象不佳，就会失去作用。为防止意外，应同时训练2～3名发言人，而不仅仅是一个人。

（8）培训酒店员工，让他们了解自己在危机事件中的权利和义务。为了让员工对预测的危机、预防计划以及相关情况有足够的了解，可以把它们印成小册子发给员工，也可以用示意图的方式说明，或通过会议等形式予以介绍讲解。

（9）组织危机预演，发现问题，修正计划。

（10）随时让危机小组成员了解酒店的动态变化。

3. 确定危机发生时共同遵守的准则

计划中一定要确定危机发生时大家应共同遵守的准则。比如，危机发生时，以救人为第一要务；事情未弄清楚之前，不要随便归罪于人，不小题大做；不要作无谓的争论，尽量不要混淆事实真相；在实行沟通计划时不要偏离企业的政策；不要一边向记者发表敏感言论，一边又强调不要记录；等等。

4. 明确工作步骤和责任要求

要在专家指导下设定危机预防和危机处理过程的主要工作步骤，先做什么后做什么，都要符合科学要求。必须设定多种方案，特别是进入危机处理各个岗位的工作人员的责任要求要明确具体。比如危机发生后，谁负责危机处理过程的详细记录，怎样记录，有哪些规范要求等。无论是危机管理小组成员，还是各岗位上的工作人员，只要他们参加危机管理与施救工作，都要明确他们的责任和义务。

5. 危机对策与预演准备

危机并不经常发生。为了提高急救水平，需要进行演练。为使演练有效，需要就酒店可能遇到的危机提出相应的对策。这些对策是酒店危机管理计划不可缺少的内容。对策与预演演准备常常联系在一起，需要通过演练来强化对特定危机处理对策的理解和修正。

6. 对计划执行情况的监督与奖惩

为保障危机管理计划的实施，还必须规定对计划执行情况的监督与奖惩。比如，如何监督、检查，评价的标准，检查、评价、监督的主持方法等，都需要在计划中明确写出。否则，可能会出现“计划完美，落实无着”的情况。

除上述主要内容外，依据酒店自身的特定情况，对危机预防、处理、善后工作等与危机有关的工作安排，都可以作为危机管理计划的内容。

三、制订酒店危机管理预警方案

公关危机管理的关键在于预防，预防就要捕捉先机。酒店危机管理预警方案就是危机预防的书面体现。撰写危机管理预警方案，酒店公关人员可以参考以下步骤进行。

（一）收集危机信息

要从不同的方面收集显性和隐性的危机信息。酒店可以通过建立舆论监督或反馈系统来捕捉危机信息。

（二）建立专家小组

专家小组和危机管理小组的成员可以是交叉的，也可以不交叉。收集的相关信息应提交给每个专家成员。

（三）分析危机信息

分析危机信息由专家小组和危机管理小组的成员共同进行。从本酒店的实际出发，将危机信息进行分类整理，估计危机发生的概率，制定对策。

（四）制定应对策略

要设想到最坏的可能，为每种潜在危机制定应对之策。比如，人员怎样召集，何人就何事做什么工作，谁向谁传达什么样的指令，谁负责内部控制，谁负责产品处理，谁负责对外沟通，等等。类似这些方面的工作安排必须明确、具体、清晰、可行。

（五）确定内容格式

危机管理预警方案是对危机预防、分析、对策等全面内容的表述，其主要内容就是危机管理计划的具体化。

在有些酒店里，危机管理预警方案、危机管理计划和危机管理手册是同一的。它们内容一致，只是详尽程度不同。无论从哪个角度考虑，其内容越详细越好。

危机管理预警方案的格式与危机管理计划大致相同。但需要强调的是，酒店危机预警方案需要更加详细。比如，当突发性事件发生的危险时刻，预警方案中应明确：人员的撤离区域、危险区域、波及地区及人员的召集控制等内容。又如，危机发生之际的反应时间亦应明确规定。国外公关专家指出，现代媒体传播速度迫使公关经理在 60 分钟之内就要掌握全面情况；电台播音员能够在几分钟内播出消息，他们甚至能在几分钟内抵达现场，最初的报道往往定下稍后报道与评论的基调。

（六）检查执行情况

为保证预警方案的执行，防止忽略或忘记，防止粗心大意或有侥幸心理，在酒店预警方案中应明确规定对危机防范情况的定期检查。比如，什么时间检查、哪些人主持检查、检查什么、用什么方式检查等。对特定领域的检查，应着重考虑其潜在的危险、新近运行情况、对上次检查存在问题的改进和防范等。

案例 9－2

面对冰冻雨雪，启动保障预案

2008 年发生冰冻雨雪灾害后，我国旅游业坚持“安全第一”，及时调整旅游活动导向。全国假日办紧急通知，要求“各地的春节黄金周假日旅游要切实做到两个‘避免’、两个‘鼓励’、两个‘防止’，即避免赴受灾地区旅游、避免途经受灾地区旅游、减轻抗灾物资运输压力；鼓励就地旅游、鼓励就近旅游，丰富节日旅游产品，满足居民出游愿望；防止思想麻痹、防止引发安全事故，保障节日旅游市场安全有序。”各地旅游部门也及时通过媒体进行宣传，并启动旅游安全保障和救援预案。

四、酒店危机管理方案演习

（一）酒店危机管理方案演习的目的

危机管理和消防队的工作相类似，也需要对它的危机管理方案进行演习。主要目的有以下四方面。

1. 建立与强化全员危机意识

通过适当的演习，可以对酒店危机意识的建立与强化起到促进作用。

2. 检验应对危机的准备情况，积累危机处理的经验

通过演习，可以检查和检验各部门应对危机来临的准备情况。另外，对酒店绝大多数

人员来说都缺乏危机处理的经验，通过培训、模拟演练来积累危机处理的工作经验，是较为可行的方法。

3. 检查企业在真正面临危机时的协调程度

虽然酒店的领导层经常强调全局观念，强调部门之间的协调与合作，但在实际的日常工作中，相互推诿、扯皮的现象依然或多或少、或轻或重的存在。只有通过演习，才能模拟并检查进而改善本酒店在真正面临危机时的协调程度。

4. 完善和修正危机管理方案

任何危机管理方案都只是一种预先的设想，其是否符合实际有待于实践的检验。危机管理方案的演习则提供了这种实践的机会，通过演习可以发现危机管理方案的缺点和不足，然后对其进行修正与完善。

（二）酒店危机管理方案演习的组织

1. 演习准备

（1）思想准备。演习之前，酒店应将演习的决定告诉员工，让他们深入了解组织实施危机管理的重要意义，了解应付危机来临时的具体步骤、应遵守的原则准则等。思想认识的深化是演习成功的保证。

（2）组织准备。组织准备包括成立指挥小组和演习评定小组。指挥小组的主要任务是负责演习的组织、指挥与协调。一般来说，危机管理小组可以承担指挥小组的责任。如果要考查危机管理小组的水平，可以适当聘请一些专家参与指挥工作。演习评定小组的任务主要是监督，负责检查演习中各相关部门是否协调、是否达到了演习的预定要求等。

（3）技术准备。它包括以下两个方面：

1）设计演习步骤，制定检查的标准和方法。为保证演习的成功与顺利进行，演习指挥机构要设计出整个演习进行的具体步骤，并制定出检查的标准与方法，以避免和减少演习中的混乱和不必要的矛盾。

2）设计演习检查表格。编制表格的优势是使工作一目了然，让演习的执行与检查具有可操作性。当进行危机原因分析时，编制表格的方法最为有效。在表格中，可以不断地加入其他企业或组织已经发生的危机及其原因，能非常清晰地对照检查自己的情况，使预演、危机原因分析等工作更加完善。

（4）物质准备。演习需要许多设备和物资，因此，准备好这些设备和物资就成为演习前的一项重要准备内容，要做到：演习正式开始之前所需的设备和物资都要预先准备到位。

2. 执行演练

通常各项准备工作就绪，酒店就可以进行演习了。但是，并不是一定要等各部门完全准备好了再演习，也不是准备好了一定就马上演习。演习的具体时间应由指挥小组确定，并且要严格保密，因为真正的危机来临时间是无法预知的。

执行演练的过程，是把事先设计好的“蓝图”即“规定动作”变为现实的过程。当然，在具体执行过程中，指挥小组可以设计一些“蓝图”上事先没有的意外即“自选动作”，以检查酒店的应变能力。如在新闻发布会上提一些事先没有准备的问题；在救急一件事的同时，安排出现其他的意外，令参与人员防不胜防，检查他们连续救急的能力；在大家都认为演习已经结束之际，马上又有危机来临，需要投入新一场演练等。

3. 总结评估

演习结束后，要趁各部门及员工对演习过程还记忆清楚时，尽快进行总结。下列人员或机构必须进行总结：直接参与危机演习的人员；观察演习的专家；指挥机构；评定小组；酒店的高层领导。

对于演练表现良好的，一定要表扬奖励；对于存在问题的，一定要具体指出存在哪些问题以及解决的措施和方法。切忌泛泛表扬和笼统批评，因为那样不能解决实际问题，失去了演习的真正意义。

最后要将演习的正式总结通过酒店内部通讯印发，并组织员工学习、讨论。还可以组织员工就演习存在的问题开展讨论活动，做到危机管理方案的制订全员参与，集思广益。

4. 方案优化

通过全面总结和讨论，对原有方案不足和不符合实际的地方就比较清楚了，应及时作出修正，并对程序进行优化。修正后形成的新方案要印发执行，同时废止并回收原有方案。

第三节　酒店公共关系危机处理

一、酒店公共关系危机处理的作用

（一）在公众心目中重塑形象

公关危机的实质是形象危机和声誉危机。对任何一家酒店来说，无论由何种因素或事件引发的公关危机，都会不同程度地影响其在公众心目中的美好形象。通过公关实务处理这种形象危机，能使企业已受到的形象损失不再继续，控制事态的进一步发展，使形象损失降低到最低限度，并且还可能塑造比危机前更佳的形象。

案例 9-3

在百年未遇的大暴雨面前金陵饭店井然有序

2016 年 7 月 7 日南京遭遇大暴雨。在这场百年不遇的暴雨面前，金陵饭店的地下停车场、商业街、仓库等重点区域未进积水、安然无恙，满负荷的饭店及写字楼客人约 8 000 余人始终处于安全、舒适的环境之中，工作、出行丝毫未受影响，饭店的防汛工作受到广大宾客的交口称赞。

7 月 7 日深夜，早已进入戒备状态的金陵饭店防汛人员在发现暴雨险情后，立刻通报值班总经理，值班总经理随即上报饭店总经理，并根据指示迅速启动饭店防汛应急预案，部署防汛抢险工作。各相关部门负责人第一时间带领抢险队员到达现场，井然有序地领取防汛物资，寻找最佳排水点，启动水泵抢排店外积水，并将沙袋堆放在地下车库坡道口，争分夺秒筑坝防水，保障了饭店地下停车场、商业街、仓库及有关设备设施的安全。经过数个小时的连续奋战，直到 8 日凌晨 5 时，暴雨渐止，险情排除。在整个应急抢险过程中，饭店的防汛工作井然有序，各重要区域及设备设施均安然无恙。

进入汛期以来，为确保酒店安全度汛，提高应对紧急情况的能力，保障宾客的生命财产安全，金陵饭店组建了以总经理为组长的防汛领导小组及防汛抢险队伍。防汛工作由饭店防汛工作领导小组统一指挥，安全部牵头落实，各部门指定一名带队领导具体负责本部门包干责任区内的防汛工作和防汛工作的支撑。饭店还修订了防汛抢险应急预案，认真落实24小时值班、巡查和通报制度，提前储备防汛物资，完成饭店各重要区域及漏点的加固维修。各部门按照责任区域，安排防汛人员坚守岗位，增强汛情排查工作的力度和密度，强化降雨重点区域的防范，如遇险情，及时上报饭店总经理并做好应对处置工作。

（二）降低或挽回酒店经济损失

给酒店企业带来直接或间接经济损失是公关危机的后果之一。及时并认真地处理公关危机，可以尽可能地降低或挽回经济损失。

（三）协调酒店与公众的关系

酒店良好形象的建立与维护，得益于和有关公众关系的协调与和谐。当面临公关危机时，企业与公众的关系就处于不协调状态。此时，有关公众就会成为消极的行为公众，产生对酒店企业不利的行为。对公关危机进行审慎的处理，目的在于尽力协调酒店与公众的关系，形成企业发展的良好环境。20世纪70年代，爆发了一场持续七年之久的以美国为主要力量的联合抵制雀巢产品的国际运动，使雀巢公司受到4 000万美元的直接损失。其原因一方面是雀巢产品存在一定的质量问题；另一方面是雀巢公司在销售婴儿食品的过程中，没有认真分析和研究不同国家和地区的文化差异、卫生条件等，使婴儿食品在使用中被部分消费公众污染。风波过后，雀巢公司十分重视协调与各方公众的关系，因而使努力重塑良好形象的雀巢公司与公众的关系逐渐变得融洽起来。

二、酒店公共关系危机处理的原则

（一）及时性原则

处理公关危机的目的在于尽最大的可能努力控制事态的恶化和蔓延，把因危机事件造成的损失降到最低限度，在最短的时间内重塑或挽回酒店原有的良好形象和声誉。有专家说："高效率和日夜工作是做到快速反应不可缺少的条件。"为此，危机一旦发生，不仅酒店领导层和公关部成员，而且酒店的所有成员都应立即投入紧张的处理工作。赢得时间就等于赢得了形象。

（二）冷静性原则

酒店公关危机发生后，处理人员应冷静、沉稳和镇定，避免头脑发热，盲目冲动，更不要让头绪繁多、关系复杂的事件使自己变得急躁、烦闷、信口开河等。这样，才能在处理危机事件的过程中自如应对，左右逢源。

（三）全面性原则

公关危机事件涉及或影响酒店内部和外部的诸多方面，在处理时应遵循全面考虑的原则。酒店既要考虑内部公众，又要考虑外部公众；既要注意对公众现在的影响，又要注意对公众未来的或潜在的影响。

（四）准确性原则

危机事件发生后，特别是在事件初期，由于种种原因，传播的信息容易失真。为了防止公众的猜测、误解和有关危机事件的谣言传播，酒店选出的发言人不仅要及时传递有关信息，而且要保证信息准确，不隐瞒或省略某些关键细节，即“说真话，立刻说”。

（五）公正性原则

所谓公正性，就是酒店在处理危机事件的过程中，要排除主观的、情感的因素，公平而正确地、坦诚地对待受到危机事件影响或危害的公众。

（六）客观性原则

遵循公正性原则的同时还要讲客观。酒店处理公关危机事件的客观性原则包含了很多方面的内容，如事实的真实性、评估的客观性、传递信息的准确性等。

（七）灵活性原则

由于危机事件随着情况的发展会不断变化，可能原定的预防措施或抢救方案已不完全适应实际情况。因此，为使酒店的形象和声誉不再继续受到损害，处理工作不能墨守成规，必须视具体情况灵活运作。要随着客观环境的变化而变化，提出有针对性的有效措施和方法。

（八）公众性原则

灵活不等于随意，它要以公众性原则为前提，既要考虑酒店利益，更要考虑公众利益。在公关实务中，往往容易考虑企业利益，忽视公众利益。为此，强调公众性原则，就是要记住把公众利益放在首位。

（九）针对性原则

由于酒店公关危机有不同的类型和特征，有时即使类型和性质相同或相似，所面临的环境也会是不同的。因此，酒店不能照搬照套别人处理危机的现成做法，而要具体问题具体分析，所提出的处理措施和方法要有较强的针对性即可行性，符合危机事件的类型、性质、特征及环境要求。

（十）人道主义原则

在多数情况下，危机会造成一定的生命财产损失。因此，危机处理中首先要考虑人道主义原则。现在国内外舆论界对造成危及人的生命安全的事故或事件尤其重视，甚至加以渲染。在2008年汶川特大地震灾害中，我国政府把抢救生命和安置灾民放在第一位，就是人道主义原则的高度体现，得到各方面的高度肯定。在这一地震灾害中，四川不少宾馆酒店也牺牲自身的经济利益，以救灾大局为重，以保护客人为先，展现了中国星级酒店的职业道德和人道关怀。

（十一）维护形象与声誉原则

维护组织的形象与声誉，是危机管理的出发点和归宿。在危机管理的全过程中，酒店公关人员都要把努力减少危机对企业信誉带来的损失、争取公众的谅解和信任作为自己义不容辞的责任，当作行动的信条。其实，上述的各项原则其最终目的就是为了维护酒店的形象与声誉。

酒店公关危机处理的总方针是：迅速反应，真实传播，挽回影响，减轻损失，趋利避害，维护声誉。

三、酒店公共关系危机的发生过程

酒店公共关系危机的发生过程，大体上可分为初期、稳定期、抢救期和末期四个阶段，它们既可作为危机发生的周期，又可视为酒店公共关系危机处理的依据。

（一）初期

危机发生初期，酒店和有关公众对消息了解模糊不清，所得的信息可能前后矛盾。这些前后矛盾的信息容易引起社会公众对组织的误解、偏见，甚至敌视。不过，这时公众还没有介入行动，公关人员也没有介入具体的危机抢救工作。如果酒店能有预先准备好的危机沟通计划，此时正是可以展开实施的时候。

（二）稳定期

在危机稳定期，酒店或公众已比较清楚地了解到底发生了什么事情。有关当事人介入行动，同时安排抢救工作。这时，酒店已开始采取一定行动，公关人员开始分发新闻资料，传递危机有关信息，让公众大体上知道是怎么回事，不至于乱猜疑，许多谣言不攻自破。因为消息来源正式，公众情绪渐趋稳定。

（三）抢救期

抢救期是危机灾难发展到顶峰的时期，抢救工作进入关键阶段。在此时期，酒店公关机构可以设立信息中心，按时把有关工作的最新消息传递给媒介人士。抢救期短则一两天，长则持续几个星期或更长时间。在发表各种消息时，一定要坚持“讲真话”的原则，以避免新闻媒介和社会公众的猜疑和质询。

（四）末期

危机末期是指抢救工作告一段落、调查工作开始的阶段。这一时期，酒店除着手准备详细的调查报告外，还需要妥善处理危机后期工作，安顿人心，提出防止危机重演的管理计划。同时，还要提出重返市场，恢复声誉，建立新的良好形象的计划与具体措施。

真实的酒店公共关系危机发生时不会有划分得这样清楚的四个阶段。有时，阶段与阶段之间无明显的划分标志，各阶段延续时间的长短也不一样，酒店在应对时要关注这一点。

四、酒店公共关系危机处理的程序

社会组织面临的环境和公众不同，因而其可能遭遇的公关危机也就千差万别。虽然都称为危机，但各种类型的危机事件在规模、性质、表现形式、涉及的公众等方面是不同的。但就酒店危机处理程序来说，它是有共性可言的。确定正确的公共关系危机处理工作程序，对危机事件的有效处理十分必要和重要。如前所述，酒店在危机管理的不同阶段要采取不同的管理措施，许多工作都已超出公关部门甚至酒店的权限，需要领导层的指挥协调，更需要诸多方面的支持配合。

（一）危机之前

1. 做好充分准备

世界旅游组织告诫：永远不要低估危机对旅游业的可能危害，它们是极端危险的。把危机影响最小化的最佳途径就是充分做好准备。为此，酒店有关方面应预先制订一套科学的危机管理计划和程序，必要时要对危机管理计划进行预演排练，并不断修正和完善。

2. 设立危机基金

设立危机基金，以便在危机发生时，酒店能够及时运用这笔基金，根据危机情况，作出迅速、灵活的反应，而不必经过一个冗长复杂的行动程序。该基金可以用于对企业内外人员的援助、危机过后形象的重塑推广，也可以用于奖励、资助那些在危机中表现突出、为对抗和尽快结束危机作出突出贡献的单位、部门和个人。

3. 加强应收账款的管理

危机到来之前，有时会有一定的征兆或预警，如果能预见危机的到来，酒店企业就应及时采取措施，加强应收账款的催收力度，以防危机时企业出现财务周转困难，同时防止危机发生后，对方企业因经营困难而倒闭，造成呆账、死账。

（二）危机期间

1. 发布信息

危机发生后，酒店要根据危机涉及的范围、严重程度等（必要时请示旅游主管部门、旅游行业组织、国家及地方政府等），通过新闻媒体等适时地向社会公众发布信息，使外界和社会公众能够及时了解危机的客观情况，防止谣言的散布，甚至造成社会的不安定。为此，可设立一个信息中心，迅速通过媒体发布危机方面的信息。信息的发布要客观、准确、诚实、透明，既不能夸大事实，也不能为了达到某种目的而隐瞒或扭曲事实真相。

2. 制止危机

危机发生后，有关政府部门、行业组织和酒店企业自身要尽快采取积极措施，制止危机，防止危机的扩大，避免造成更大的损失。

3. 确保安全

危机期间，有关政府部门可采取强制措施，要求酒店企业确保旅游者的安全。旅游部门应任命专人负责与其他政府部门、专业服务机构、旅游行业和世界旅游组织在安全保障方面的联络。旅游部门要制定旅游行业安全保障措施，并在改进安全保障方面担当积极的角色。必要时应建立能用多种语言提供服务的旅游警察队伍和紧急电话中心。

4. 确定对策

为了减少损失，危机发生后，酒店企业要根据危机的大小和严重程度，及时研究对策。这些对策可以包括：

（1）利用危机期间的经营淡季，对员工进行全面培训，以提高员工的素质。很多酒店企业长期超负荷工作，没有时间进行培训，这时应抓紧时间对员工“充电”，针对经营管理和服务中出现的问题，对员工进行培训，以便在危机过后，酒店恢复正常经营后，其服务和管理水平能够上一个台阶，从而赢得更多的顾客，使企业在危机中遭受的损失，在危机过后加倍弥补回来。

（2）根据业务量的多少，安排员工补休、轮休。

（3）安排员工放假。当补休结束，轮休到达一定时间以后，危机尚未结束，可将轮休转为放假，放假期间要发放给员工基本生活费。

（4）采取降薪等措施，减少各种行政开支。特别是各级管理人员要带头降薪，为员工做好表率，以示与员工同舟共济的精神。

（5）裁员。裁员是不得已的选择，但如果危机持续时间较长，或企业已经超编，则必须考虑裁员。

（6）对酒店硬件设施加紧更新改造。很多饭店经过多年的经营，其设施设备已经严重老化，但对其大面积、大范围的更新改造不仅需要大量的资金，而且会影响企业的正常经营，所以只好一拖再拖，其实已经影响了酒店的接待服务质量。此时，正是对酒店进行大规模装修改造的最佳时机，酒店决策者应该抓住这一时机，对饭店进行全面的或部分的装修改造，增强企业发展的后劲。

上述一些措施难免会伤及员工的切身利益，影响员工对酒店的忠诚度，甚至造成很多优秀员工的流失，影响企业日后的发展，这是酒店所不愿看到的。因此在采取相应措施前，酒店必须做好员工的思想工作，得到多数员工的理解，使员工能够认清客观形势，愿意与酒店共渡难关。

5. 维系客户

危机期间，尤其要注意以电话、传真、互联网以及各种新闻媒体等方式，与客户保持沟通，向他们通报酒店的近期情况，争取得到客户的理解和支持，保持客户对企业的信心。必要时，给予客户价格等方面的优惠，并感谢客户对酒店的长期支持。

此外，危机期间，酒店企业还可根据自己的实际情况，做一些有利于树立企业形象的广告宣传。危机期间，酒店企业的业务虽然难以增长（即使做了广告），但此时的广告宣传更容易引起公众的注意，也更容易树立企业形象，因此，危机过后，旅游者的旅游需求恢复后，最先想到的便是在危机期间做了宣传的酒店，从而收到事半功倍的效果。

6. 提高质量

任何时候，产品质量都是企业的生存之本。2003 年“非典”时期，很多宾馆酒店门可罗雀，餐厅无人问津，但位于广州市吉林大厦的某餐馆却始终顾客盈门，来得稍晚一点，连停车位都找不到，好像外面的“非典”与这里没有关系！究其原因，主要是饭菜质量好，有口皆碑，食客们宁愿冒着“生命危险”来此一饱口福。这与一些星级饭店在“非典”时期，其餐厅内只坐着总经理一个“群众演员”作秀“就餐”的现象相比，可谓是天壤之别，这难道不值得许多星级酒店去认真思考吗？

7. 扶持措施

危机发生后，酒店企业要通过行业协会，呼吁政府给予企业各种类型的支持，帮助企业渡过难关。此时，酒店行业协会应坚决地站在行业的立场上，客观反映行业的现状，维护行业的利益，与政府进行充分沟通，争取政府的各项政策支持。而各级政府也要充分理解旅游企业的困境，主动在各种行政费用、税收等方面给予旅游企业以政策优惠。

案例 9-4

受“非典”影响的旅游业享受优惠政策

2003 年“非典”发生后，中国政府高度重视受“非典”影响的旅游行业。为帮助受“非典”影响的旅游企业尽快渡过难关，国家发展和改革委员会、财政部、中国人民银行、税务总局等有关部委相继出台了一系列扶持措施。

自 2003 年 5 月 1 日至 9 月 30 日，对旅游饭店、餐饮、娱乐、旅行社、交通等行业，减免 42 项国家行政性收费和 15 项政府基金，免征营业税、城市维护建设税等税收，并提供贴息贷款等一系列有力的货币财政政策支持。其中，减免旅行社收费 12 项、基金 10 项；饭店收费 12 项，基金 10 项；旅游车船公司收费 8 项、基金 13 项。国家旅游局也已将总额 23 亿元的旅行社质量保证金的 60%退还各大旅行社，以帮助企业渡过难关。

这些政策虽然不能从根本上弥补危机给企业造成的损失，但对于帮助旅游企业渡过经营最艰难的时期，起到了重要的作用。

8. 寻找机遇

危机既可能存在着失败的根源，又可能孕育着成功的种子。危机总是与机会相伴，高瞻远瞩的企业决策者还应从危机中寻找新的商机。大规模危机的发生，会引发旅游业的重新洗牌，总的来说，对于资金雄厚的大企业可能比较有利。危机发生后，很多小企业愿意寻找可以依托的大企业作为“靠山”，一些资质不良的企业迫于资金压力，急于出售。这样，进行购并的大企业便能比以前寻找到更多的收购对象，而这些企业的营业额大幅下降甚至亏损，也使得其净资产值或评估值减少，此时，便可以较低的收购成本进行购并。“非典”时期，中国旅行社总社、上海国旅及上海春秋旅行社都在积极并购，借机实现其战略扩张。此外，国内著名的金陵饭店集团预见到后“非典”时期单体饭店的市场竞争加剧，饭店业资产有可能向更有经济实力的旅游大企业集聚，决定进一步发挥其在资产并购和输出管理两个方面的优势，全面加速市场开拓步伐和管理技术输出，在专业化、规模化、集约化的经营发展道路上大踏步前进，不但未被危机削弱，反而进一步增强了资本和竞争力。

（三）危机过后

危机过后，旅游业面临的首要任务是恢复和发展。首先是恢复公众的信心、恢复旅游者的信心。此时，政府应该起主导作用。

1. 宣传旅游地的安全形象

通过报纸、电视等新闻媒体，大量宣传旅游地的安全形象，尽快恢复国内外旅游者的信心。必要时，可请国家和地方政府领导人出面，亲自对旅游地的安全进行澄清和肯定。

2. 启动各种旅游促销活动

危机过后，政府有义务加大投入，启动各种旅游促销活动。如前所述，危机过后，恢复旅游业的核心，是恢复旅游者对旅游地的信心，而政府及新闻媒体的宣传对于恢复旅游者的信心尤为重要。宣传的重点应是最有活力的市场和离东道国（地）最近的客源市场。特别要注意加强国内市场宣传，国内旅游在危机恢复时期可以弥补外国旅游需求的不足。

根据旅游业的特点和旅游业发展规律，危机过后，旅游业的恢复是有先后的。一般来说，国内旅游和出境旅游要优先于国际入境游；近距离旅游优先于中、远距离旅游；商务旅游优先于休闲度假和观光旅游；散客和家庭旅游优先于团队旅游；小包价和半包价旅游先于全包价旅游。另外，在现代社会中，人们在一段时间内可以不外出旅游，不住酒店，但不在外吃饭是不行的。各种类型的商务活动、社交活动使得人们要去酒店、餐馆消费，而且，天天、顿顿窝在家里自己做饭，也是现代人所不适应的。再加上工作紧张，生活节奏比较快，人们隔三岔五总要去餐馆用餐。所以，危机过后，餐饮市场的复苏总是要快于住宿业。因此，旅游业在危机过后的市场营销中，要有计划、有针对性、有重点、有步骤地进行，以期取得事半功倍的营销效果。

3. 邀请媒体记者进行宣传报道

邀请境内外媒体记者进行宣传报道，是一种很好的旅游宣传方式，宣传效果好，且影响面广。例如上海市就曾经组织江浙旅游专栏记者来沪采风，向江浙游客推出“非典”后上海旅游的新形象、新产品，公关效果很好。

案例9-5

太湖仍然美丽，旅游更加精彩

2007年江苏无锡因太湖水质问题出现供水困难，无锡市政府和旅游主管部门在第一时间发布正面信息，及时汇总无锡供水及治理太湖的进展情况，通过现代通信手段传递给公众和境内外各地的旅行社，告诉他们可以放心到无锡来旅游。

同时，通过《中国旅游报》、新浪网等主流媒体加强正面报道，努力把前期新闻媒体大量报道造成的负面影响降到最小，特别是供水正常后，《中国旅游报》采访团专程来无锡，刊发了《太湖仍然美丽，旅游更加精彩》的大篇报道，对无锡旅游市场恢复起到了重要作用。

4. 调整企业经营策略

危机过后，酒店企业应重新审视自身的发展战略，考虑开展多元化投资和经营以及企业的股份制改造，避免“把鸡蛋放在一个篮子里”，以提高抵御经营风险的能力。此外，还要考虑调整产品结构和价格策略等，以适应后危机时期的旅游市场变化。例如，“非典”过后，人们就比从前更加关注健康了，因此，无论是旅行社还是宾馆酒店，都应关注健康产品的设计和生产，如保健旅游、体育旅游、生态旅游、休闲度假以及酒店的健康食品、健康客房、绿色饭店的创建等。

5. 积极做好接待准备

在此阶段，酒店企业要练好内功，做好接待准备。旅游业虽然是个敏感的、脆弱的、易受影响和打击的行业，但旅游业的敏感性表现在两个方面：一方面，它是脆弱的、最易受各种事件的影响和打击的行业；另一方面，也是在事件和危机过后，最容易、也是最先恢复的行业。

毕竟，随着经济社会的发展和人们生活水平的提高、生活方式的改善，旅游业作为未来休闲产业最重要的组成部分，其高速发展、长期向好的发展趋势没有改变，因此，在危机期间，酒店企业必须始终保持冷静客观的心态、坚定的信心、长远的信念，并在危机期间重新审视自己的发展战略，调整产品结构，做好旅游产品的生产和销售准备，迎接即将到来的新一轮发展期。因为，机遇总是属于那些有准备的人。否则，一些酒店企业可能在危机到来时被打个措手不及，而在旅游业迅速恢复时又总是慢半拍，被先知先觉的、准备充分的酒店抢占了客源市场。

典型案例分析

《中国饭店行业突发事件应急规范》出台

为了适应北京奥运会和上海世博会及我国饭店业发展的需要，提升我国饭店业应对突发事件的能力，中国旅游饭店业协会发布了《中国饭店行业突发事件应急规范》。

依据《中华人民共和国突发事件应对法》和国家旅游局《旅游突发公共事件应急预案》，制定《中国饭店行业突发事件应急规范》，是引导我国饭店行业做好突发事件应急管理，提高突发事件应对能力，完善突发事件处理机制，制定突发事件处理预案，及时化解突发事件危机的有效举措。

中国旅游饭店业协会组织有关专家，历经九个月的时间，在广泛调查研究的基础上，认真总结我国饭店业的成功经验，参考国际饭店业的成功做法，借鉴国内饭店业的成功模式，吸纳了政府主管部门的相关规定，吸收了北京奥运会奥运村的相关要求，形成了应急规范的征求意见稿。征求意见稿征求了应急规范涉及的相关政府主管部门和研究机构及行业协会的意见，先后征求了公安部治安局、公安部四川消防研究所、中国预防医学会、北京第二外国语学院、北京旅游行业协会饭店分会、广东省旅游饭店协会、洲际酒店集团、建国国际酒店管理公司、开元国际酒店管理公司等单位的意见。并专门召开专家论证会进行论证，经过八次修改，形成了应急规范的试用本。

应急规范体现了四大特点：

(1) 体现了形势需求的迫切性。饭店是人流、物流、资金流的聚集地，是重要会议和活动的接待地。随着国际国内形势的发展变化，人为的、自然的突发事件会逐步增加，饭店在正常提供服务的情况下，如何应对突发事件成为我们共同面对的课题，在政府有关部门指导下，积极采取措施，制定突发事件应急规范成为饭店业急迫任务。

(2) 体现了饭店特点的针对性。应急规范根据饭店行业特点及实际情况，有针对性地介绍了常见突发事件的特点和应对要点，指导饭店如何在第一时间、第一现场实施应对措施。如大型活动或会议的疏散、恐吓电话及可疑爆炸物的处置、火灾的处置、公共卫生事件的处置等。

(3) 体现了业务指导的专业性。饭店业的设施设备类别庞杂，具有很强的专业性，突发事件发生后，如何控制、减轻、消除突发事件引起的社会危害，需要从专业的角度应对。应急规范从专业的角度为饭店应对突发事件提供了依据，有利于饭店结合自身情况制定预案，积极地应对突发事件。

(4) 体现了人文精神的和谐性。突发事件往往具有社会危害性，对于消费者的生命和财产容易造成损害。而人的生命是最宝贵的，因此，突发事件发生后，饭店在第一时间，首先需要抢救的是饭店客人，将客人放在至高无上的位置，体现了饭店行业的人文精神，体现了企业对人的生命价值的尊重。

问题：1. 你认为制定这一应急规范有必要吗？有何理由？

2. 登录 www.crup.com.cn“资源中心”获取该应急规范，谈谈你的阅读感受。

思考与练习

1. 酒店公关危机的含义是什么？
2. 酒店公关危机处理是一种怎样的过程？
3. 酒店公关危机具有哪些特点？
4. 酒店在处理公关危机时有何原则？
5. 危机按照公关危机存在的状态可以分为哪些？
6. 酒店危机管理方案演习的组织过程包括哪些步骤？

实训项目

1. 结合本章内容，收集或自行编写一个有关酒店危机公关的故事，并进行演讲，时间 3 分钟。课堂上分别选定几位同学讲述，之后由讲述者自己点评，再由其他同学点评，最后由老师点评。

2. 制作《酒店公关危机的处理方案》

假设钟山大酒店是一家华东地区四星级酒店，在全国范围内享有一定的声誉，企业知名度日益扩大。本月 13 日，酒店一客房突然因电视机起火而引发火灾，发现较迟，扑救不及，造成多个楼层财产损失，所幸未造成人员伤亡。当地电视和报纸都做了相关报道，网络上也有重大人员伤亡的不实消息。

作为该酒店的公关部主任，请你给出一份详细且可行的公关危机处理方案。

要求：

（1）利用业余时间到图书馆或上网查找自己需要的公关案例资料。

（2）按规定的时间完成《酒店公关危机处理方案》的设计。

（3）设计中要就知识点的运用、自己的理解和看法的依据，加以详尽说明。

（4）字数在 1 000 字左右。

（5）根据完成的情况组织全班交流。

（6）可以做一些情况假设，使事件更加具体，同时也使自己的处理方案切实可行。

参考文献

1. 杜炜. 旅游业公共关系理论与实务. 北京：旅游教育出版社，2005.
2. 邢夫敏. 旅游饭店管理概论. 天津：南开大学出版社，2008.
3. 梭伦. 宾馆酒店公关秀. 北京：中国纺织出版社，2004.
4. 蒋楠. 公共关系理论与实务. 北京：中国人民大学出版社，2006.
5. 谷慧敏. 旅游市场营销：第2版. 北京：旅游教育出版社，2003.
6. 李兴国. 公共关系实用教程. 北京：高等教育出版社，2005.
7. 沈永祥，洪霄. 公共关系学. 北京：化学工业出版社，2007.
8. 王银平，王爱军. 现代公共关系. 北京：高等教育出版社，2007.
9. 杜炜. 饭店优秀公关案例解析. 北京：旅游教育出版社，2007.
10. 邹统钎. 旅游景区开发与经营经典案例. 北京：旅游教育出版社，2003.
11. 马勇，李玺. 旅游景区管理. 北京：中国旅游出版社，2006.
12. 郑向敏. 旅游安全学. 北京：中国旅游出版社，2003.
13. 邹统钎. 旅游危机管理. 北京：北京大学出版社，2005.
14. 谷慧敏. 旅游危机管理研究. 天津：南开大学出版社，2007.